中國学術思想 研究輯刊

二七編

林慶彰 主編

第 8 冊

何鄭之爭與范曄筆下的漢末經學史

朱生亦 著

花木蘭文化事業有限公司

國家圖書館出版品預行編目資料

何鄭之爭與范曄筆下的漢末經學史／朱生亦 著 — 初版 — 新
北市：花木蘭文化事業有限公司，2018〔民 107〕
目 2+238 面；19×26 公分
（中國學術思想研究輯刊 二七編；第 8 冊）
ISBN 978-986-485-378-6（精裝）
1. 後漢書 2. 研究考訂 3. 經學史
030.8   107001866

中國學術思想研究輯刊
二七編　第 八 冊　　　　　　ISBN：978-986-485-378-6

何鄭之爭與范曄筆下的漢末經學史

作　　者　朱生亦
主　　編　林慶彰
總 編 輯　杜潔祥
副總編輯　楊嘉樂
編　　輯　許郁翎、王 筑　美術編輯　陳逸婷
出　　版　花木蘭文化事業有限公司
發 行 人　高小娟
聯絡地址　235 新北市中和區中安街七二號十三樓
　　　　　電話：02-2923-1455／傳眞：02-2923-1452
網　　址　http://www.huamulan.tw 信箱 hml 810518@gmail.com
印　　刷　普羅文化出版廣告事業
封面設計　劉開工作室
初　　版　2018 年 3 月
全書字數　224670 字
定　　價　二七編 25 冊（精裝）新台幣 48,000 元　　　版權所有·請勿翻印

何鄭之爭與范曄筆下的漢末經學史

朱生亦　著

作者簡介

朱生亦，1975 年生於臺中。國立中正大學歷史研究所碩士班、臺北中國文化大學史學研究所博士班畢業。撰有〈何休與三闕之研究〉、〈何休三闕及其流傳考〉、〈死亡與名聲：司馬遷所謂「引決自裁」析論〉等論文。

提　要

　　在各種後漢歷史論述的競爭中，范曄《後漢書》憑藉出色的歷史評論得到不少認同，個人的家學淵源亦幫助他修撰後漢學術歷史。本文針對眾多書寫何休、鄭玄二人的傳記與相關記載，檢視范曄如何撰述二人傳記，及其評論雙方對立關係所抱持的態度。後世根據范曄《後漢書》呈現的漢末經學論述與評價，逐漸形成何休與鄭玄的歷史地位，其影響力擴大到國家祭祀、學術研究等相關領域，縱有質疑之意見，仍未得脫離范氏之史筆，應有一反省再思的空間。文末附錄〈范曄《後漢書·何休傳》再釋〉，爲本文作者近期的學習成果，提供給本文讀者與何休學研究者參考。

目

次

第一章 序 論

本論文將後漢儒者何休（129～182）〔註1〕與鄭玄（127～200）〔註2〕問答

〔註1〕 范曄撰〈何休傳〉云：「何休字邵公，任城樊人也。父豹，少府。休爲人質樸
訥口，而雅有心思，精研六經，世儒無及者。以列卿子詔拜郎中，非其好也，
辭疾而去。不仕州郡。進退必以禮。太傅陳蕃辟之，與參政事。蕃敗，休坐
廢錮，乃作《春秋公羊解詁》，覃思不闚門，十有七年。又注訓《孝經》、《論
語》、《風角》、《七分》，皆經緯典謨，不與守文同說。又以《春秋》駁《漢事》
六百餘條，妙得《公羊》本意。休善歷算，與其師博士羊弼，追述李育意以
難二傳，作《公羊墨守》、《左氏膏肓》、《穀梁廢疾》。黨禁解，又辟司徒。群
公表休道術深明，宜侍帷幄，倖臣不悦之，乃拜議郎，屢陳忠言。再遷諫議
大夫，年五十四，光和五年卒。」參見：〔南朝・宋〕范曄撰，〔唐〕李賢等
注，《後漢書》（北京：中華書局，1962 年第 1 版，1990 年 12 月第 6 次印刷），
卷七十九下，〈儒林列傳第六十九下〉，頁 2582～2583。

〔註2〕 范曄撰〈鄭玄傳〉云：「鄭玄字康成，北海高密人也。八世祖崇，哀帝時尚書
僕射。玄少爲鄉嗇夫，得休歸，常詣學官，不樂爲吏，父數怒之，不能禁。遂
造太學受業，師事京兆第五元先，始通《京氏易》、《公羊春秋》、《三統歷》、《九
章算術》。又從東郡張恭祖受《周官》、《禮記》、《左氏春秋》、《韓詩》、《古文
尚書》。以山東無足問者，乃西入關，因涿郡盧植，事扶風馬融。融門徒四百
餘人，升堂進者五十餘生。融素驕貴，玄在門下，三年不得見，乃使高業弟子
傳授於玄。玄日夜尋誦，未嘗怠倦。會融集諸生考論圖緯，聞玄善算，乃召見
於樓上，玄因從質諸疑義，問畢辭歸。融喟然謂門人曰：「鄭生今去，吾道東
矣。」玄自游學，十餘年乃歸鄉里。家貧，客耕東萊，學徒相隨已數百千人。
及黨事起，乃與同郡孫嵩等四十餘人俱被禁錮，遂隱修經業，杜門不出。時任
城何休好《公羊》學，遂著《公羊墨守》、《左氏膏肓》、《穀梁廢疾》；玄乃發
《墨守》，鍼《膏肓》，起《廢疾》。休見而歎曰：『康成入吾室，操吾矛，以伐
我乎！』……門人相與撰玄荅諸弟子問五經，依《論語》作《鄭志》八篇。凡
玄所注《周易》、《尚書》、《毛詩》、《儀禮》、《禮記》、《論語》、《孝經》、《尚書
大傳》、《中候》、《乾象歷》，又著《天文七政論》、《魯禮禘祫義》、《六藝論》、
《毛詩譜》、駁許慎《五經異義》、荅臨孝存《周禮難》，凡百餘萬言。」參見：
《後漢書》，卷三十五，〈張曹鄭列傳第二十五〉，頁 1207～1212。

《春秋》傳義一事，和南朝劉宋史家范曄（398～445）〔註 3〕《後漢書》之間的書寫問題聯繫起來，觀察自後漢晚期、曹魏及兩晉時代的政治與學術變遷之後，家學淵源本於「鄭氏家法」的范曄如何在其《後漢書》之何休、鄭玄二人傳記中進行敘事與評論，以及范氏《春秋》學史、今古文經學觀點對後世學術史論述所造成的影響。

在本文對於「何鄭之爭」〔註 4〕之探究中，「何休」與「鄭玄」其人將是兩個論述重心，凝縮其生平學行之傳記亦爲本文進行探討之焦點，但並非單純自何休與鄭玄傳記之延伸與詮釋，而是盡可能透過當時與後續的多種流行的故事，從二人傳記之定型始末，再去瞭解何休與鄭玄答問《春秋》傳義一事，如何被後人認知與改訂。易言之，本文將研究經學史以外的「何休」與「鄭玄」，而且藉由時人與後人對於二人之歷史評論與敘事以進行研究，並藉此對以往漢末經學、《春秋》學史、經今古文問題做出個人觀點的解釋，構成「何鄭之爭」一詞的學術與歷史意涵。

第一節　研究動機

何休，字邵公，生於後漢順帝永建四年（129），卒於靈帝光和五年（182），享年五十四歲；鄭玄，字康成，生於順帝永建二年（127），卒於獻帝建安五年（200），享年七十四歲。鄭玄比何休年長二歲，且多活了二十年，而兩人問答《春秋》異傳及其事義則是二人盛年遭罹禁錮時事，約當四十歲左右。何、鄭俱受禁錮以來著述不少，孰料二人對於《春秋》傳義之疑問與解釋，卻成爲范曄論述漢末經學風向變化之關鍵。後世學者評論此事，多以鄭玄答何休所難《春秋》傳義，「義據深通，由是古學遂明」一語奉爲圭臬。〔註 5〕近世學者承此史

〔註 3〕 范曄，字蔚宗，東晉豫章太守范甯之孫，劉宋國子祭酒范泰之子，出繼堂伯父范弘之，嗣其爵。後爲劉宋彭城王參軍，因故遭斥退期間修撰《後漢書》，復出後再受重用，牽涉謀逆事而死。參見：〔南朝・梁〕沈約，《宋書》（北京：中華書局，1974 年第 1 版），卷六十九，〈列傳第二十九〉，頁 1819～1831。

〔註 4〕 關於排列何休與鄭玄之先後次序，若據學界已有的「鄭王之爭」來說，即是以生卒、駁正之先後關係形成順序。在晚近的經學史論述中，皮錫瑞在行文中採取先何後鄭的排列法，也正符合此二種表述關係。參見：皮錫瑞著，周予同增注，《經學歷史》（臺北：藝文印書館，1996 年），〈經學極盛時代〉，頁 107。

〔註 5〕 同時另有「馬融答北地太守劉瓌」一事，然迄今闕文難稽，歷來學者皆存而不論。參見：《後漢書》，卷三十五，〈張曹鄭列傳第二十五〉，頁 1208。

論，進一步追索何、鄭答難之源流，乃將二人論難《春秋》異傳一事論述爲「第四次經今古文之爭」〔註6〕，並以「何休自承失敗」收場。〔註7〕

在清代以來的論述中，何休因撰作《春秋公羊解詁》而被視爲「公羊鉅子」，學者將「何休」論述爲《公羊》學代言人，於鄭玄《春秋》學則未有論述，遂將鄭玄對何休「三闕」之答難文本視爲鄭玄之《春秋》學內容之一。〔註8〕然而，近世反覆發論「兩漢經今古文之爭」，則公認止步於鄭玄答難何休「三闕」，以爲經古文學明朗於後漢晚期，《春秋》義遂改宗《左氏傳》，自唐人以降，更易《公羊》而居爲「《春秋》之嫡傳」。是以何休與鄭玄對《春秋》異傳義理之答難，其實對於此後中國史學之走向，亦有深刻關係。

近半世紀以來，何休與鄭玄各自以思想家、經學家等身份受到關注。就何氏而言，日本學界著力探討何休對其時代政治及學術懷抱的理想與願景，在漢末學術思想的變局中，重新肯定何休之歷史地位。〔註9〕至於兩岸學界的研究

〔註6〕周予同著，朱維錚編，《周予同經學史論著選集（增訂版）》（上海：上海人民出版社，1996年7月第2次印刷），〈經今古文學〉，頁13。此架構下的爭論觀、分歧觀可另參見：趙伯雄，《春秋學史》（濟南：山東教育出版社，2004年4月第1版第1次印刷），〈兩漢《春秋》學（下）〉，「宗主《左傳》、兼采《公》《穀》的鄭玄」，頁234～240；戴維，《春秋學史》（長沙：湖南教育出版社，2004年5月第1版第1次印刷），〈東漢《春秋》學〉，「何休、鄭玄諸人之間的鬥爭」，頁153～157；劉黎明著，《春秋經傳研究》（成都：巴蜀書社，2008年第1版第1次印刷），〈關於《公羊傳》〉，「何休與鄭玄經學之爭的背景」，頁302～308；郜積意，〈劉歆與兩漢今古文之爭〉（上海：復旦大學歷史系，博士論文，2005年4月），〈經義之爭的立場與邏輯——以何休、鄭玄之分爲例〉，頁94～107。

〔註7〕黃彰健（1919～2009）認爲「由何休說，康成『入室操矛』，即可知何休已自認理屈了」，「古文經學之盛行，也與此次辯論，何休失敗有關係」。參見：黃彰健，《經今古文學問題新論》（臺北：中央研究院歷史語言研究所，1992年9月），〈鄭玄與古文經學〉，頁388、389。

〔註8〕關於鄭玄的《春秋》學，可參見：趙伯雄，〈鄭玄《春秋》學考述〉，《文獻》，1994年第1期，頁99～107。按趙氏所論，鄭玄對《春秋》經傳的理解，除了可見於他對何休「三闕」的答覆，也可參照鄭玄駁許慎《五經異義》的部份內容，另一值得注意的觀點是，趙氏並不認爲服虔的《左傳注》出於鄭氏，這與范曄〈鄭玄傳〉的敘事相合。

〔註9〕「日本學者談論何休的觀點則不謹守於經學史層面的論斷，傾向較爲深廣的思維，呈現出何休之學問與時代相繫的關聯性，以『漢代思想』的角度去思索何休及其學術。略例之，學者日原利國氏〈春秋公羊學の漢代的展開〉、本多龍成氏〈何休〉、稻葉一郎氏〈春秋公羊學の歷史哲學——何休『春秋公羊經傳解詁』の立場〉、中嶋隆藏氏〈何休の思想〉、吉川忠夫氏〈黨錮と學問

方向，則專注於經學本身的脈絡，以闡明何氏《公羊》學的思想內容。〔註10〕
晚近的趨勢，更傾向於探討何休如何去繼承與改變漢代《公羊》學。例如，劉
家和、李景明、蔣重躍三位學者合撰〈論何休《公羊解詁》的歷史哲學〉〔註11〕
一文，認爲何休在董仲舒的基礎上，將《春秋》書法的異辭問題「發展爲純粹
的歷史思考」，呈現出整體統一的歷史發展階段論，不僅合乎歷史理性，也符合
道德理性與自然理性。白亞楠〈簡論兩漢時期公羊學派的歷史背景〉〔註12〕將
何休定位爲「傳統派」，主張「《公羊》學家多爲積極入世的政治改革家」，「強
調學以致用、知行合一，認爲在現實政治範疇內的修行同樣可以達到通達天道
的目標」，認爲何休在闡述微言大義的同時，重申了「儒學的眞諦」。趙友林撰
〈何休對《公羊傳》書法義例的改造與發展〉〔註13〕，認爲《公羊》義理與傳
例完備於何休手上，形同將《春秋公羊解詁》取代《公羊傳》之經典地位。許
雪濤撰〈何休《左氏膏肓》與公羊、左氏之爭〉〔註14〕，主張「何休作爲《公
羊》家，《左氏膏肓》主要是對《左氏》具體問題詰難的結果」，加上「鄭玄誤
認爲何休是針對《左氏》本身」，說明何休對《左氏》的質難「恐怕正是何休本

――とくに何休の場合〉、田中麻紗巳氏〈何休の夷狄觀について――「進」
を中心として〉等，對於何休之思想及其學術主張都以當世政局爲印證。1985
年，日原利國氏〈漢代思想はいかに研究されてきたか〉一文綜述日本學界
近年對兩漢思想議題的研究，鄭玄仍被視爲後漢經學鉅子，在思想面向凌越
何休而成爲後漢末年思想界（主要在經學）的主要人物。1987 年，中嶋隆藏
氏發表〈何休――政治改革を目指す經書研究〉一文，仍持日原利國、吉川
忠夫氏論點爲基本立場，重申何休及其思想主張與時政之關係，以『經書研
究』爲其手段而與鄭玄等人致力注經爲目標有所區別。」請參見拙文：〈何休
與三闕之研究〉（嘉義：中正大學歷史研究所，碩士論文，2004 年），〈第一章
緒論〉，頁 3。

〔註10〕例如撰寫《何休評傳》（南京：南京大學出版社，1998 年 12 月第 1 版第 1 次
印刷）的黃樸民，在〈何休著述敘要〉一文，特別留心於《春秋公羊解詁》、
「三闕」、《春秋公羊傳條例》以外的文獻。參見：黃樸民，〈何休著述敘要〉，
《文獻季刊》，2002 年 10 月第 4 期，頁 38～43、59。

〔註11〕劉家和、李景明、蔣重躍，〈論何休《公羊解詁》的歷史哲學〉，《江海學刊》，
2005 年第 3 期，頁 132～138。

〔註12〕白亞楠，〈簡論兩漢時期公羊學派的歷史背景〉，《文史在線》，2012 年 7 月刊，
頁 139。

〔註13〕趙友林，〈何休對《公羊傳》書法義例的改造與發展〉，《聊城大學學報（社會
科學版）》，2010 年第 1 期，頁 12～17。

〔註14〕許雪濤，〈何休《左氏膏肓》與公羊、左氏之爭〉，《中國哲學史》，2010 年第
2 期，頁 63～72。

人、經典、現實生活三者相遇的結果」。許氏另於〈何休解讀《公羊傳》敘事的方法〉〔註15〕一文歸納出何休《春秋公羊解詁》呈現的文例，另文〈何休公羊三世說及其解經方法〉〔註16〕則相信《春秋繁露》等同前漢董生之思想，不僅藉此詮釋何休之「三世說」，並詮釋出何休爲何藉此解釋經傳，何氏自《公羊傳》文例歸納出三世說，並回頭更細緻底解釋經傳，惜未暇留意何氏直解無傳之經文處。邱鋒〈何休「公羊三世說」與讖緯之關係辨析〉一文〔註17〕引用清人蘇輿《春秋繁露義證》語：「何氏注《傳》，喜言災異，雖本家法，而附會可議者多」〔註18〕，並配合鍾肇鵬的讖緯研究，認爲「緯書」承襲董仲舒著作，是「董仲舒思想論著的繼承與發展」，因此何氏所據《春秋緯》即《春秋演孔圖》，「《演孔圖》中『三世』觀點正是承襲了董仲舒『三等說』，而後又爲何休所採納，從而形成其『三世說』的分期標準」，其學術「依據緯書回歸到《公羊》先師董仲舒」。另外，申屠爐明〈論何休對董仲舒「春秋公羊」學說的繼承與發展〉〔註19〕一文，並未從緯書的方向來觀察董仲舒與何休之間的關係，而是深入《春秋繁露》與《春秋公羊解詁》對《公羊傳》的解說，從二書交匯於「三世說」、「王正月」、「通三統」這三項《公羊》義去得出何休對董仲舒的繼承與發展及其否定處，並進一步解說清代常州學者對何休《公羊》學淵源的詮釋。

　　筆者以爲，自清中葉以來倡言的「董、何」《公羊》學雖饒富新意，卻未必是何休具文於《春秋公羊解詁》所刻意呈現的區別。即使何休之「三世說」具有融通於《春秋繁露》「三等說」的跡象，是因爲二說共同源自《公羊傳》中的

〔註15〕許雪濤，〈何休解讀《公羊傳》敘事的方法〉，《現代哲學》，2011 年第 5 期，頁 122～128。

〔註16〕許雪濤，〈何休公羊三世說及其解經方法〉，《學術研究》，2011 年第 4 期，頁 22～28。

〔註17〕邱鋒，〈何休「公羊三世說」與讖緯之關係辨析〉，《天津社會科學》，2012 年第 4 期，頁 130～134。另外，邱氏又提及王充《論衡・正說篇》的「中壽三世說」，即以中壽三世八十年而作《春秋》，並上壽九十年、下壽七十年而爲二百四十年，但何休於《公羊傳》魯哀公十四年解釋《春秋》終於此年的原因是「備矣」，進而詮釋此二百四十二年爲「人道浹，天道備」，與《春秋繁露》相同，故不能接受二百四十年的中壽三世說，證明了何休對「董仲舒」的繼承關係。

〔註18〕〔清〕蘇輿撰，鍾哲點校，《春秋繁露義證》（北京：中華書局，1992 年 12 月第 1 版，1996 年 9 月第 2 次印刷），頁 374。

〔註19〕申屠爐明，〈論何休對董仲舒「春秋公羊」學說的繼承與發展〉，《齊魯文化研究》，2011 年第 10 輯，頁 115～121。

「異辭」義理，而不見得是何休直接承襲「董仲舒」。再者，何氏明文表示他對「胡毋生」之繼承，所伸言之「三世說」更非等於「三等說」，而主張何休承襲董仲舒的基本論據，都是以今見《春秋繁露》爲「董仲舒」著作爲前提，將此書所言之各種《春秋》義說歸於董氏名下。按史志的著錄，今見《春秋繁露》一書之來歷，其中一項可能事實是它的成書不見得早於《公羊疏》，而不能免除後人擬摹的可能性。若進一步考慮到何休對當時二家博士學的否定，此二家博士學之淵源已在時人班固（32～92）《漢書‧董仲舒傳》進行重新評價。讀班氏所敘「董仲舒著書稱胡毋生之德」一語，即使何休「繼承與發展」了從未在《春秋公羊解詁》中明言的「董仲舒」《春秋》義，後人所重視的《春秋繁露》文本仍是迴向「胡毋生」的《春秋》學。何氏重視「書於竹帛」、「題親師名」的「胡毋生」在《公羊傳》傳授譜系中的絕對位階，故折衷嚴、顏二家《公羊》義歸正於「胡毋生條例」自有其無可撼動的正當性。在這層意識下，援入《春秋繁露》之後的《公羊》學研究當屬晚近，而且未得繫於班固、鄭玄等人將「胡毋生」序於「董仲舒」之前的觀感。換句話說，何氏在《春秋公羊解詁》所未曾引據的「董仲舒」《春秋》義，與晚出之《春秋繁露》中的「董仲舒」《春秋》義，未可一概而談。

　　上述將「董仲舒」與《春秋繁露》直接聯繫到「何休」所構成的《公羊》學演進史，即是一種歷史解釋與後設論述，無疑屬於歷史書寫與史學史範疇。本文藉「何鄭之爭」一詞所形諸之概念，意圖將何休、鄭玄二人之間的學術異議及相關軼事，從經學與傳記兩個面向交互參照。尤其兩漢以來《春秋》異傳事義的問題，在范曄得出「古學遂明」的學術史評論，這也是一種歷史解釋與後設論述。〔註20〕但是這段顯而可見的漢末學術史，儘管歷來有許多研究與重新解釋，現在卻陷入了尷尬的困境。這個困境在於，過去的研究者很少能夠理解「古學遂明」一詞的言說背景，讓它從「歷史事實」還回《後漢書》作者范曄的「個人評論」與「歷史解釋」上，過度信任范曄《後漢書》中的片面之詞，少能對照其餘漢末至六朝學術歷史書寫，反思范曄的一家之言，如：撰寫於南朝劉宋時代的范曄《後漢書》，其個人評論能否追逮漢末時人的觀察？又與其他後漢歷史編纂者的立場、記載，有何異同？筆者以爲，諸如此類的問題不應被

〔註20〕　在范曄的評論中還包括了「馬融與劉瓛」，但在周予同的論述則捨棄此說，而加入了何休的老師「羊弼」。另外，金人重修的「鄭公祠碑」也有不同的說詞，這些異說都將在本文進行論述。

研究者所輕忽，一再再三底跟隨著范曄的文筆與立場去構築其心目中的後漢學術與歷史。

在本文的取擇中，除了有意識底使用「後漢」一詞以凸顯「東漢」不易呈現的時間觀與史傳作者意識，筆者心中同時以《春秋》學史」一詞來連結經學史、《春秋》經學史、學術史等概念，以期勾勒出兩漢時人對《春秋》及其異傳的見解及應用，但在行文中仍依不同指涉而交互使用上述詞彙。在《隋書‧經籍志》尚未經歷六朝圖書分類概念的醞釀而誕生之前，生當後漢晚期的何休與鄭玄先後問答的《春秋》及其異傳事義，難有可能遠離後漢中葉以前，在班固手中確定的官方圖書分類意涵。在這層概念中，「《春秋古經》十二篇」、「《春秋經》十一卷」及其各種《傳》、《說》都與「《太史公》百三十篇」、「《公羊董仲舒治獄》十六篇」等作品歸在一類。藏諸《春秋》經傳之中的意義，不論是源自周公或是出於孔子，在此類別中共享同一個詞彙，並互爲延伸。〔註21〕但自范曄降至當代的的論述中，何休與鄭玄問答《春秋》異傳的結果則不僅對《春秋》學造成衝擊，更是影響整體經學潮流的脈動與授受傳習之消長，故論題仍據「經學史」一詞以彰顯范曄與晚近學者對何、鄭二人抱持的觀感。正因如此，經學史、學術史之書寫也未出離史學領域。

讀者共知，史學具有高度「後設」性質，除了需要史家具有高度自覺的創意書寫，亦仰賴後人反覆深思，並與身處之時代重新連結與詮釋。故後人撰寫的歷史研究往往使用許多前人當時不曾有過的概念，後世讀者以今「視／識」古，透過歷史書寫，將古人想像成他們認爲的模樣。例如以下各種鄭玄畫像：

〔註21〕〔漢〕班固等撰，〔唐〕顏師古注，《漢書》（北京：中華書局，1962 年 6 月第 1 版，1990 年 12 月第 6 次印刷），卷三十，〈藝文志第十〉，頁 1712～1714。

試問以上哪一張圖像最接近鄭玄呢？都是，也都不是。它們雖然有著各不相同的形貌，卻一同作爲指引讀者「按圖索驥」的線索，去親近遙不可及的古人。事實上，人的形象自生至死必然天差地別，「變化」與「不同」都是存在的證明，呈現出時間與空間的痕跡。而後人依憑想像與願望所繪製的學人肖像，使先賢身故後仍能持續活在後世的「各種」想像中。如此，遠比圖像更爲抽象的文字建構，更不可能毫無疑問。

在筆者的視野中，何休在漢末的《春秋》學中涉及兩個領域，除了前述《春秋》經學及其傳說之異議外，另一種是對其「身處時代之近現代史評論」。前者即其「三闕」與《春秋公羊解詁》，後者則反映在何休針對時人應奉所撰《漢事》一書不符《公羊》義理之反駁。易言之，解釋《春秋》文字的《公羊傳》即具有史事評論與歷史解釋的成分，以此方得延伸出世代長存、垂訓千古之義理。但後世經過《左氏》學的重新發明，並以近代學者眼中的「兩漢經學史」去衡量何休，卻往往侷限於意義與條例的探討，從何氏針對《公羊傳》義的解釋與重詁，及其不合時宜之主張，據此去歸納「何休」其人之思想與學術。如此雖說是近代研究方法不得不然的基礎步驟，仍存有亟待補足的空間。

相對來講，本文之主要目的是要從各種傳記與論述來探究「原屬於」經學史範疇的何鄭之爭，並提供與此相關的各時段歷史背景以爲參照，繪製另一幅具有時空背景的歷史肖像。鑑於時人與史傳作者們對何、鄭二人的看法不一，若持續依賴范曄所描寫的何休與鄭玄傳記，令《春秋》學史觀點同樣顯得片面而獨斷。當前重啓面對何、鄭二人的研究，必須考慮這些過去被摒除於范曄《後漢書》以外的線索，取徑不同方法領域的研究策略，以凸顯何鄭之爭在各種時空背景之發生意義與後人眼中的歷史定位，這個分析將是貨

眞價實的史學屬性，也會是小型的歷史書寫與史學史個案。是以進行「何鄭之爭於范曄筆下漢末經學史」論題的研究，個人認爲有著手進行之積極意義。

第二節　章節說明

論文章節著重在范氏敘述何、鄭傳記之史筆，並形諸「何鄭之爭」此一觀念，來照看范氏對後漢《春秋》學演進情形的描述。在首尾諸章次中，根據幾項主要文本來區分章節：

第一章，依序陳述問題意識、研究概況，說明研究動機及章節要旨。

第二章，論述范曄所撰寫的〈黨錮列傳〉如何映照出後漢晚期士人之《春秋》學思想及其實踐，並透過范氏《後漢書》提供之政治背景、相關敘事，試探漢末《春秋》義理與政治之間的關聯，以見何休、鄭玄身處之時局氛圍。另外參照何休在《春秋公羊解詁》中所發生的釋義變動，對漢末《春秋》學之轉向提出解釋。首先，從士大夫楊秉、應奉等人的奏疏來觀察漢末時期的《春秋》議政有何種變化；其次，敘述黨人李膺主張的《春秋》義理如何在黨錮事件中發生變化，以及世人對於黨人群體的認識與比附；最後，解釋黨錮事件與此前後《春秋》學動向之關係，特別是何休對於《公羊傳》的注解內容。

第三章，在〈黨錮列傳〉提供漢末《春秋》學變化的理解下，有必要針對范曄的家學承傳及其心目中之「漢末經學」進行說明。首先藉由後漢歷史之撰述作品與前人所作的分類，觀察范曄《後漢書》在其中的相互關係。其次討論范曄《後漢書》與近代學者筆下之漢末經學史，自近世勃發之漢末經學史論述進行溯源，從近人對於范曄《後漢書》相關史傳與評論之承繼，討論范氏《後漢書》與各種「後漢經學歷史」間之問題。同時參證范曄家學所懷抱之經學立場，藉由相關敘事略論范曄及其家學之「近代」經學史觀。

第四章，基於前章所揭示的范曄個人意識形態，接著探討范氏在〈儒林列傳〉中所描繪的「何休」形象。首先從《史記》、《漢書》等儒者傳記來探討「儒林傳」中之倫理觀，透過序次、稱謂等關鍵來觀察學術消長如何影響史家進行學術史敘事，以瞭解「何休」身屬之史傳爲何質性、有何意涵。依據何休在當代《春秋》學中的自我定位，對照各種關於「何休」之記載，論述范曄如何形成一種有別於各家「何休傳」之師承敘事，並進一步推敲范曄對於何休之看法與評斷，以及何休居於范氏後漢儒者傳記中的特殊定位。

　　第五章，相對於何休所遭受的貶抑，范曄則爲鄭玄生平及其學術進行改寫與重申。首先，自「鄭玄死因矛盾紛陳」的現象展開各種傳記對鄭玄生平之記載，以勾勒處於「漢、晉學術氛圍」之下的范曄，如何在異說中進行取捨及論定，最後不僅改寫〈鄭玄傳〉，亦成功重申「鄭氏學」之師承脈絡。另外，透過時人盧植、華歆等士大夫與鄭玄的交游關係，以及孔融、邴原對鄭氏學術之批評，揭示因范曄刻意壓抑而久爲後世讀者所忽略、近世經學史家所迴避的「鄭玄」形象。

　　第六章，清人在其時代既有的完整資料中，接受了范曄在《後漢書》中「由是古學遂明」一語所指向的漢末經學史觀，展開從鄭玄駁何休「三闕」一事進行各種面貌的關注、重建與闡發。本章將先回溯曹魏時代所展開的新一波學術對立，從鄭王之爭詮釋何休與鄭玄在唐、宋時代的歷史位階，並交代二人地位自此後日漸失衡的情形。其次，依序自清人環繞在鄭玄與何休之間的主要學術活動，從乾嘉時期以來「鄭玄年譜」之撰寫風潮、常州《公羊》學者劉逢祿（1776～1829）「申何難鄭」的研究策略、晚清以降所謂鄭玄駁何休之「三疾」，以及陳澧（1810～1882）在漢、宋學對立意識下，歸納出何、鄭「通義」之細緻觀察等，申說清人根據「何鄭之爭」所建構的「漢學歷史」，並以錢穆（1895～1990）對於何休其學術之看法作爲結語。

　　在本文第七章結論中，對於接納上個世紀中國經學史論述的讀者而言，筆者期望能提供一點不同的看法。作爲中國古代學術的眾多面向之一，經學內容卻幾乎無所不包。除了經典文獻本身記載的歷史文化、典章制度與處世智慧，更含括了歷代學者所見、所思、所釋，並長期作爲東亞歷史文化的根柢，任何單向、簡化的描述與研究都難盡窺其面貌。歷史文本的讀者們亦應明白，藉由作者使用誇張鮮明的辭彙與戲劇衝突般的表現手法，以及人物的言談內容，方得在簡略的敘事文本領會已然消逝的過往世界，尤其在現下這個距離古代甚遠卻更缺乏閱讀條件的時代更是如此。而經過史家主觀底化繁瑣爲簡明，並且刻意去蕪存菁的歷史書寫及其批評，此般已然失眞的議論與評價怎可做爲世代不易、欠缺反思細量的定論？

　　史家生活在過去所延續的學術與政治生態中，他們的歷史作品在當下或稍遲的時代也會形成另一波話題與衝擊。筆下的時代、生存的時代與未曾見過的時代具有微妙的呼應與連結。因此，處理這個棘手研究題材的方法之一，不妨藉由思想史家的觀點來試著區分出經學史家通常所需處理的兩個主題，

其一是歷史中的經學，或可狹義底直指經學文獻；另一則是經學的歷史，為其歷史場景有所交待。在史學研究的領域內，它並非泛指的學術史之一種，也非思想史之軀殼，而是在語文學的領域內，有著自在自存的發展。〔註22〕經學作為歷史研究的內容，雖然得到史家的關注，但多數時候僅是聊備一格。透過史傳所見到的經學與經學史，與根據經學文獻之間所呈現的脈絡，並不見得相符，但這不表示史家離開學術文獻所進行的評論與敘事有誤，倒是透過史學的角度，更可見到學術、政治與歷史書寫之間的複雜交涉，呈現彼此更深刻而多層次的關聯。欲瞭解前人如何認識並書寫漢末《春秋》學史，尤其是史料的形成過程與史傳作者的意識形態，都將在本文進行發掘。

緣此，重新檢視范曄《後漢書》筆下的「何休」、「鄭玄」與「何鄭之爭」，這些存在往昔經學研究的重要課題，將於本文「回到史學」來進行論述。

〔註22〕 以上部份觀點與概念參照自：余英時著，侯旭東等譯，《東漢生死觀》（上海：上海古籍出版社，2005年），〈導言〉，頁3。此帙原為余氏之博士學位論文（*Views of Life and Death in Later Han China*, Doctoral Dissertation, Harvard University, 1962），今據簡體中文譯本。余氏之意，思想史家的工作出入於抽象與具體兩種層次之人類活動，筆者以為方諸經學史亦有可參酌處，尤其在撰史者之歷史意識與史學訓練的層面更是如此。

第二章 范曄〈黨錮列傳〉映照下的 「後漢儒林」

　　按照范曄在〈黨錮列傳〉中的溯源，兩漢士人對其師承與學問之崇信，無形中肩負著「黨同伐異」之責任與義務，敵對經典與經師都是預設的攻擊對象。據范曄之〈黨錮列傳〉序言：

> 自武帝以後，崇尚儒學，懷經協術，所在霧會，至有石渠分爭之論，黨同伐異之說，守文之徒，盛於時矣。〔註1〕

此一溯源已提示後漢「黨人」與前漢「黨同伐異，守文之徒」二者之關聯。其下〈黨錮列傳〉所申說，更見漢末黨議之發軔即關乎人品與學術高下之輿論：

> 逮桓、靈之閒，主荒政繆，國命委於閹寺，士子羞與為伍，故匹夫抗憤，處士橫議，遂乃激揚名聲，互相題拂，品覈公卿，裁量執政，婞直之風，於斯行矣。……初，桓帝為蠡吾侯，受學於甘陵周福，及即帝位，擢福為尚書。時同郡河南尹房植有名當朝，鄉人為之謠曰：「天下規矩房伯武，因師獲印周仲進。」二家賓客，互相譏揣，遂各樹朋徒，漸成尤隙，由是甘陵有南、北部。黨人之議，自此始矣。〔註2〕

〔註1〕《後漢書》，卷六十七，〈黨錮列傳第五十七〉，頁2184～2185。

〔註2〕《後漢書》，卷六十七，〈黨錮列傳第五十七〉，頁2185～2186。按，周福事蹟少見，茲毋論：房植為清河人氏，安帝在位時曾任少府。桓帝即位時，房植為河南尹，永興元年十月自光祿勳升任司空，永壽元年六月免職。參見：《後漢書》，卷七，〈孝桓帝紀第七〉，頁298、301。

以上敘事，亦見六朝品鑒人物風氣之濫觴。後漢晚期士人結黨與相互對立，即在同學、同師、同鄉之複雜關係中形成，並不斷隨著權勢相傾、激盪而惡化，爾後甚至擴大到幾近叛逆朝廷的言論攻訐。基於這層瞭解，參照《後漢書》相關傳記看來，黨錮事件不僅是漢末的人事糾紛與政治鬥爭，亦與學術有密切關連，正是何休與鄭玄問答《春秋》諸傳異義的時代背景。

第一節　漢末之《春秋》議政與楊秉、應奉的奏疏

漢末士大夫猶據《春秋》為援，以為議論政事之策略。〔註3〕彼時士大夫與皇帝身邊之宦者、近侍勢如水火，而《春秋》「屬辭比事」〔註4〕用以「治人」〔註5〕，亦成為雙方較量之處。范曄《後漢書・楊秉傳》有二例與時人楊秉（92～165）〔註6〕相關：

> 先是中常侍單超弟匡為濟陰太守，以臧罪為刺史第五種所劾，窘急，乃賂客任方刺兗州從事衛羽。事已見〈種傳〉。及捕得方，囚繫洛陽，匡慮秉當窮竟其事，密令方等得突獄亡走。尚書召秉詰責，秉對曰：「《春秋》不誅黎比而魯多盜。方等無狀，釁由單匡。刺執法之吏、害奉公之臣，復令逃竄，寬縱罪身，元惡大憝，終為國害。乞檻車

〔註3〕據葛煥禮的統計，前漢疏議詔奏援引《春秋》傳義的情形不僅不少見，就三傳間的分配比例來說，雖以引據《公羊》義較多，卻不限於《公羊》一家。這個情況在成帝時代以降尤為明顯。參見：葛煥禮，〈《漢書》謂說「古學」說駁證〉，《中國典籍與文化》，2010年第4期（總第75期），頁4～11。

〔註4〕〔漢〕戴聖編，〔漢〕鄭玄注，〔唐〕孔穎達正義，《禮記注疏》（臺北：藝文印書館，據清嘉慶二十年江西南昌府學開雕重刻宋《十三經注疏》本影印），卷五十，〈經解第二十六〉，頁845a。

〔註5〕「《春秋》辨是非，故長於治人。」參見：〔漢〕司馬遷撰，〔南朝・宋〕裴駰集解，〔唐〕司馬貞索隱，〔唐〕張守節正義，《史記》（北京：中華書局，1982年11月第2版，1999年11月第16次印刷），卷一百三十，〈太史公自序第七十〉，頁3297。此義又見：「《春秋》之所治，人與我也。」參見：〔清〕蘇輿撰，鍾哲點校，《春秋繁露義證》（北京：中華書局，1992年12月第1版，1996年9月第2次印刷），卷八，〈仁義法第二十九〉，頁249。

〔註6〕楊秉之父楊震習《歐陽尚書》，楊秉少傳父業，兼明《京氏易》，博通書傳。後遷任城相，歷職至二千石。其子楊賜為潁容之師，潁容以《左氏》學著名。參見：《後漢書》，卷五十四，〈楊震列傳第四十四〉，頁1773～1774。蔡邕曾為楊秉撰碑，參見：〔漢〕蔡邕撰，〔明〕喬世寧、俞憲校訂，《漢蔡中郎集》（明嘉靖二十七年序任城楊賢刊本），卷五，葉二十七。

微匡考覈其事,則姦慝蹤緒,必可立得。」而秉竟坐輸作左校,以久旱赦出。〔註7〕

楊秉回覆尚書質問所答覆的「《春秋》不誅黎比而魯多盜」一句,出自《左氏》傳義,其敘魯襄公三十一年事云:

> 經:十有一月,莒人弒其君密州。

> 傳:莒犂比公生去疾及展輿,既立展輿,又廢之。犂比公虐,國人患之。十一月,展輿因國人以攻莒子,弒之,乃立。去疾奔齊,齊出也;展輿,吳出也。書曰「莒人弒其君買朱鉏」,言罪之在也。〔註8〕

今據杜預(222~285)〔註9〕解釋,「犂比」是莒國國君「密州」之號,「買朱鉏」則是其字。杜氏認爲《春秋》「不稱弒者、主名,君無道也」,應當是根據傳文言「虐」而歸納出的義例。在《左氏》之外,《公羊》與《穀梁》於「十有一月,莒人弒其君密州」並無傳義,何休撰作《春秋公羊解詁》在此直接解釋了《春秋》,觀其所述,來源除了《左氏》以外,別無他途:

> 莒子納去疾,及展立,莒子廢之。展因國人攻莒子,殺之。去疾奔齊。稱「人」以「弒」者,莒無大夫,密州爲君,惡民所賤,故稱國以弒之。〔註10〕

學者追索何休《春秋公羊解詁》引據《左氏傳》處,以爲「何氏暗引《左氏》事義詁《公羊》」〔註11〕,將何休取用《左氏》事義之舉動,視爲不夠光明正大的做法。但對照前引楊秉奏議,時人已取《左氏》義置於朝堂議論中,並

〔註 7〕 《後漢書》,卷五十四,〈楊震列傳第四十四〉,頁1771。諸徵引原文所述人物之姓氏名字有所疏略者,筆者皆另以上下括弧補入;少部分句讀及標點與通行標點本有所出入,亦因個人理解而有所更動,特此說明,敬請讀者諒察。

〔註 8〕 〔周〕左丘明傳,〔晉〕杜預集解,〔唐〕孔穎達正義,《春秋左傳注疏》(臺北:藝文印書館,據清嘉慶二十年江西南昌府學開雕重刻宋《十三經注疏》本影印),卷四十,頁684b、687b~688a。

〔註 9〕 杜預,字元凱,爲司馬昭之妹夫。史傳稱「博學多通,明於興廢之道」,「身不跨馬,射不穿札」,其事功卻能征伐東吳,使吳主孫皓奉書投降。自稱有「《左氏》癖」,著有《春秋左氏經傳集解》、《春秋釋例》、《春秋長歷》等。參見:吳士鑑,《晉書斠注》(臺北:藝文印書館據民國十七年刊本影印,1956年),卷,〈列傳第四〉,頁717b~723a。

〔註 10〕 〔漢〕公羊壽傳,〔漢〕何休解詁,〔唐〕徐彥疏,《春秋公羊傳注疏》(臺北:藝文印書館,據清嘉慶二十年江西南昌府學開雕重刻宋本十三經注疏本影印),卷二十一,頁270a。

〔註 11〕 張廣慶,〈何休《春秋公羊解詁》研究〉(臺北:臺灣師範大學國文研究所,碩士論文,1988年),頁112。

上達天聽。相較之下，何氏援引二傳事義來補充《公羊》短闕處，或許不合師說與家法，並證明何氏學與嚴、顏二家博士不同，卻呼應政治現實。因此，在注解中齊全《春秋》之義的目的，是企圖將「志在『撥亂世反諸正』之《春秋》」，從義理與政治紛爭中回歸「治世之要務」。楊秉奏疏對《左氏》襄三十一年事義的徵引，極可能對何休有所影響，若僅以「《公羊》家」、「今文經師」去詮釋何休在范曄〈儒林列傳〉中安排之位置，不禁令人有自我設限之感。

　　此後，楊秉彈劾中常侍侯覽之弟，當時擔任益州刺史的侯參，導致侯參畏罪自殺。〔註12〕楊氏援據《春秋》上奏，其例又見范曄《後漢書》所載：

秉因奏覽及中常侍具瑗曰：「臣案國舊典，宦豎之官，本在給使省闥，司昏守夜，而今猥受過寵，執政操權。其阿諛取容者，則因公褒舉，以報私惠；有忤逆於心者，必求事中傷，肆其凶忿。居法王公，富擬國家，飲食極肴，僕妾盈紈素，雖季氏專魯，穰侯擅秦，何以尚茲！案中常侍侯覽弟參，貪殘元惡，自取禍滅，覽顧知釁重，必有自疑之意，臣愚以為不宜復見親近。昔懿公刑邴歜之父，奪閻職之妻，而使二人參乘，卒有竹中之難，《春秋》書之，以為至戒。蓋鄭詹來而國亂，四佞放而眾服。以此觀之，容可近乎？覽宜急屏斥，投畀有虎。若斯之人，非恩所宥，請免官送歸本郡。」〔註13〕

此奏議所言「懿公刑邴歜之父，奪閻職之妻，而使二人參乘」故事，出於《左氏》文公十八年《傳》：

齊懿公之為公子也，與邴歜之父爭田，弗勝。及即位，乃掘而刖之，而使歜僕，納閻職之妻，而使職驂乘。〔註14〕

齊懿公成為國君後，不僅報復舊怨，更恣意妄為，反為邴歜與閻職所弒。〔註15〕楊秉希望藉由此處《左傳》故事勸告皇帝，最好「屏斥」此類「非恩所宥」之佞人，以免遭受其害。范氏續云：

〔註12〕 「時中常侍侯覽弟（侯）參為益州刺史，累有贓罪，暴虐一州。明年，（楊）秉劾奏（侯）參，檻車徵詣廷尉。（侯）參惶恐，道自殺。」參見：《後漢書》，卷五十四，〈楊震列傳第四十四〉，頁1773。

〔註13〕 《後漢書》，卷五十四，〈楊震列傳第四十四〉，頁1773～1774。

〔註14〕 《春秋左傳注疏》，卷二十，頁351a。

〔註15〕 「夏，五月，公游于申池。二人浴于池，歜以扑抶職，職怒。歜曰：『人奪女妻而不怒，一抶女庸何傷？』職曰：『與刖其父而弗能病者何如？』乃謀弒懿公，納諸竹中，歸舍爵而行。齊人立公子元。」參見：《春秋左傳注疏》，卷二十，頁351a。

> 書奏，尚書召對秉掾屬曰：「公府外職，而奏劾近官，經典、漢制有
> 故事乎？」秉使對曰：「《春秋》趙鞅以晉陽之甲，逐君側之惡。《傳》
> 曰：『除君之惡，唯力是視。』鄧通憪慢，申屠嘉召通詰責，文帝從
> 而請之。漢世故事，三公之職無所不統。」尚書不能詰。帝不得已，
> 竟免覽官，而削瑗國。〔註16〕

楊秉此議援引《春秋》義的程度，遠超出從范曄在《後漢書・楊秉傳》對他
明習《京氏易》與《尚書》的描述，雖未能否定此議不出於楊秉，仍有可能
來自楊秉掾屬之擬議。若是如此，今雖失其姓名，理當精通《春秋》與《左
氏》學。今見《春秋》對趙鞅「逐君側之惡」的認同，呈現在定公十三年經
文之書寫：

> 秋，晉趙鞅入于晉陽以叛。

> 冬，晉荀寅及士吉射入于朝歌以叛。

> 晉趙鞅歸于晉。〔註17〕

對照《公羊》關於此事的解說：

> 此「叛」也，其言「歸」何？以地正國也。其以地正國奈何？晉趙鞅
> 取晉陽之甲以逐荀寅與士吉射。荀寅與士吉射者，曷爲者也？君側之
> 惡人也。此逐君側之惡人，曷爲以「叛」言之？無君命也。〔註18〕

傳文提到趙鞅「逐君側之惡人」一事並未得到國君的授命，故《春秋》書寫
成「趙鞅入于晉陽」，認爲趙鞅的舉動形同背叛國君，傳意以諸侯、大夫之相
治必須得到主君認可，否則即爲叛逆。但楊秉在此提出「除君之惡，唯力是
視」爲依據，其義不是來自《公羊》，而是與前議同出於《左氏》，在僖公二
十四年傳中。〔註19〕楊秉及其掾屬先後援引《左氏》議政之舉，互有敗勝，
但日後在靈帝光和三年（180）六月下詔「公卿舉能通（古文）《尚書》、《毛
詩》、《左氏》、《穀梁春秋》各一人，悉除議郎」〔註20〕，正式認可古文經義
得入朝堂，實爲士大夫擴展《春秋》義以治人、對抗佞臣之先導，下見應奉
以《春秋》論事之例，亦可略見其《春秋》義以《左氏》爲宗主。

〔註16〕 《後漢書》，卷五十四，〈楊震列傳第四十四〉，頁 1773～1774。
〔註17〕 《春秋公羊傳註疏》，卷二十六，頁 333a。
〔註18〕 《春秋公羊傳註疏》，卷二十六，頁 333a。
〔註19〕 《春秋左傳注疏》，卷十五，頁 254a。
〔註20〕 《後漢書》，卷八，〈孝靈帝紀第八〉，頁 344。筆者以爲，何休即在此時與曹
　　　　操等人一同擔任議郎，說詳附錄〈范曄《後漢書・何休傳》再釋〉。

　　與楊秉相同運用《左氏》義於奏疏者，是時任司隸校尉的應奉。范曄《後漢書·黨錮列傳》載李膺於漢桓帝延熹二年（159）轉任河南尹以後故事：

　　初，膺與廷尉馮緄、大司農劉祐等共同心志，糾罰姦倖，緄、祐時亦得罪輸作。司隸校尉應奉上疏理膺等曰：「……竊見左校弛刑徒，前廷尉馮緄、大司農劉祐、河南尹李膺等，執法不撓，誅舉邪臣，肆之以法，眾庶稱宜。昔季孫行父親逆君命，逐出莒僕，於舜之功二十之一。今膺等投身疆埸，畢力致罪，陛下既不聽察，而猥受譖訴，遂令忠臣同愆元惡。自春迄冬，不蒙降恕，遐邇觀聽，為之歎息。夫立政之要，記功忘失，……《易》稱『雷雨作解，君子以赦過宥罪』。乞原膺等，以備不虞。」書奏，乃悉免其刑。〔註21〕

司隸校尉「職在典京師，外部諸郡，無所不糾。封侯、外戚、三公以下，無尊卑」，「詣臺廷議，處九卿上」〔註22〕，有議論政事之資格。應奉於奏議所舉「季孫行父」其人見於《春秋》文公六年至襄五年〔註23〕，但「親逆君命，逐出莒僕」之事並不見於《春秋》本文，而是在《左氏》所傳魯文公十八年故事：

　　莒紀公子生大子僕，又生季佗，愛季佗而黜僕，且多行無禮於國。僕因國人以弒紀公，以其寶玉來奔，納諸宣公。公命與之邑，曰：「今日必授。」季文子使司寇出諸竟，曰：「今日必達。」公問其故，季文子使大史克對曰：「先大夫臧文仲教行父事君之禮，行父奉以周旋，弗敢失隊。曰：『見有禮於其君者事之，如孝子之養父母也；見無禮於其君者誅之，如鷹鸇之逐鳥雀也。』先君周公制周禮曰：『則

〔註21〕 《後漢書》，卷六十七，〈黨錮列傳第五十七〉，頁2192。
〔註22〕 職見漢人蔡質撰〈漢官典職儀式選用〉，收入〔清〕孫星衍等輯，周天游點校，《漢官六種》（北京：中華書局，1990年9月第1版，2008年5月第2次印刷），頁208。
〔註23〕 附見於《春秋》暨《公羊傳》者：文六年「夏，季孫行父如陳」、「秋，季孫行父如晉」；十二年「季孫行父帥師，城諸及運」；十五年「春，季孫行父如晉」、「季孫行父如晉」；十六年「春，季孫行父會齊侯于陽穀，齊侯弗及盟」；十八年「季孫行父如齊」；宣元年「夏，季孫行父如齊」；十年「季孫行父如齊」；成二年「六月癸酉，季孫行父、臧孫許、叔孫僑如、公孫嬰齊師師，會晉郤克、衛孫良夫、曹公子手及齊侯戰于鞍，齊師敗績」；六年「冬，季孫行父如晉」；九年「夏，季孫行父如宋致女」；十一年「夏，季孫行父如晉」；「九月，晉人執季孫行父，舍之于招丘」；十六年「十有二月乙丑，季孫行父及晉郤州盟于扈」；襄五年「（冬十有二月）辛未，季孫行父卒」。

以觀德，德以處事，事以度功，功以食民。』作誓命曰：『毀則爲賊，掩賊爲藏，竊賄爲盜，盜器爲姦，主藏之名，賴姦之用，爲大凶德，有常無赦，在九刑不忘。』行父還觀莒僕，莫可則也。孝敬忠信爲吉德，盜賊藏姦爲凶德。夫莒僕，則其孝敬，則弒君父矣；則其忠信，則竊寶玉矣。其人，則盜賊也；其器，則姦兆也。保而利之，則主藏也，以訓則昏，民無則焉，不度於善，而皆在於凶德，是以去之。」〔註24〕

莒僕爲莒國太子，因其父莒紀公偏愛幼子而受到冷落，加上紀公在國內不循禮法，莒僕藉此聯合國人一同弒其君父，並帶著寶玉奔赴魯國，得到魯宣公的庇護。但是魯國大臣「季文子／季孫行父」認爲弒君父、盜國器的莒僕，其實爲一不孝、不忠之人物，若將此賊人、贓物留在魯國，無利而有害，因此主張立即驅逐莒僕。應奉將這則《左氏》事義拿到當代來伸言，在朝議中將李膺比之於《春秋》所稱賢的「季孫行父」並非不能成立，但其寓意爲何？

以兩漢官學傳授的《公羊》義爲解釋原則來觀察，「季孫行父」受到的讚賞是基於魯成公十六年以身代國君受晉人執押一事，因其中彰顯君臣父子之倫理，故而許之以「仁」義。其文云：

九月，晉人執季孫行父，舍之于招丘。

《公羊傳》：執未可言「舍之」者，此其言「舍之」何？仁之也，曰在招丘悕矣。執未有言「仁之」者，此其言「仁之」何？代公執也。其代公執奈何？前此者，晉人來乞師而不與。公會晉侯，將執公，季孫行父曰：「此臣之罪也。」於是執季孫行父。成公將會晉屬公，會不當期，將執公。季孫行父曰：「臣有罪，執其君；子有罪，執其父；此聽失之大者也。今此臣之罪也，舍臣之身而執臣之君，吾恐聽失之爲宗廟羞也。」於是執季孫行父。〔註25〕

對照二傳事義，《左氏》與《公羊》對「季孫行父／季文子」的詮釋歧見，並沒有違背《春秋》「屬辭比事」、「用以治人」之功能與目的，關鍵問題在於運用經義於施政議事的層次該如何取捨與發揮？此處已可略見容許《左氏》與《公羊》二傳學者交相攻訐的灰色地帶，但除了否定彼此異見，二說也可以互相補充。有別於《公羊》歷久形成的詳密義理與決事案例，應奉選擇《左

〔註24〕《春秋左傳注疏》，卷三十，頁352ab。
〔註25〕《春秋公羊傳注疏》，卷十八，頁233ab。

氏》敘事中展現的義理來爲李膺等人辯護，避免說教般的論辯來說服皇帝及其內侍來爲忠直大臣平反等等，雖然這些都可能是應奉的言說策略，但未居當時博士習誦之列的《左氏》義，應如何引入議政廳堂？甚至成爲裁決之憑據？卻是個不得不提出的疑問。〔註26〕專掌顧問應對的博士、議郎針對朝政或許必須遵守或尊重官方承認的十四家博士學，但職事之外，則未必如此嚴格。〔註27〕例如，據唐人李賢注《後漢書‧朱穆傳》引袁山松《後漢書‧朱暉傳》載議郎蔡邕（133～192）爲故大臣朱穆（100～163）議謚事：

> 蔡邕議曰：「魯季文子，君子以爲忠，而謚曰文子。又《傳》曰：『文，忠之實也。』忠以爲實，文以彰之。」遂共謚「穆」。荀爽聞而非之。
> 〔註28〕

此處之「傳」義在目前僅見於《國語‧周語》，但於《蔡中郎集‧朱公叔謚議》則直接寫成「春秋外傳」。〔註29〕遠一層推想，經過後漢光武帝、章帝在執政期間對《左氏》產生過的短暫興趣，朝臣援其義理實踐於政事，產生務實而圓滿的政治裁量反而有益甚多，終於在靈帝年間正式徵召通古文經之議郎，得以實現。〔註30〕過去「兼通五家《穀梁》說」的侍中賈逵（30～101）雖然在推動《左氏》立於學官一事，重複了劉歆的敗績，但在應奉之奏議中得到

〔註26〕 應氏於此處上接的就是司馬氏、班氏父子的敘事論議傳統，與其所撰《漢事》相合，而其反對者何休則是另一條「藉由經典詮釋回歸本意」的脈絡。二者可由「事」、「義」之對比，觀照出古學與今學。

〔註27〕 「立五經博士，各以家法教授，《易》有施、孟、梁丘、京氏，《尚書》歐陽、大小夏侯，《詩》齊、魯、韓，《禮》大小戴，《春秋》嚴、顏，凡十四博士。」參見：《後漢書》，卷七十九上，〈儒林列傳第六十九上〉，頁2545。

〔註28〕 周天游輯注，《八家後漢書輯注》（上海：上海古籍出版社，1986年），〈袁山松後漢書‧卷三〉，「朱暉傳（孫穆）」，頁664。

〔註29〕 蔡邕撰〈朱公叔議〉、〈朱公叔鼎銘〉，參見：〔漢〕蔡邕撰，〔清〕吳志忠疏證，《校蔡中郎集疏證》，收入《續修四庫全書》（上海：上海古籍出版社，1995年），卷一，頁24～34。反對蔡邕此議的荀爽，范曄說他「幼而好學，年十二，能通《春秋》、《論語》」，「著《春秋條例》，又集漢事成敗可爲鑒戒者，謂之《漢語》」，「又作《公羊問》」等，荀氏所奏對策提到「《春秋》之義，王姬嫁齊，使魯主之，不以天子之尊加於諸侯也」，此義正是出於《公羊傳》莊公元年。因此，蔡、荀二人間的歧見，也可以推測是二人身懷之《春秋》異傳所反映的對立。參見：《後漢書》，卷六十二，〈荀韓鍾陳列傳第五十二〉，頁2050～2057。

〔註30〕 「肅宗立，降意儒術，特好《古文尚書》、《左氏傳》。建初元年，詔逵入講北宮白虎觀、南宮雲臺。帝善逵說，使發出《左氏傳》大義長於二傳者。」參見：《後漢書》，卷三十六，〈鄭范陳賈張列傳第二十六〉，頁1236。

了實質上的確認，而且成功，不僅與此下之黨錮事件有所關聯，對於此後的《春秋》學發展，也都意味深遠。〔註31〕

　　回到應奉的奏議上，彷彿「季孫行父／季文子」化身的李膺在應奉的眼中被進一步稱讚爲「於舜之功二十之一」。再詳《左氏》文十八年《傳》載「大史克」語以申明之：

> 昔高陽氏有才子八人，蒼舒、隤敳、檮戭、大臨、尨降、庭堅、仲容、叔達，齊聖廣淵，明允篤誠，天下之民，謂之「八愷」。高辛氏有才子八人，伯奮、仲堪、叔獻、季仲、伯虎、仲熊、叔豹、季貍，忠肅共懿，宣慈惠和，天下之民，謂之「八元」。此十六族也，世濟其美，不隕其名，以至於堯，堯不能舉。舜臣堯，舉八愷，使主后土，以揆百事，莫不時序，地平天成；舉八元，使布五教于四方，父義，母慈，兄友，弟共，子孝，内平外成。……舜臣堯，賓于四門，流四凶族，渾敦、窮奇、檮杌、饕餮，投諸四裔，以禦螭魅。是以堯崩而天下如一，同心戴舜，以爲天子，以其舉十六相，去四凶也。故〈虞書〉數舜之功曰「慎徽五典，五典克從」，無違教也；曰「納于百揆，百揆時序」，無廢事也；曰「賓于四門，四門穆穆」，無凶人也。舜有大功二十而爲天子，今行父雖未獲一吉人，去一凶矣，於舜之功，二十之一也，庶幾免於戾乎。〔註32〕

「季孫行父／季文子」根據「大史」提供的意見，藉《虞書》所述帝舜事功以爲己助，逐去被他視爲凶人的「莒僕」。〔註33〕雖然此舉違反了國君命令，「季孫行父／季文子」卻回頭藉由〈虞書〉對帝舜的稱頌，來爲彼此緊張的君臣關係解套，並創造出主從雙贏的局面。「季孫行父／季文子」爲魯君宗室，將他比譽於虞舜以救唐堯所不逮，「於舜之功二十之一」語以君臣關係來看，此功仍是歸美國君而不當有違戾君命之議。筆者以爲，這在漢桓帝及其側近之人的解讀與體察下，承認李膺等人驅逐凶惡的行爲將是利多於弊，寬宥他

〔註31〕劉歆移書讓太常博士事，參見：《漢書》，卷三十六，〈楚元王傳第六〉，頁1967～1972。

〔註32〕《春秋左傳注疏》，卷二十，頁352b～355b。

〔註33〕大史克所言《虞書》文，今見於〈舜典〉，當合〈書序〉「虞舜側微・堯聞之聰明・將使嗣位・歷試諸難」之意。參見：〔漢〕孔安國傳，〔唐〕孔穎達正義，《尚書注疏》（臺北：藝文印書館，據清嘉慶二十年江西南昌府學開雕重刻宋本十三經注疏本影印），卷三，〈舜典第二〉，頁34a。

們不僅能夠鞏固君臣倫理、歸美帝政，更有助於「漢爲堯後」、「土火相乘」的意識形態。〔註34〕應奉在奏議末所謂「以備不虞」，顯得意味深遠。據此奏議推想，唐人注范曄〈應奉傳〉引述袁山松《後漢書》載應奉刪《太史公》、《漢書》及《漢記》所撰《漢事》〔註35〕十七卷，或許不見得「原創性低，論證亦未必精妙」。〔註36〕應氏直接運用《左氏》義以當《春秋》，而能成功說服桓帝寬宥李膺等人，比起賈逵還需要透過圖讖來誘使章帝接納《左氏》義，更見效果。

藉由應奉以「於舜之功二十之一」之「季孫行父／季文子」稱譽李膺一事，亦可瞭解范曄序說《後漢書・黨錮列傳》之史筆：

> 時河內張成善說風角，推占當赦，遂教子殺人。李膺爲河南尹，督促收捕，既而逢宥獲免，膺愈懷憤疾，竟案殺之。初，成以方伎交通宦官，帝亦頗誶其占。成弟子牢脩因上書誣告膺等養太學遊士，交結諸郡生徒，更相驅馳，共爲部黨，誹訕朝廷，疑亂風俗。於是天子震怒，班下郡國，逮捕黨人，布告天下，使同忿疾，遂收執膺等。其辭所連及，陳寔之徒二百餘人，或有逃遁不獲，皆懸金購募。使者四出，相望於道。明年，尚書霍諝、城門校尉竇武並表爲請，帝意稍解，乃皆赦歸田里，禁錮終身。而黨人之名，猶書王府。自是正直廢放，邪枉熾結，海內希風之流，遂共相標榜，指天下名士，爲之稱號。上曰「三君」，次曰「八俊」，次曰「八顧」，次曰「八及」，次曰「八廚」，猶古之「八元」、「八凱」也。〔註37〕

此序所言之「逢宥獲免」即是前述應奉奏議的成果，但李膺一意除惡務盡，卻令過往薦舉暨交遊之眾多士人皆受其牽連。士大夫結黨稱號既出自經典，應奉將李膺等人比喻爲《左氏》之「季孫行父／季文子」實爲濫觴。范曄列黨人之稱號於序文，指點此等稱號之起源於〈李膺傳〉中，時人用典不僅出

〔註34〕 楊權著，《新五德理論與兩漢政治——「堯後火德」說考論》（北京：中華書局，2006 年 4 月第 1 版第 1 次印刷），〈東漢後期皇室的衰微〉，頁 301～304。

〔註35〕 「（應）奉又刪《史記》、《漢書》及《漢記》三百六十餘年，自漢至其時，凡十七卷，名曰《漢事》。」參見：《後漢書》，卷四十八，〈楊李翟應霍爰徐列傳第三十八〉，頁 1608；《八家後漢書輯注》，〈袁山松後漢書・卷三〉，「應奉傳」，頁 665。

〔註36〕 雷家驥，《中古史學觀念史》（臺北：臺灣學生書局，1990 年 10 月初版），〈漢、晉之間的實證史學〉，頁 132。

〔註37〕 《後漢書》，卷六十七，〈黨錮列傳第五十七〉，頁 2187。

自《左氏》、〈虞書〉之義，而且跟應奉在其奏議中對李膺等人的隱喻，關係甚深。考慮到這群士大夫以李膺爲核心的交遊網絡，越過「季孫行父／季文子」形象上溯「虞舜」，黨人彷彿後漢現世之「八元」、「八凱」，一起「同心戴舜」，對帝堯克盡臣道。此見范曄〈黨錮列傳〉之敘事亦不離漢人以《春秋》「論事」，漢末經典、政治與范氏史筆之關聯，其間淵源不可謂不深。

綜上言之，司隸校尉應奉以《左氏》義拯救了河南尹李膺、廷尉馮緄、大司農劉祐等人，桓帝同意應奉的建言，其論點約可歸納爲三方面：

一、李膺執法無罪；

二、李膺等人爲忠臣；

三、舉《左氏》「季孫行父／季文子」事義，歸美帝政，維護君臣關係。

從官方經學的角度來看，應奉引《左氏》議政，與學官認可之嚴、顏二家《春秋》義並不相同，但是桓帝對其奏議的接納，仍不得不產生預想之外的效果，甚至反彈。其一是《左氏》義的闡明，已足見《左氏》在《春秋》學的位階不再僅是詁訓文義而已；其二是應奉讓《左氏》以不與官方《公羊》義牴觸的情形下，充實並延伸了《春秋》學的義理視野。這極可能是何休遭罷黨錮之後，於其《春秋公羊解詁》裏三十一年缺乏《公羊傳》文的空闕處，接受《左氏》義直接解釋《春秋》的緣故，因爲此事義理已得朝廷認可。

第二節　黨人《春秋》學之曲折

以上觀察楊秉掾屬、應奉等人在朝議奏事所採用的經典依據，令士大夫與內侍宦官之間的緊張關係有得到舒緩。雖然仍只被部份士大夫使用，但增進瞭解之後將逐漸強化漢初以來據《春秋》議論政事的根柢。不過，能夠像楊秉掾屬、應奉等人般巧妙底成功運用《左氏》義恐仍屬少見，而且士人能否全盤接納《左氏》義尚在未定之天。易言之，除了士大夫與內侍宦官在政治上的忠奸對立，士大夫群體內對《春秋》義之取擇與接受亦有不同。

前述李膺等人雖得皇帝寬宥，但李膺並不就此罷休，反而更堅定底一意除去奸佞，此舉既違背了桓帝欲令士人與宦官勢力各退一步的政治妥協，也讓應奉運用《左氏》義以議政的努力付諸流水。在李膺遷任司隸校尉後，從李膺與宦官張讓相鬥的情節，可以觀察出他對《春秋》義的接納取向，甚至比其他「黨同伐異，守文之徒」走得更遠了一步。雖然仍舊堅持《公羊》義

來行事，李膺的實踐則不僅藉《春秋》來背書，更上達到「孔子身教」之層次以爲己助。

　　據范曄《後漢書‧黨錮列傳》，中常侍張讓的弟弟張朔擔任野王縣令，正在司隸校尉的管轄之下，但是張朔「貪殘無道，至乃殺孕婦」，做出許多暴行。張朔畏罪潛逃，躲入其兄張讓在京師中的私人宅邸。李膺得知此事，帶下屬直入張讓宅邸捉拿張朔，交付轄下的洛陽獄進行審判，訴狀成立之後即刻行刑。〔註38〕張讓因來不及援救其弟，轉向桓帝抱屈。桓帝於是召見李膺，責問行刑之前爲何不先依行政程序上報朝廷。據范曄所載李膺之回答，以及內侍宦官在事後之態度如下：

> 膺對曰：「昔晉文公執衛成公歸于京師，《春秋》是焉。禮云，公族有罪，雖曰宥之，有司執憲不從。昔仲尼爲魯司寇，七日而誅少正卯。今臣到官已積一旬，私懼以稽留爲愆，不意獲速疾之罪。誠自知釁責，死不旋踵，特乞留五日，剋殄元惡，退就鼎鑊，始生之願也。」帝無復言，顧謂讓曰：「此汝弟之罪，司隸何愆？」乃遣出之。自此諸黃門常侍皆鞠躬屏氣，休沐不敢復出宮省。帝怪問其故，並叩頭泣曰：「畏李校尉。」〔註39〕

李膺所言「晉文公執衛成公歸于京師，《春秋》是焉」，是據《公羊傳》僖公二十八年（632 B.C.）「晉人執衛侯歸之于京師」義：

> 「歸之于」者何？「歸于」者何？「歸之于」者罪已定矣，「歸于」者罪未定也。罪未定，則何以得爲伯執？「歸之于」者，執之于天子之側者也，罪定不定，已可知矣。「歸于」者，非執之于天子之側者也，罪定不定，未可知也。衛侯之罪何？殺叔武也。何以不書？爲叔武諱也。《春秋》爲賢者諱。何賢乎叔武？讓國也。其讓國奈何？文公逐衛侯而立叔武，叔武辭立而他人立，則恐衛侯之不得反也，故於是已立，然後爲踐土之會，治反衛侯。衛侯得反，曰：「叔武篡我。」元咺爭之曰：「叔武無罪。」終殺叔武，元咺走而出。此晉侯也，其

〔註38〕「時張讓弟朔爲野王令，貪殘無道，至乃殺孕婦，聞（李）膺屬威嚴，懼罪逃還京師，因匿兄（張）讓弟舍，藏於合柱中。（李）膺知其狀，率將吏卒破柱取（張）朔，付洛陽獄。受辭畢，即殺之。（張）讓訴冤於帝，詔（李）膺入殿，御親臨軒，詰以不先請便加誅辟之意。」參見：《後漢書》，卷六十七，〈黨錮列傳第五十七〉，頁2194。

〔註39〕《後漢書》，卷六十七，〈黨錮列傳第五十七〉，頁2194。

稱人何？貶。曷爲貶？衛之禍，文公爲之也。文公爲之奈何？文公逐

衛侯而立叔武，使人兄弟相疑，放乎殺母弟者，文公爲之也。〔註40〕

《公羊傳》先解「歸之于」辭意，再敘晉文公執送衛成公至天子（周襄王）之內情，起因是衛成公殺害了由晉文公所支持、《春秋》所讚賞具有「讓國」之義的「叔武」。在這條教訓裡，李膺將自己比附爲「尊王」、「行霸」的「晉文公」，而不是應奉在前議中所設想的「虞舜」。而《公羊》的主張中，晉文公如同齊桓公都是「上無天子、下無方伯」之時登場的重要人物：

　　《春秋》僖公元年：齊師、宋師、曹師次于聶北，救邢。

　　《公羊傳》：諸侯之義，不得專封。……上無天子，下無方伯，天下
　　諸侯有相減亡者，力能救之，則救之可也。〔註41〕

僖公二年、十四年皆復發此傳義，又云：

　　《春秋》宣公十一年：冬，十月，楚人殺陳夏徵舒。

　　《公羊傳》：諸侯之義，不得專討也。……上無天子，下無方伯，
　　天下諸侯有爲無道者，臣弒君，子弒父，力能討之，則討之可也。

　　〔註42〕

《公羊傳》藉齊桓公之行事發義，認同諸侯可以在「天子」、「方伯」無能維持天下秩序的時刻，挺身而出，「力」能救討則救討，此與前述楊秉及其掾屬引述的《左氏》「除君之惡，唯力是視」之事義，得見有相通處。李膺透過這層比附來答覆其行事裁斷之正當性，但在究責提問的質難者心中卻十分難堪。對照班固早先撰成的〈古今人表〉來比較人物評價即可知曉，李膺的比諭讓先前同於「上上」、「聖人」、「帝堯」〔註43〕的當今聖上瞬間成爲「下上」等級的「（周）襄王（姬）鄭」〔註44〕，更在接下來的「孔子誅少正卯」事義中，進一步化身爲孔子，讓自己從「上下」位階之「魯季文子」〔註45〕，躍升至「上上」、「聖人」之境的「仲尼」。〔註46〕君臣雙方在道德評價的消長皆合於經典，遭受譏貶之「帝堯後裔」恐怕難能接受。

〔註40〕《春秋公羊注疏》，卷十二，頁 154b～155a。
〔註41〕《春秋公羊注疏》，卷十，頁 120ab。
〔註42〕《春秋公羊注疏》，卷十六，頁 202ab。
〔註43〕《漢書》，卷二十，〈古今人表第八〉，頁 171b、173b。
〔註44〕《漢書》，卷二十，〈古今人表第八〉，頁 171b、181b。
〔註45〕《漢書》，卷二十，〈古今人表第八〉，頁 171b、184a。
〔註46〕《漢書》，卷二十，〈古今人表第八〉，頁 171b、184a。

　　李膺所瞭解的少正卯故事，其根據固然有多種來源，但既然其奏疏謹守官學之《公羊》義，兩者當有相承相通之處。今見前漢淮南王劉安（179～122 B.C.）集門客所編之《淮南子》，其〈氾論訓〉云：

> 聖人因民之所喜而勸善，因民之所惡而禁奸。故賞一人而天下譽之，罰一人而天下畏之。故至賞不費，至刑不濫。孔子誅少正卯，而魯國之邪塞；子產誅鄧析，而鄭國之奸禁。以近喻遠，以小知大也。故聖人守約而治廣者，此之謂也。〔註47〕

這則事義將魯國的「孔子」與鄭國的「子產」合而觀之，皆視爲聖人，其禁奸、勸善亦皆本於民之所惡、所喜，懲惡獎善皆未濫費且得收效。此處的孔子已具聖人之姿，故其誅討之義在於「誅一人以塞國邪」，足爲借鑒。同爲宗室後人的劉向編撰《說苑》，其〈指武〉篇亦云：

> 昔堯誅四凶以懲惡，周公殺管、蔡以弭亂，子產殺鄧析以威偽，孔子斬少正卯以變眾，佞賊之人而不誅，亂之道也。《易》曰：「不威小，不懲大，此小人之福也。」〔註48〕

除了以「堯誅四凶」爲源流，劉向更將前述〈氾論訓〉敘事順序更動爲子產、孔子，並在二人之前加上了「周公」，以「殺」其兄弟管叔、蔡叔以平亂一事，形成誅殺佞賊之義理基礎。但最特別之處是，劉向進一步透過孔子的話語，去解釋爲何要誅殺少正卯，茲詳錄其文云：

> 孔子爲魯司寇，七日而誅少正卯於東觀之下，門人聞之，趨而進，至者不言，其意皆一也。子貢後至，趨而進，曰：「夫少正卯者，魯國之聞人矣！夫子始爲政，何以先誅之？」孔子曰：「賜也，非爾所及也。夫王者之誅有五，而盜竊不與焉。一曰心辨而險，二曰言偽而辯，三曰行辟而堅，四曰志愚而博，五曰順非而澤。此五者皆有辨知聰達之名，而非其眞也。苟行以偽，則其知足以移眾，強足以獨立，此姦人之雄也，不可不誅。夫有五者之一，則不免於誅。今少正卯兼之，是以先誅之也。昔者湯誅蠋沐，太公誅潘阯，管仲誅史附里，子產誅鄧析，此五子未有不誅也。所謂誅之者，非爲其畫

〔註47〕〔漢〕劉安編，劉文典集解，《淮南鴻烈集解》（北京：中華書局點校本，1989年5月第1版2006年第3次印刷），卷十三，〈氾論訓〉，頁455。

〔註48〕〔漢〕劉向撰，向宗魯校證，《說苑校證》（北京：中華書局，1987年7月第1版2009年4月第4次印刷），卷十五，〈指武〉，頁380。

則功盜，暮則穿窬也，皆傾覆之徒也！此固君子之所疑，愚者之所
惑也。《詩》云：『憂心悄悄，愠于群小。』此之謂矣。」〔註49〕

劉向除了舉出五種「王者之誅」的對象，亦列出另一種以「湯、太公、管仲、
子產」四人相類的誅絕事例。欲以輔證前述「堯、周公、子產、孔子」所言，
無論從「王者」或是「孔子」，其手段在於懲大以威小，誅一至惡以駁眾惡，
終臻平治，此即「孔子誅少正卯」事之意義。

　　經劉向申言後，適見《漢書・趙尹韓張兩王傳》載安定太守王尊應用此義
治郡：

王尊……以高弟擢為安定太守。到官……出教敕掾功曹：「……昔孔
子治魯，七日誅少正卯，今太守視事已一月矣，五官掾張輔懷虎狼
之心，貪汙不軌，一郡之錢盡入輔家，然適足以葬矣。今將輔送獄，
直符史詣閤下，從太守受其事。丞戒之戒之！相隨入獄矣！」輔繫
獄數日死，盡得其狡猾不道，百萬姦臧。威震郡中，盜賊分散，入
傍郡界。豪彊多誅傷伏辜者，坐殘賊免。〔註50〕

故漢人根據孔子新任司寇「七日誅少正卯」始末，逐漸形成一種治理罪惡的
手段。對照李膺誅張朔事，也是在赴任司隸校尉十日左右，而新任安定太守
王尊將掾屬張輔緝收下吏，則在三十餘日。從漢人對「孔子／仲尼」誅少正
卯故事的援引來看，呈現出一個外於「原心定罪」〔註51〕義的新原則：速決。
李膺認為罪惡明確的張朔不僅該殺，還更應該要「速殺」。況且《公羊》義以
親親之道在「緩追逸賊」〔註52〕，報讎正法則幾乎片刻不能容忍，與此義並
不衝突。〔註53〕這個故事之所以能夠成立、具有說服力、且為人所信、得以

<hr />

〔註49〕　《説苑校證》，卷十五，〈指武〉，頁380～381。
〔註50〕　《漢書》，卷七十六，〈趙尹韓張兩王傳第四十六〉，頁3228。
〔註51〕　「《春秋之義》，原心定罪。」參見：《漢書》，卷八十三，〈薛宣朱博傳第五十
三〉，頁。又有「《春秋》之治獄，論心定罪。志善而違於法者免，至惡而合
於法者誅。」參見：〔漢〕桑弘羊撰，王利器校注，《鹽鐵論校注（定本）》（北
京：中華書局，1992年7月第1版，2006年11月第3次印刷），卷十，〈刑
德第五十五〉，頁567。
〔註52〕　《春秋公羊注疏》，卷九，頁115b。
〔註53〕　「周黨……鄉佐嘗眾中辱黨，黨久懷之。後讀《春秋》，聞復讎之義，便輟講
而還，與鄉佐相聞，期剋鬥日。」周黨聽聞《春秋》有報讎之義，馬上返家
前去報讎。參見：《後漢書》，卷八十三，〈逸民列傳第七十三〉，頁2761。另
外，魏朗「少為縣吏。兄為鄉人所殺，朗白日操刃報讎於縣中，遂亡命到陳
國。從博士郤仲信學《春秋》圖緯，又詣太學受五經，京師長者李膺之徒爭

運用於政事中，即因速決行刑能產生快速有力的震懾效果。孔子新官上任，誅少正卯後，魯境儼然即治的故事遂引申爲施政典範。

　　李膺引述《春秋》及三傳文本之外的「誅少正卯」故事，衝破《公羊》義「大夫不得專執」〔註54〕的界線，以「速決」回應宦官對他的敵視，使其心生畏懼，不敢再次爲害。而且李膺藉由徹底執法對付內侍宦官及其子弟門生的誅絕手段，亦接近《公羊》贊許的力討、報讎之義。〔註55〕李膺表明自己的行爲是「剗殄元惡」，並不需要像孔子還得對弟子解釋「爲何少正卯必須死」的質問，十足表現出嫉惡如仇、不共戴天之志。按《公羊》於魯定公四年傳：

　　　　父不受誅，子復讎可也；父受誅，子復讎，推刃之道也。〔註56〕

《公羊傳》曾許可齊侯復九世之讎，以其符合「不受誅、非推刃」之義。又鄭玄撰《周禮注》亦於〈地官・調人〉另云：

　　　　二千石以令解仇怨，後復相報，移徙之。〔註57〕

意即宿怨仇怒有一底線，不可反覆相報，而當執政者介入調停後仍持續發生，必須移徙仇家。桓譚亦嘗論私相殺傷之讎怨，見《後漢書・桓譚傳》載語：

　　　　今人相殺傷，雖已伏法，而私結冤讎，子孫相報，後忿深至於滅戶殄業。今宜申明舊令，若已伏官誅而私相殺傷者，雖一身逃亡，皆徙家屬於邊，其相殺者，常加二等，不得顧山贖罪，如是則讎怨自解，盜賊息矣。〔註58〕

此自《春秋》延伸至與刑律的討論範圍裡，允許有限度的報讎，相因不斷的仇殺則是失控的殺戮，需要透過公權力的中介來停息，否定調停就必須處罰推刃之加害者。但從漢初對「原心定罪」的認可，使「服罪就刑」顯得困難，乃需要一套激進無比的定罪方法。這在前漢文帝詔令博士集撰之〈王制〉篇中就可以見到，而且事有所歸，其義就在孔子曾擔任過的「司

從之」。此故事可以輾轉見到李膺對《公羊》義的偏好。參見：《後漢書》，卷六十七，〈黨錮列傳第五十七〉，頁2200～2201。

〔註54〕《春秋公羊注疏》，卷二十五，頁315b。

〔註55〕《春秋公羊注疏》，卷六，頁76b～77b。

〔註56〕《春秋公羊注疏》，卷二十五，頁321b。

〔註57〕〔漢〕鄭玄注，〔唐〕賈公彥疏，《周禮注疏》（臺北：藝文印書館，據清嘉慶二十年江西南昌府學開雕重刻宋《十三經注疏》影印），卷九，〈地官司徒・調人〉，頁141ab。

〔註58〕《後漢書》，卷二十八上，〈桓譚馮衍列傳第十八上〉，頁958。

「寇」職下：

> 司寇正刑明辟，以聽獄訟，必三刺：有旨無簡不聽、附從輕、赦從
> 重。凡制五刑，必即天論，郵罰麗於事。凡聽五刑之訟，必原父子
> 之親、立君臣之義以權之；意論輕重之序、慎測淺深之量以別之；
> 悉其聰明、致其忠愛以盡之；疑獄，氾與眾共之，眾疑，赦之，必
> 察小大之比以成之。
>
> 成獄辭，史以獄成告於正，正聽之。正以獄成告于大司寇，大司寇
> 聽之棘木之下。大司寇以獄之成告於王，王命三公參聽之。三公以
> 獄之成告於王，王三又，然後制刑。凡作刑罰，輕無赦。刑者侀也，
> 侀者成也，一成而不可變，故君子盡心焉。〔註59〕

秦漢之際的學者們將刑、獄、訟、殺之「治人」程序，藉由明文歸於司寇職
下，成為不易之法，但這是否符合深寓「微言大義」的《春秋》意旨？在〈王
制〉篇中，「獄辭」成立之後，必須經過「史、正、大司寇」之行政程序，再
由君王與三公之間反覆申駁三次，最後才能執行刑罰，這與漢家為政務寬的
政策原則相符。因此，〈王制〉在「速殺」、「速決」之觀念外，另有一套審議
程序，正是張讓能對桓帝訴冤的根據。但是在李膺回應皇帝質難的策略中，
則重申〈王制〉篇的程序僅是形式，故謂「雖曰宥之，有司執憲不從」，並強
調了魯司寇孔子「七日而誅少正卯」的「速決」才是「剗殄元惡」的有效手
段，從《公羊》、〈王制〉義令桓帝無言以對。在這層理解下，「孔子誅少正卯」
與《公羊傳》中的行霸、相治、報讎等觀念，以「非常異義可怪」的激烈態
度，有所融通。

　　「孔子」既作《春秋》又誅殺「少正卯」，雖然《論語》、《春秋》皆未載
此事，但在李膺與何休身處之時代，似乎沒有這層疑惑，而是考慮如何施用
與限制。但此故事既未見於《春秋》經傳，也就不該「援引他經」為說，所
以何休在《春秋公羊解詁》中不曾援引「少正卯」事例，亦不撰入〈王制〉
之義。按《鹽鐵論》之〈論儒〉篇：

〔註59〕下續云：「析言破律，亂名改作，執左道以亂政，殺。作淫聲、異服、奇技、
　　　　奇器以疑眾，殺。行偽而堅，言偽而辯，學非而博，順非而澤，以疑眾，殺。
　　　　假於鬼神、時日、卜筮以疑眾，殺。此四誅者，不以聽。凡執禁以齊眾，不
　　　　赦過。」對照劉向藉孔子話語所欲表明之義理，〈王制〉篇進一步以明文規定
　　　　犯禁行為應受誅殺之細節。參見：《禮記注疏》，卷十三，頁259b～260a。

　　文學曰：「天下不平，庶國不寧，明王之憂也。上無天子，下無方伯，
　　天下煩亂，賢聖之憂也。是以堯憂洪水，伊尹憂民，管仲束縛，孔
　　子周流，憂百姓之禍而欲安其危也。是以負鼎俎、囚拘、匍匐以救
　　之。故追亡者趨，拯溺者濡。今民陷溝壑，雖欲無濡，豈得已哉？」
　　〔註60〕

在「上無天子，下無方伯」、天下諸國動盪的時局中，「大夫不相治」的理想
原則已無「待有君命」之管制，「民陷溝壑，雖欲無濡，豈得已哉」？此一質
問反映了「撥亂反正」是當下深懷憂心者不得不然之舉，甚至要「除君之惡，
唯力是視」，先聖制定的法度規範幾近無物。漢末黨錮始末既以士人與宦官相
鬥為核心，孔子與《春秋》在此間發生的作用，乃至濫用，亦不可小覷，三
傳各自對孔子與《春秋》所懷抱之立場，當各有層次與所見。可以說，在何
休所處的政治與學術氛圍下，過去賈逵以為《左氏》義深於君父，斥《公羊》
任於權變之義〔註61〕，實較「《左氏》有劉氏稱帝之明文」〔註62〕更為危險。
因此，李育在漢章帝建初四年（79）白虎觀會議上對付賈逵的策略，即是擺
脫已內化於圖讖的嚴、顏二家博士家法、章句守文之說，重申《春秋》在施
政上的實際用途來維護《公羊傳》，這個論述策略得到何休的重視，故其《春
秋公羊解詁》深深反映著現實政治與學理的轉變與接納。〔註63〕

　　據范曄在〈黨錮列傳〉所說，李膺在死前的思想轉折：

　　後張儉事起，收捕鉤黨，鄉人謂膺曰：「可去矣。」對曰：「事不辭難，
　　罪不逃刑，臣之節也。吾年已六十，死生有命，去將安之？」乃詣詔
　　獄。考死，妻子徙邊，門生、故吏及其父兄，並被禁錮。〔註64〕

此處所述「事不辭難」等語，出自《左氏傳》。且觀唐人注引文：

　　《左傳》曰：晉侯之弟楊干，亂行於曲梁，魏絳戮其僕。晉侯怒，

〔註60〕　《鹽鐵論校注（定本）》，卷二，〈論儒第十一〉，頁151。
〔註61〕　《後漢書》，卷三十六，〈鄭范陳賈張列傳第二十六〉，頁1236。
〔註62〕　《後漢書》，卷三十六，〈鄭范陳賈張列傳第二十六〉，頁1237。據班彪（3～
　　　　　54）《王命論》云：「劉氏承堯之祚，氏族之世，著於《春秋》。唐據火德，而
　　　　　漢紹之……。」似為賈逵說所本。參見：《漢書》，卷一百上，〈敘傳第七十上〉，
　　　　　頁4208。
〔註63〕　「李育……（建初）四年，詔與諸儒論《五經》於白虎觀，育以《公羊》義
　　　　　難賈逵，往反皆有理證，最為通儒。」參見：《後漢書》，卷七十九下，〈儒林
　　　　　列傳第六十九下〉，頁2582。
〔註64〕　《後漢書》，卷六十七，〈黨錮列傳第五十七〉，頁2194。

謂羊舌赤曰：「合諸侯以爲榮也。楊干爲戮，何辱如之？必殺魏絳，
無失也。」對曰：「絳無貳志，事君不避難，有罪不逃刑，其將來辭，
何辱命焉！」〔註65〕

此爲《左氏》襄公三年傳，內容是晉國國君悼公之弟楊干在地方發動叛亂，
大夫魏絳先殺了楊干的僕從，以爲警戒，反而因此得罪於國君，經過大夫羊
舌赤解釋魏絳忠於公室、並無二心乃釋懷。李膺藉由自身與魏絳同樣受到的
冤枉相比，言外之意，在於晉悼公在事後更任用魏絳行政，「使魏絳盟諸戎，
脩民事，田以時」〔註66〕，又使戎人「大親附」，最後更得到晉悼公的讚許：
「自吾用魏絳，九合諸侯，和戎、翟，魏子之力也。」〔註67〕是以在朝廷開
始逮捕黨人之後，李膺藉由援引《左氏傳》故事來自表心跡與深切憧憬，或
許李膺已然瞭解皇帝及其近侍對《左氏》義之接納乃有此轉向，否則按照《公
羊》對忠臣慷慨就義的看法，李膺先前猶自言「剋殄元惡，退就鼎鑊，始生
之願也」，實無爲自己辯解之必要。

　　范曄於〈應奉傳〉中提及應奉在黨人出事後的心境轉變，「及黨事起，奉
乃慨然以疾自退。追愍屈原，因以自傷，著〈感騷〉三十篇，數萬言」。〔註
68〕應奉雖然運用《左氏》義從桓帝手中救了李膺，但當時並沒有立刻動搖李
膺對《公羊》義的信從，繼任的靈帝既幼弱且尚未元服親政，在內侍宦官的
專權下更沒有採用先帝寬宥士人的政治策略，反而大舉鉤黨。就過去《春秋》
異傳相互援引、共同匡弼政事的理想來說，楊秉掾屬、應奉等人的務實作法
逐漸失敗，其原因可能是當時清流士人在懷抱門戶之見的情況下仍然對政敵
發出激烈攻擊，仍舊是范曄筆下那群欠缺思想彈性的「黨同伐異，守文之徒」。
承此，直接針對經典義理進行轉變，並重新詮釋《春秋》經傳，改訂嚴酷的
既有刑律，成爲黨錮事件之後，一部份洞察時勢的士大夫們所努力的方向。

　　身爲應奉之子，應劭在董卓敗死之後，鑒於朝廷律令文獻因董氏焚城而
受到損害，故藉此機會有所著作：

獻帝建安元年，劭奏曰：「逆臣董卓，蕩覆王室，典憲焚燎，靡有孑
遺，臣不自揆，輒撰具《律本章句》、《尚書舊事》、《廷尉板令》、《決
事比例》、《司徒都目》、《五曹詔書》及《春秋斷獄》，凡二百五十篇，

〔註65〕《後漢書》，卷六十七，〈黨錮列傳第五十七〉，頁2194。
〔註66〕《春秋左傳注疏》，卷二十九，頁508b。
〔註67〕晉悼公三年事，參見：《史記》，卷三十九，〈晉世家第九〉，頁1682。
〔註68〕《後漢書》，卷四十八，〈楊李翟應霍爰徐列傳第三十八〉，頁1609。

蹋去復重，爲之節文；又集〈駁議〉三十篇，以類相從，凡八十二事，其見《漢書》二十五，《漢記》四，皆刪敘潤色，以全本體，其二十六，臣所創造。」〔註69〕

《隋書·經籍志》載刑法類文獻，內有應劭所撰「《漢朝議駁》三十卷」，同范傳所載「篇」數相當。〔註70〕就「事」義而言，筆者以爲其中二十九事可能承自其父應奉所撰之《漢事》而「刪敘潤色，以全本體」，但新造二十六事也不能免除如劉向、歆父子異傳的可能性。據劉勰（465？～532？）所撰《文心雕龍》，其〈議對〉篇云：

「周爰咨謀」，是謂爲議。議之言宜，審事宜也。……《周書》曰：「議事以制，政乃弗迷。」議貴節制，經典之體也。……迄至有漢，始立駁議。駁者，雜也，雜議不純，故曰駁也。……漢世善駁，則應劭爲首。……然仲瑗博古，而銓貫有敘。……〔註71〕

「議」、「駁」爲同一體裁，區別在於引據經典是否純正。黨禁前後，士大夫《春秋》議事論政的方式逐漸發生變化，如何取擇異傳義理而不致矛盾、如何運用在禮、律範疇而產生效果，皆爲士大夫潛心經業、重修舊傳之目的。自何休遭罹禁錮以來，何氏著作《公羊墨守》、《穀梁廢疾》、《左氏膏肓》質疑《春秋》異傳間的不合處，接著「駁」應奉《漢事》、撰《春秋漢議》，又鄭玄「駁」何休「三闕」、「駁」許慎《五經異義》，下逮服虔「駁」何休《漢議》，迄及應劭《風俗通》引述《春秋》進行議論等等，在漢末可略見一股據《春秋》之「議、駁」交互著三傳異義來反覆論裁政事、時事之風氣。〔註72〕

〔註69〕《後漢書》，卷四十八，〈楊李翟應霍爰徐列傳第三十八〉，頁1612～1613。

〔註70〕〔唐〕魏徵等，《隋書》（北京：中華書局，1973年），卷三十三，《志二十八·經籍二》，頁973。

〔註71〕〔南朝·梁〕劉勰著，周振甫注，《文心雕龍》（臺北：里仁書局，1994年7月再版），〈議對第二十四〉，頁389。此處「仲瑗」爲應奉之字，諸文獻所載多有不同，今且依原文所陳。

〔註72〕應劭緣經議事之跡可於其《風俗通》見得二例，《風俗通·過譽》「太原周黨」條曰：「《孝經》：『身體髮膚，受之父母，不敢毀傷，孝之始也。』樂正子春下堂而傷足，三月不出，既瘳矣，猶有憂色。身無擇行，口無擇言，脩身愼行，恐辱先也。而伯況被髮，則得就業，卿佐雖云凶暴，何緣侵己？今見辱者，必有以招之，自取焉，何尤於人？親不可辱，在我何傷？雠者，謂爲父兄耳，豈以一朝之忿而肆其狂怒者哉？既遠《春秋》之義，殆令先祖不復血食，不孝不智，而兩有之；歸其義勇，其義何居？」參見：〔漢〕應劭撰，王利器校注，《風俗通校注》（北京：中華書局，1981年1月第一版第一次印刷），

　　綜上所言，回到范曄《後漢書》所述何休「與其師博士」羊弼「追述李育意以難二傳」之〈儒林列傳〉敘事，其動機與背景可以藉由〈黨錮列傳〉的相關訊息，呈現出一條異於現行經學史的脈絡。傳主人物在史傳中的位置，既然是經由史家詮釋而來，相對於「經學史中的何休」觀點，亦當有一「經學史外的何休」可供參照。從政治局勢中的角力來看，《公羊》學在兩漢學術與《春秋》學史範疇中，屢屢受到《穀梁》、《左氏》二傳的挑戰，遠非前漢武帝時期獨大之情勢，聚焦學官制度與師承源流所構成的兩漢經學歷史，並未反映出士大夫對經義轉向的敏銳觀察。在鄭玄注經「衝破今古文家法藩籬」之前，已見士大夫採納《左氏傳》義援入政事之先聲。鄭氏駁何休「三闕」固然多少反應了一部份二傳異於《公羊》義的個人觀點，但是何休摘陳三傳間的歧義，並不能在字句中體現出各自義理之價值。在身為太傅陳蕃僚屬的何休眼中，作為孔子之志的《春秋》必須位居漢家政事廳堂之中心，身為《春秋》嫡傳的《公羊》則必須做為「一統」二傳異義的主體，而非僅僅擺置在經師案牘之上。視「三闕」僅反映三傳異義、清人輯本又非全貌，對此後世學者始終乏人問津，猶是情有可原。〔註73〕但若對於何休《春秋公羊解詁》也採取同樣的角度，從「傳經」及「師承」觀點去認識與理解，並將《「春秋」公羊解詁》移減為「《公羊》之《注》」，忽略了何休在無傳處對《春秋》的直接解釋，以及對二傳事義之援引背景，此已遠離漢人對待《春秋》的看法，也不符合何休與范曄的措辭。〔註74〕尤其在范氏「蕃敗，休坐廢錮，迺作《春

卷四，〈過譽第四〉，頁179～181。又，《風俗通・十反》「高唐令樂安周玕」條：「《春秋》：叔牙為慶父殺般、閔公，大惡之甚。而季子緣獄有所歸，不探其情，緩追逸賊，親親之道。州吁既殺其君，而虐用其人，石碏惡之，而厚與焉，大義滅親，君子猶曰：『純臣之道備矣。』於恩未也。君親無將，王誅宜耳。今二家之子，幸非元惡；但望誠心內發，哀情外露，義動君子，合禮中矣。周玕苟執果毅，忽如路人。昔樂羊為魏伐中山，歠其子羹，文侯壯其功而疑其心。秦西巴蜀命放麑，而孟氏旋進其位。麑猶不忍，況弟子乎？孟軻譏無惻隱之心。《傳》曰：『於厚者薄，則無所不薄矣。』」參見：《風俗通校注》，卷五，〈十反第五〉，頁228～230。據此二例，應劭採納的是《公羊》義，相對其父應奉敢於向皇帝陳義《左氏》所反映的堅定信心，應劭的選擇卻是《公羊》義與《春秋》決事「原心定罪」之原則。

〔註73〕 黃樸民，《何休評傳》（南京：南京大學出版社，1998年），〈孤獨前行的《公羊》巨子〉，頁82。

〔註74〕 《隋書・經籍志》載「《春秋公羊解詁》十一卷，漢諫議大夫何休注」，時人陸德明則稱「何休注《公羊》十二卷」，可微見二種不同題稱背後的理解、觀念與意識。參見：《隋書》，卷三十二，〈志二十七・經籍一〉，頁930；吳承仕，

秋公羊解詁》」至「與其師博士羊弼追述李育意以難二傳」而作「三闕」之史
筆中，當時非博士、議郎卻只是「好《公羊》學」〔註75〕的何休，其《春秋》
著作實與黨錮事件有無法分割的關聯。此一重釐兩漢《春秋》學變化的起點
既不能離開「治世之要務」〔註76〕，自應擺脫三傳異議之糾纏，伸張孔子意
欲託《春秋》以「撥亂反正」、「治人」之志。概見何休於《穀梁》、《左氏》
二傳義例未見完備的情勢下，截其長義以補《公羊》短處，藉此作為齊全《春
秋》義理的權宜手段。

第三節　黨錮事件前後的學術運動

　　王嘉《拾遺記》〔註77〕載何休所撰《公羊墨守》、《左氏膏肓》、《穀梁廢
疾》為「三闕」，自來治何氏學者論此者甚寡，今據《水經注》引後漢《左氏》
學者穎容〔註78〕之說：

　　闕者，上有所失，下得書之於闕，所以求論譽於人。〔註79〕

《經典釋文敘錄疏證》（臺北：崧高書社，1985 年），〈注解傳述人〉，頁 130。
〔註75〕《後漢書》，卷三十五，〈張曹鄭列傳第二十五〉，頁 1207。
〔註76〕《春秋公羊注疏》，卷二十五，頁 321b。
〔註77〕據南朝梁人蕭綺所言，作者王嘉字子年，為晉隴西安陽人（今河南安陽），撰
　　　　《拾遺記》十九卷，二百二十篇。蕭綺見是書，已稱其「皆偽殘缺」，「多涉
　　　　禎祥之書，博探神仙之事」，故為之「更刪其繁案，紀其實美，搜刊幽祕，裙
　　　　採殘落，言匪浮詭，事弗空誣」，並按年代次序紀事，最末附山川域名之記，
　　　　合為一部，計十卷，經過蕭綺重新整理過的《拾遺記》為蕭氏新編本。參見：
　　　　〔晉〕王嘉撰，〔南朝・梁〕蕭綺錄，齊治平校注，《拾遺記》（北京：中華書
　　　　局，1981 年 6 月第 1 版，1988 年第 2 次印刷），〈蕭綺序〉，頁 1～2。據《晉
　　　　書》本傳，王嘉於山間鑿洞室而居，所學出入眾家，尤能曉言、隱語。入符
　　　　秦後，累徵不仕，宦胄多有問者，王嘉皆曉以隱語，不肯明言。此見王氏頗
　　　　好隱語，言談晦密，其書亦當如其人。參見：《晉書斠注》，卷九十五，〈列傳
　　　　第六十五〉，頁 1631a～1632a。
〔註78〕「穎容字子嚴，陳國長平人也。博學多通，善《春秋左氏》，師事太尉楊賜。……
　　　　著《春秋左氏條例》五萬餘言，建安中卒。」楊賜即楊秉之子，歷職少府、
　　　　光祿勳、司空、光祿大夫、司徒等，與議郎蔡邕共在朝。由此看來，穎容既
　　　　然以《左氏》聞名，其師承恐怕也與楊秉、楊賜有關。參見：《後漢書》，卷
　　　　七十九下，〈儒林列傳第六十九下〉，頁 2584。
〔註79〕按北魏酈道元（470？～527）之《水經注》，別引眾說先後解「闕」意云：「《周
　　　　官》：太宰以正月懸治法於象魏。《廣雅》曰：闕，謂之象魏。《風俗通》曰：魯
　　　　昭公設兩觀於門，是謂之闕，從門，欮聲。《爾雅》曰：觀謂之闕。《說文》曰：
　　　　闕，門觀也。……《白虎通》曰：門必有闕者何？闕者，所以飾門，別尊卑也。
　　　　今閶闔門外夾建巨闕，以應天宿，雖不如禮，猶象而魏之，上加復思，以易觀

按清人嚴可均（1762～1843）所輯得後漢人李尤（44？～126）所撰〈闕銘〉，今錄其節文：

> 皇上尊嚴，萬姓載依。國都攸處，建設端闈。表樹兩觀，雙闕巍巍。
>
> 〔註80〕

觀其文所謂兩「觀」、雙「闕」，介於「皇上」與「萬姓」之間，以見居內之尊者，且作為在外之眾人上達天聽的依靠。六朝時人陸倕（470～526）之〈石闕銘〉亦呼應穎容說，云「悉心聽省，乃無窮冤」〔註81〕，是以「闕」之作意在令居宮室者聽省、理冤，故為「萬姓載依」，樹立「皇上尊嚴」之處所。透過穎容的解釋，「闕」之表象與實際功能非有阻隔之意，反欲令此處作為聚集往來、聞觀得失之通道。「闕」以分別「尊卑」，是以會聚於闕外之萬姓，令來者復思所欲言，訴施政得失於「闕」，使得聞於闕內之皇上。乃達於穎容所謂「上有所失，下得書之於闕，所以求論譽於人」之意。

　　承上所言，何、鄭二人俱受禁錮在家，一人「隱修經業，杜門不出」，一人「精研蕈思不窺門」，僅僅在案牘上治經，未能同士論講、更相辯對。既「不得門而出」，故撰文當「闕」，藉以較論《春秋》三傳義理短長。且見《太平御覽》引華嶠（？～293）〔註82〕《漢後書》：

> 初欲立《左氏傳》博士，范升〔奏〕以為《左氏》淺末，不宜立。
>
> 陳元聞之，乃詣闕上疏爭之，更相辯對，凡十餘上。帝卒立《左氏》
>
> 學。〔立博士四人，元為第一。〕〔註83〕

矣。《廣雅》曰：復思謂之屏。《釋名》曰：屏，自障屏也；罘思在門外。罘，復也。臣將入，請事於此，復重思之也。漢末兵起，壞園陵罘思，曰無使民復思漢也。故《鹽鐵論》曰：垣闕罘思。言樹屏隔角所架也。穎容又曰：闕者，上有所失，下得書之於闕，所以求論譽於人，故謂之闕矣。今闕前水南道右，置登聞鼓以納諫。昔黃帝立明堂之議，堯有衢室之問，舜有告善之旌，禹有立鼓之訊，湯有總街之誹，武王有靈臺之復，皆所以廣設過誤之備也。」漢代觀闕繼先王之意，為居下者書示過誤，令上位者再三反思之處所。〔北魏〕酈道元注，楊守敬、熊會貞疏，陳橋驛復校，《水經注疏》（南京：江蘇古籍出版社，1989年6月第1版，1999年8月第2次印刷），卷十六，「穀水」，頁1410～1412。

〔註80〕嚴氏所輯文字，原據《藝文類聚》卷六十二所載。另見：庾光蓉，〈李尤事跡考證〉，《四川師範大學學報（社會科學版）》，1997年第3期，頁125～128、142。

〔註81〕《文選》，卷五十六，〈陸倕石闕銘〉。

〔註82〕華嶠為曹魏重臣華歆之孫，尤嫺熟著作，其生平參見：《晉書斠注》，卷四十四，〈列傳第一十四〉，頁873b～874b。

〔註83〕〔宋〕李昉等撰，《太平御覽》（臺北：大化書局影宋蜀本並它本補配，1980年3月2版），卷二百三十六，〈職官部三十四〉，頁1118；《八家後漢書輯注》，

這則故事提到「陳元為爭《左氏》義而『詣闕』上疏」，則何氏以「三闕」公其論《春秋》傳義於士林，「以求論譽於人」，當借鑒於此。筆者以為何休在禁錮後，「寓文以『闕』意」的作法，意味著黨人的《春秋》義仍不絕於縷，以實際行動去抵抗政治層面強烈且長期的壓抑，藉由《春秋》傳義間的論理去宣揚《春秋》意在「撥亂反正」的終極理念。

深諳隱喻的王嘉以「言理幽微，非知機藏往不可通」來形容何休的「公羊墨守、穀梁廢疾、左氏膏肓」，這亦必須與「闕」的隱喻有關。上述穎容所言「求論譽於人」之意，筆者認為「三闕」應當出自何氏雅思。按范曄〈鄭玄傳〉之何、鄭故事：

> 及黨事起，乃與同郡孫嵩等四十餘人俱被禁錮，遂隱修經業，杜門不出。時任城何休好《公羊》學，遂著《公羊墨守》、《左氏膏肓》、《穀梁廢疾》；玄乃發《墨守》，針《膏肓》，起《廢疾》。休見而歎曰：「康成入吾室，操吾矛，以伐我乎？」[註84]

試問何休緣何而歎？當他精準底指出鄭玄答難所隱藏的攻擊性，何休看到的鄭玄難道不算是「黨同伐異、守文之徒」？《公羊》與《穀梁》二傳自前漢以來便衝撞連連，但在《左氏》開始解釋《春秋》經文之後卻改變了《公羊》、《穀梁》二傳彼此長期對立的局面，並且在迎合漢家治道與證明受命之跡的兩大關鍵挑戰了《公羊》以往獨佔《春秋》經的詮釋地位，具體表現在是否於太學設立《左氏》博士的問題上。王莽執政時期，設立了包括《左氏》在內的古文經博士與傳習系統，按范甯所言，兩漢《穀梁》家雖多，卻是義皆膚淺、「不經師匠」，乃至援引《公羊》、《左氏》以釋義。所以說，甘露年間石渠閣會議以《穀梁》之勝《公羊》而大興，實乃執政者介入經論，顛倒是非之成果。顧炎武（1613～1682）《歷代宅京記》，據《三輔黃圖》卷之六為「石渠閣」條目：

> 蕭何造，其下礱石為渠，以導水，若今御溝，因為閣名。所藏入關所得秦之圖籍，至成帝，又於此藏秘書焉。《三輔故事》云：在未央宮殿北。甘露中，《五經》諸儒雜論于石渠閣。[註85]

〈華嶠漢後書・卷二〉，「陳元傳」，頁 541。按《太平御覽》多作「華嶠《後漢書》」，今從周天游《八家後漢書輯注》所考為正，以下引「華嶠《後漢書》」處不再一一說明。

[註84] 《後漢書》，卷三十五，〈張曹鄭列傳第二十五〉，頁 1207～1208。

[註85] 顧氏引文與《三輔黃圖》少異，《黃圖》引《三輔故事》作「石渠閣，在未央

前漢將石渠閣定義爲儲藏祕書之處所，後漢則將祕書改收在東觀。《太平御覽》引華嶠《漢後書》云「學者稱東觀爲老氏藏室，道家蓬萊山。」〔註86〕司馬彪（？～306）〔註87〕《後漢書》亦載「馬融，安帝時爲大將軍鄧騭所召，拜校書郎中。在東觀十年，窮覽典籍。」〔註88〕既欲依前漢石渠故事論五經同異，何以不在當代之祕書藏室？再觀《漢書》所載，劉向亦校書於天祿閣，此亦「藏典籍之所」，似東觀與天祿閣之性質爲近，而非石渠閣。

由《漢書》載石渠「閣」故事至范氏筆下的白虎「觀」講議，范曄對班氏前書的意見與不平，蓋不少見，甚至於在遺書中，還需要對後輩子姪再次明言自己對班書的否定處，這份擔憂雖然經過〈與諸甥姪書〉性質的轉換而提昇到足以理解范氏《後漢書》作意的高度，卻仍是寓意幽晦。後世對范曄以文士之姿修撰後漢歷史的熱心探究似乎還沒注意到，范曄直到死前都還在煩惱其書即使精心剪裁，依舊不免招致以文書「意／義」的觀感。前「意」關係他對班氏其人的輕蔑，後「義」直指其書「任情無例」。〔註89〕但這在後世學者眼中及其筆下之「經學歷史」，卻未留意史傳作者之苦處。據清人皮錫瑞說：

> 經學自漢元、成至後漢，爲極盛時代。……宰相須用讀書人，由漢武開其端，元、成及光武、明、章繼其軌。經學所以極盛者，此其一。……後世生員科舉之法……經生即不得大用，而亦得有出身，是以四海之內，學校如林。漢末太學諸生至三萬人，爲古來未有之

宮殿北，藏祕書之所」十四字。今引文與點校句讀從顧記。〔清〕顧炎武，《歷代宅京記》（北京：中華書局校勘清嘉慶十三年來賢堂刊本，1984 年），卷五，〈關中三〉，頁 82。

〔註86〕《太平御覽》，卷二百三十三，〈職官部三十一〉，頁 1106；《八家後漢書輯注》，〈華嶠漢後書‧卷一〉，「竇融傳（玄孫章）」，頁 526。

〔註87〕司馬彪，字紹統，西晉人。他認爲「先王立史官以書時事，載善惡以爲沮勸，撮教世之要也」，「漢氏中興，訖于建安，忠臣義士亦以昭著，而時無良史，記述煩雜，譙周雖已刪除，然猶未盡，安順以下，亡缺者多」，因此「討論眾書，綴其所聞，起于世祖，終于孝獻，編年二百，錄世十二，通綜上下，旁貫庶事，爲〈紀〉、〈志〉、〈傳〉凡八十篇，號曰《續漢書》」。參見：《晉書斠注》，卷八十二，〈列傳第五十二〉，頁 1412ab～1413a。

〔註88〕《八家後漢書輯注》，〈司馬彪後漢書‧卷四〉，「馬融傳」，頁 444。

〔註89〕范氏云「既造《後漢》，轉得統緒。詳觀古今著述及評論，殆少可意者。班氏最有高名，既任情無例，不可甲乙辨，後贊於理近無所得，唯志可推耳。博贍不可及之，整理未必愧也。」全文參見：《宋書》，卷六十九，〈列傳第二十九〉，頁 1829～1831。

盛事。經學所以極盛者，又其一。〔註90〕

又云：

觀漢世經學之盛衰而有感焉。……是漢儒風之衰，由於經術不重。
經術不重，而人才徒侈其眾多；實學已衰，而外貌反似乎極盛。於
是游談起太學，而黨禍遍天下。人之云亡，邦國殄瘁，實自疏章句、
尚浮華者啟之。觀漢之所以盛與所以衰，皆由經學之盛衰為之樞紐。
〔註91〕

前言二種「經學極盛」之意，後文又說「疏章句、尚浮華」而「實學已衰」，終
致漢末出現游談、黨禍等情事。皮氏既據班氏言以為「經學之盛，由於祿利」，
又以為「漢遵〈王制〉之法，以經術造士」遠勝「唐、宋舉尚文辭者」，既然漢
世研經修業之目的在學以致用，盡以探究師法家法之分流，作為經學與經學史
之內容，將經學當作朝代盛衰之指標，此乃將「經學」與「歷史」相連的結合。
但在後漢中葉以來，已見倚席不講、尸位素餐的博士官〔註92〕，對照自王莽以
來減省五經章句之議，竟有挑燈案前過勞死的博士弟子〔註93〕，降及後漢中晚
期太學諸生不務正業、企圖攀附名士，顯見後漢學官體系要擔當得起這「極盛」
二字，還有不算短的距離。等到范曄撰寫後漢〈儒林列傳〉的時候，他所面對
的首要困難之一，就是得循前書之例，在這群傳誦仲尼遺書的教授者之中，找
尋足堪論列的人物。從班固修改司馬遷所創立的學官傳記範式來說，擔任博士
官或許是一種論列於此〈傳〉與否之必要條件，學承源流及家法分化〔註94〕，
則是關於經師得以擔任博士的行事描繪，緣於此職而應連帶肩負於一身的責任
與義務，無論在政治或學術層面，都幾乎快瀕臨絕跡。博士官的沉默噤聲，或
許象徵後漢官僚政治的成功，卻也意味著太學體系的崩解危機。前漢自公孫弘

〔註90〕 《經學歷史》，〈經學極盛時代〉，頁98～99。
〔註91〕 《經學歷史》，〈經學極盛時代〉，頁112～113。
〔註92〕 樊準奏疏：「今學者蓋少，遠方尤甚。博士倚席不講，儒者競論浮麗，忘謇謇
之忠，習諓諓之辭。」參見：《後漢書》，卷三十二，〈樊宏陰識列傳第二十二〉，
頁1126。
〔註93〕 「王莽之時，省五經章句，皆為二十萬。博士弟子郭路夜定舊說，死於燭下，
精思不任，絕脈氣滅也。」〔漢〕王充，《論衡》，收入〔清〕王謨輯，《增訂
漢魏叢書（附遺書鈔）》（臺北：大化書局影清乾隆五十六種本金谿王氏刻八十
六種本，1995年再版），卷十三，〈效力篇〉，頁2477a。
〔註94〕 以《公羊》脈絡的《春秋》學來說，即指顏安樂《春秋》學出自董仲舒弟子，
而顏氏《春秋》學又分出冷豐、任公、筦路、冥都四家。參見：《漢書》，卷
八十八，〈儒林傳五十八〉，頁3617。

倡議而設立的學官制度，雖然幾近名存實亡，卻不表示後漢經學因此中衰，范曄或許在何休與鄭玄在黨錮期間的學術對立，看到一絲曙光。

在范氏的史論下，皮錫瑞稱鄭玄開創了「經學的小一統時代」，但是反映在《拾遺記》的何、鄭故事裏，何休卻佔有很重要的敘事位階：

> 何休……作《左氏膏肓》、《公羊墨守》、《穀梁廢疾》，謂之「三闕」。言理幽微，非知機藏往，不可通焉。及鄭康成鋒起而攻之，求學者不遠千里，贏糧而至，如細流之赴巨海。京師謂康成爲「經神」，何休爲「學海」。〔註95〕

尋王氏之意，范曄筆下「精研六經」、默默無名的何休，是靠鄭玄對「三闕」的攻擊而著名當時，始見有求學者「不遠千里，贏糧而至，如細流之赴巨海」，京師輿論於是以「學海」稱譽何休，並相對於「經神」之鄭玄。《拾遺記》之記載並未見於范曄《後漢書》，原因不明。除了范曄未得、未讀、未信此書之外，《拾遺記》未言何、鄭二人勝負之平行敘事，亦有可能讓支持鄭氏學的范曄拒絕此類平分二人對立的觀點，亦當有范曄以外的史傳作者持不同意見，去敘述後漢晚期的學術趨勢。

華嶠對後漢經師爭相採用圖讖一事有所評論，且與范曄之意頗有不同。據袁宏（328～376）〔註96〕所撰《後漢紀》，其於〈順帝紀〉引華氏論曰：

> 漢之十葉，王莽篡位。聞道術之士西門君惠、李守等多稱讖云：「劉秀爲天子。」自光武爲布衣時，數言此，及後終爲天子，故甚信其書。鄭興以忤意見疏，桓譚以遠斥憂死。及明、章二帝，祖述其意，故後世爭爲圖讖之學，以矯世取資。是以通儒賈逵、馬融、張衡、朱穆、崔寔、荀爽之徒，忿其若此，奏皆以爲虛妄不經，宜悉收藏之。〔註97〕

華嶠所盛稱「有贍才，能通古今學」〔註98〕的「通儒賈逵」，與范曄筆下「最

〔註95〕參見：《拾遺記》，卷六，「後漢」，頁155。原作「公羊廢疾」「穀梁墨守」，今據范曄《後漢書》改正。
〔註96〕袁宏，字彥伯，東晉時人。「有逸才，文章絕美」，世稱文宗，爲桓溫、謝安賞識，撰有《後漢紀》三十卷。參見：《晉書斠注》，卷九十二，〈列傳第六十二〉，頁1563b～1568a。
〔註97〕《八家後漢書輯注》，〈華嶠漢後書·卷二〉，「郎顗傳」，頁534～535；〔晉〕袁宏撰，周天游校注，《後漢紀校注》（天津：天津古籍出版社，1987年），〈後漢孝順皇帝紀上卷第十八〉，頁503～504。
〔註98〕《八家後漢書輯注》，〈華嶠漢後書·卷二〉，「賈逵傳」，頁542。

爲通儒」之李育論於白虎觀，而爲李育所勝〔註99〕；又賈逵（30～101）以《左氏》「劉累學擾龍」〔註100〕一句合讖，奮筆欲興《左氏》於學官。華、范二氏對賈逵的認識與評價，各有所見。事實上，華嶠對圖讖的價值並未如范曄全面推翻與否定，而懷有功能性之現實取向，見其文所續論：

> 惟斯事深奧，善言古者，必有驗於今；善言天者，必有驗於人，而托云天之曆數、陰陽、占候、術數能仰瞻俯察，參諸人事，過福吉凶既應，引之教義，亦有著明。此蓋道術之有益於後世，爲後人所尚也。〔註101〕

若「道術之有益於後世，爲後人所尚」，故得後氏學者宗事之，不墜其業，且留名青史，師從何經何學，又何妨哉？史家識見既殊絕，論列之意亦各有所長。

　　回到何休與鄭玄的問題上，推測何休被范曄列入〈儒林列傳〉的原因，除了他爲官學重心的《春秋》學注入新義，另一項可能的因素是他日後任官履行了博士官應有的作爲，其一是教授弟子，其二是奏議論事與顧問應對。前者雖不限於博士官，後者關係其仕途甚深。自前漢武帝轉變秦博士之職掌以降，郎官之議郎、公府之掾屬亦得據先王政典，直接或間接參與政事、爲朝政提供建言。何休也有可能是在黨禁解除後，再自司徒〔註102〕或司空府掾〔註103〕出任漢靈帝新設立的「古文經議郎」〔註104〕，而得列位在「《公羊》

〔註99〕 李育「少習《公羊春秋》。沈思專精，博覽書傳，知名太學，深爲同郡班固所重」，「常避地教授，門徒數百。頗涉獵古學。嘗讀《左氏傳》，雖樂文采，然謂不得聖人深意，以爲前世陳元、范升之徒更相非折，而多引圖讖，不據理體，於是作《難左氏義四十一事》。」「建初元年，衛尉馬廖舉育方正，爲議郎。後拜博士。四年，詔與諸儒論五經於白虎觀，（李）育以《公羊》義難賈逵，往返皆有理證，最爲通儒。」參見：《後漢書》，卷七十九下，〈儒林列傳第六十九下〉，頁2582。

〔註100〕 事義出自魯昭公二十九年傳「有陶唐氏既衰，其後有劉累學擾龍于豢龍氏，以事孔甲」。參見：《春秋左傳注疏》，卷五十三，頁922b。

〔註101〕 《八家後漢書輯注》，〈華嶠漢後書・卷二〉，「郎顗傳」，頁535；《後漢紀校注》，〈後漢孝順皇帝紀上卷第十八〉，頁504。

〔註102〕 范氏〈何休傳〉載：「黨禁解，又辟司徒。」參見：《後漢書》，卷七十九下，〈儒林列傳第六十九下〉，頁2582。彼時新任司徒者爲楊賜。

〔註103〕 明代的一種《春秋公羊傳》單注本，將作者題爲「漢諫議大夫司空掾任城何休學」，呈現了矛盾的重複職銜，而清人重刊的仿宋本《春秋公羊注疏》則僅題爲「何休學」。參見：〔漢〕何休解詁，《春秋公羊傳》（臺北：新興書局影校永懷堂本，1992年6月再版）；《春秋公羊注疏》，卷一，頁8a。

博士李育」與「《左氏》注家服虔」之間，作爲漢末經學「古學遂明」，以及士人採納《左傳》議論政事的時代轉變標誌。

據《隋書・經籍志》：

> 《春秋左氏膏肓釋疴》十卷，服虔撰；梁有《春秋漢議駁》二卷，服虔撰，
>
> 亡：
>
> 《駁何氏漢議》二卷，鄭玄撰；
>
> 《春秋漢議》十三卷，何休撰；
>
> 《駁何氏漢議》二卷，鄭玄撰；梁有《漢議駁》二卷，服虔撰，亡：
>
> 《駁何氏漢議序》一卷；
>
> 《釋信理何氏漢議》二卷，魏人撰；
>
> 《春秋議》十卷，何休撰……〔註105〕

此處另見何、鄭延伸《春秋》三傳以外的交鋒亦遠及「漢議」，服虔、糜信（生卒不詳，官至曹魏樂平太守）等人亦加入議論之列。范曄在〈儒林列傳〉中提到何氏以《春秋》駁「漢事」六百餘條，妙得《公羊》本義，又服虔復以《左氏》駁何休所駁「漢事」六十餘條，惟服虔所駁是否亦妙得《左氏》本義，已出於范氏言語之外。何、服、鄭之駁難文字見於六朝隋唐書志所錄，其書久佚，近人王仁俊（1866～1913）據杜佑（735～812）所撰《通典》向索得遺緒數句：

> 後漢安帝崩，立北鄉侯，未踰年薨，以王禮葬。於《春秋》何義也？
>
> 何休答曰：「《春秋》未踰年魯君子野卒，降君稱子，從大夫禮可也。」
>
> 〔註106〕

此議於《通典》題稱「未踰年天子崩諸侯薨議（後漢）」，其言「何休」雖不著職銜，似爲解除黨禁、供職議郎或諫議大夫所存記之議事，王氏輯錄仍依

〔註104〕 漢靈帝光和三年（180），「六月，詔公卿舉能通《〔古文〕尚書》、《毛詩》、《左氏》、《穀梁春秋》各一人，悉除議郎。」參見：《後漢書》，卷八，〈孝靈帝紀第八〉，頁344。

〔註105〕 《隋書》，卷三十二，〈志第二十七・經籍一〉，頁927～931。

〔註106〕 〔清〕馬國翰、王仁俊輯，《玉函山房輯佚書及補遺》（日本京都：中文出版社影清同治十年濟南皇華館書局補刻本、影上海圖書館藏手稿本，1990年3月再版），冊六，〈經類・春秋類・春秋漢議〉，頁58；又「附錄一　十三經漢注四十種輯佚書」，頁527；原文見在：〔唐〕杜佑撰，《通典》（北京，中華書局，1988年12月第1版1996年8月第3次印刷），卷八十，〈禮四十・沿革四十・凶禮二〉，頁2175。

范傳稱爲「漢議」。按何休此議與董仲舒《春秋決事》有近似處〔註107〕，亦皆存在《通典》〔註108〕，是見何休「漢議」與董仲舒「決事」，皆在兩漢援引經義論諸疑。何休於後漢晚期引經決事，而鄭玄則在駁何休《漢議》外，又考論刑名，並在曹魏明帝（205～239）時代成爲唯一採用來解釋舊律的律章句。見《晉書·刑法志》載：

> 魏明帝……是時承用秦漢舊律……又漢時決事，集爲《令甲》以下三百餘篇，及司徒鮑公撰嫁娶辭訟決爲《法比都目》，凡九百六卷。世有增損，率皆集類爲篇，結事爲章。一章之中或事過數十，事類雖同，輕重乖異。……後人生意，各爲章句。叔孫宣、郭令卿、馬融、鄭玄諸儒章句十有餘家，家數十萬言。凡斷罪所當由用者……言數益繁，覽者益難。天子於是下詔，但用鄭氏章句，不得雜用餘家。〔註109〕

《通典》所引何休《漢議》並非論理、定罪、量刑之事，而在諮詢政事比擬於《春秋》之義以解疑惑，即從府掾〔註110〕、太常博士〔註111〕、議郎、諫議

〔註107〕據近世輯本摘例觀之：
時有疑獄曰：「甲無子，拾道旁棄兒乙養之以爲子。及乙長，有罪殺人，以狀語甲，甲藏匿乙。甲當何論？」仲舒斷曰：「甲無子，振活養乙，雖非所生，誰與易之！《詩》云『螟蛉有子，蜾蠃負之。』《春秋》之義，父爲子隱，甲宜匿乙。而不當坐。」
「父爲子隱」語雖見《論語·子路》，其義卻是本於《公羊》閔元年、二年傳所言「親親之道」，何休說「猶律親親得相首匿」，已見《春秋》與漢律論罪定刑之深刻關係，是據《春秋》所記事實呈現之義來論斷過失。參見：《玉函山房輯佚書及補遺》，冊二，「春秋決事」，頁 1233b；又見程樹德著，《九朝律考》（北京：中華書局，1963 年 5 月第 1 版，2006 年 11 月第 2 次版），卷一，〈漢律考·春秋決獄考〉，頁 164。

〔註108〕《通典》，卷六十九，〈禮二十九·沿革二十九·嘉禮十四〉，頁 1910～1911。

〔註109〕《晉書斠注》，卷三十，〈志第二十·刑法〉，頁 654a～655a。

〔註110〕「《漢舊注》：東、西曹掾比四百石，餘掾比三百石，屬比二百石，故曰公府掾，比古元士三命者也。……奏曹主奏議事。辭曹主辭訟事。……決曹主罪法事。」參見：〔晉〕司馬彪撰，〔南朝·梁〕劉昭補注，《後漢書志》（收入《後漢書》，北京：中華書局，1962 年第 1 版，1990 年 12 月第 6 次印刷），志第二十四，〈百官一〉，頁 3558～3559。

〔註111〕「博士十四人，比六百石。本注曰：《易》四，施、孟、梁丘、京氏。《尚書》三，歐陽、大小夏侯氏。《詩》三，魯、齊、韓氏。《禮》二，大小戴氏。《春秋》二，《公羊》嚴、顏氏。掌教弟子。國有疑事，掌承問對。」參見：《後漢書志》，志第二十五，〈百官二〉，頁 3572。

大夫〔註112〕等身份來說，亦在職掌「顧問應對」的範圍內。但從曹魏採納鄭玄《漢律》章句及其《周禮注》推敲，則此事似可見到漢唐之際律法定罪量刑原則，自《春秋》結合《周禮》的變化。〔註113〕若自杜佑《通典》的取擇來看，在此包括何休、鄭玄、服虔等人的多種漢議中，僅見存一條何氏議，而鄭玄則另有採用章句形式來解說既有律令的作法。〔註114〕

何氏本於《公羊》義據《春秋》以駁「漢事」，至於「漢事」是否爲一著作？今考眾家書佚文，自李賢（654～684）及其門客所注范書〈應奉傳〉引袁山松（？～401）〔註115〕《後漢書》得應奉著述事：

> 奉又刪《史記》、《漢書》及《漢記》三百六十餘年，自漢興至其時，
> 凡十七卷，名曰《漢事》。〔註116〕

何休之父何豹爲河南尹時，應奉爲司隸校尉。《後漢書·崔駰列傳》載漢桓帝（147～167）初年事：

> 大司農羊傅、少府何豹上書薦寔才美能高，宜在朝廷。召拜議郎，
> 遷大將軍冀司馬，與邊韶、延篤等著作東觀。〔註117〕

又〈鄧寇列傳〉載寇榮（生卒不詳）於漢桓帝延熹年間（158～167）所上書，嘗言及「河南尹何豹」〔註118〕與司隸校尉應奉、洛陽令袁騰（生卒不詳）〔註119〕

〔註112〕「諫議大夫，六百石。本注曰：無員。」「議郎，六百石。本注曰：無員。」又光祿大夫條下云：「凡大夫、議郎皆掌顧問應對，無常事，唯詔令所使。」所謂顧問應對，與博士官之職掌相同，但博士另需教授太學諸生。參見：《後漢書志》，志第二十五，〈百官二〉，頁3577。

〔註113〕例如出自《周禮》之「八議」，自曹魏援入《魏律》，而不完全承襲以《春秋》爲原則的漢律。實例參見：《九朝律考》，卷二，〈魏律考·八議〉，頁207。

〔註114〕在杜佑採錄的「皇后敬父母」議中，鄭玄據《春秋》釋疑，與何休前議相近。參見：《通典》，卷六十七，〈禮二十七·沿革二十七·嘉禮十二〉，頁1860。

〔註115〕袁山松，字曜卿，善音樂，博學有文章，卒於吳郡太守。袁氏爲漢末時人袁渙六世孫，袁渙與邴原、張範等人皆爲曹操徵辟。參見：《晉書斠注》，卷八十三，〈列傳第五十三〉，頁1429b～1430a。

〔註116〕《八家後漢書輯注》，〈袁山松後漢書·卷三〉，「應奉傳」，頁665。

〔註117〕《後漢書》，卷五十二，〈崔駰列傳第四十二〉，頁1730。

〔註118〕《後漢書》，卷十六，〈鄧寇列傳第六〉，頁629。

〔註119〕袁騰行跡不詳，僅知爲議郎袁貢中子。袁貢於漢靈帝時爲議郎，與劉陶、樂松連名所上疏奏見於《後漢書》卷五十七，〈杜欒劉李劉謝列傳第四十七〉，頁1849。宋人洪適撰《隸釋》第二十七卷爲無名氏《天下碑錄》，其編目有「漢袁騰碑」，注云「貢之中子也，在太康縣。」參見：《隸釋·隸續》（北京：中華書局，1985年11月第1版第1次印刷），卷二十七，「天下碑錄」，頁284a。

等「殘酷容媚之吏」〔註120〕并掌京都，緝索甚急。則何豹或在梁冀（？～159）受誅前後已官至少府，此後又轉任河南尹，與應氏等同在京畿任官。《漢事》成書時間不詳，約當何休出生前，或在繈褓幼弱時。此書久佚，六朝及隋志並不見載，原因不明，而其性質當屬兩漢時人眼中之近現代史。據今人所見，「應奉專研漢代史」，「多據舊史而刪削或重撰，表示原創性低，論證亦未必精妙，方之馬、班，相去甚遠。」〔註121〕《漢事》其書久佚，內容難詳，其敘事或不出所論，而其動機也可能如今人所言「由於受到政治力量的介入，且成於眾手，故《漢記》不爲後人所滿意」〔註122〕，應奉因此刪裁舊史以當己意。若范〈傳〉之「漢事」即袁書之《漢事》無誤，范氏覆蓋眾家「何休傳」，卻又重訂出簡明漏略之〈何休傳〉，於此當寫爲：

> （何休）又以《春秋》駁（應奉所撰）《漢事》六百餘條，妙得《公羊》本意。

以上推論自「漢議」至「駁應奉《漢事》」諸事，當可能豐富何休及其學問的歷史定位，並不僅僅只能成立「經學史中的何休」，亦有一思想史、政治史，甚至史學史面向的何休可供探索。歷來研治何休及其《公羊》學者，皆未嘗措意於何休濟世之志，蓋其註解微言之外，亦發揮大義於時事，幾近乎出入經史之間，所謂「志在《春秋》，行在《孝經》」，亦足堪何氏寫照。

再考慮到何休與鄭玄的學思進程及禁錮期間的身份立場，不拘今古文學師法且並未具有官僚身份的兩人執經問難，恐怕已不適合簡化爲第四次經今古文之爭的主要內容，將之看待爲治學者在自身的學問視野與政治風氣中彼此激勵，也許適切得多。讀漢末流行的七字評論，如「五經無雙許叔重」〔註123〕、「問事不休賈長頭」〔註124〕，似與何、鄭沾不上邊，即使有「精研六經何學海」或「折衷古今鄭經神」之語，惜於今日皆未得見。《拾遺記》說「京師稱康成爲經神，何休爲學海」二句，似對鄭玄的崇敬仍高於何休，但是六朝隋唐的三傳義疏在鄭王之爭的氛圍下未必懷有此意。初唐貞觀年間急於歸

〔註120〕《後漢書》，卷十六，〈鄧寇列傳第六〉，頁629。
〔註121〕《中古史學觀念史》，〈漢、晉之間的實證史學〉，頁132。
〔註122〕即《東觀漢記》，參見：《中古史學觀念史》，〈漢、晉之間的實證史學〉，頁132。
〔註123〕對許慎的評論，參見：《後漢書》，卷七十九下，〈儒林列傳第六十九下〉，頁2588。
〔註124〕對賈逵的評論，參見：《後漢書》，卷三十六，〈鄭范陳賈張列傳第二十六〉，頁1235。

整南北學之異見定於一尊，完全與兩漢乃及晚周先秦學術分化的趨勢截然二致。這些被尊爲名家的眾多後世學者，起初也就是從眾多師承源流中自成一格，六朝隋唐義疏家所接續的兩漢傳注，亦是自諸家傳注中脫穎而出，但它們從來都不是產生自政治力量的強迫調解。

　　從武帝御前、石渠「閣」、白虎「觀」到形諸文本的三「闕」，論議經傳處所的轉移過程反映了政治力量與意識形態的介入調停，與相反的自發性抵抗。按范曄《後漢書・章帝紀》載漢章帝建初四年（79）事：

> 十一月壬戌，詔曰：「蓋三代導人，教學爲本。漢承暴秦，褒顯儒術，建立《五經》，爲置博士。其後學者精進，雖曰承師，亦別名家。孝宣皇帝以爲去聖久遠，學不厭博，故遂立大、小夏侯《尚書》，後又立京氏《易》。至建武中，復置顏氏、嚴氏《春秋》，大、小戴《禮》博士。此皆所以扶進微學，尊廣道藝也。中元元年詔書，五經章句煩多，議欲減省。至永平元年，長水校尉奏言，先帝大業，當以時施行。欲使諸儒共正經義，頗令學者得以自助。孔子曰：『學之不講，是吾憂也。』又曰：『博學而篤志，切問而近思，仁在其中矣。』於戲！其勉之哉！」於是下太常，將、大夫、博士、議郎、郎官及諸生、諸儒會白虎觀，講議五經同異，使五官中郎將魏應承制問，侍中淳于恭奏，帝親稱制臨決，如孝宣甘露石渠故事，作《白虎議奏》。〔註125〕

范氏所謂「孝宣甘露石渠故事」，即前漢宣帝（91B.C.～49B.C.）於甘露三年（51 B.C.）評議五經異同，廣立多家博士。按《漢書・宣帝紀》：

> 三月……詔諸儒講《五經》同異，太子太傅蕭望之等平奏其議，上親稱制臨決焉。乃立梁丘《易》、大小夏侯《尚書》、穀梁《春秋》博士。〔註126〕

二書所記互有闕疏，然仔細比較，石渠閣會議以講五經同異爲形式，其實在扶助講習不廣、傳授微弱之學，擴大博士官的講授內容。反觀白虎觀會議，卻似乎僅止於紀錄五經同異。再據范書載漢章帝建初八年（83）：

> 冬十二月……詔曰：「五經剖判，去聖彌遠，章句遺辭，乖疑難正，恐先師微言將遂廢絕，非所以重稽古，求道眞也。其令群儒選高才

〔註125〕《後漢書》，卷三，〈肅宗孝章帝紀第三〉，頁137～138。

〔註126〕《漢書》，卷八，〈宣帝紀第八〉，頁272。

生，受學《左氏》、《穀梁春秋》、《古文尚書》、《毛詩》，以扶微學，
廣異義焉。」〔註127〕

則建初四年於白虎觀講議五經，所謂章帝「親稱制臨決」者，其實議而未決，
五經「章句遺辭」仍舊「乖疑難正」。今見《白虎通義》多載數家之說，其文
屢稱「或曰」、「或說」、「又曰」〔註128〕，若其確爲議講五經之記錄，則此次
講議五經同異、「如孝宣甘露石渠故事」，目的即在建初八年正式詔令由官方
傳授《左氏》、《穀梁春秋》、《古文尚書》、《毛詩》諸家經義。故石渠、白虎
透過諸儒講議五經同異、上卿寵臣評議奏事，最後皇帝臨朝稱制以決斷，以
確立、承認經說來擴大官學內容，藉口重稽古、求道眞來落實爲學官的改制。
整個過程醞釀許久，並非一蹴而幾，避免如同前漢劉歆（50B.C.～23B.C.）〈讓
太常博士書〉強烈要求改革學官所招致的強烈反對。〔註129〕

白虎觀會議的舉行，出於楊終（生卒不詳，約當章帝時）的建議，《後漢
書》載楊終其人云：

楊終字子山，蜀郡成都人也。年十三，爲郡小吏，太守奇其才，遣
詣京師受業，習《春秋》。顯宗（明帝）時，征詣蘭臺，拜校書郎。

建初元年，大旱穀貴，（楊）終以爲廣陵、楚、淮陽、濟南之獄，徙
者萬數，又遠屯絕域，吏民怨曠，乃上疏……書奏，肅宗（章帝）
下其章。司空第五倫亦同終議。太尉牟融、司徒鮑昱、校書郎班固
等難倫，以施行既久，孝子無改父之道，先帝所建，不宜迥異。……
帝從（楊終）之（奏），聽還徙者，悉罷邊屯。

（楊）終又言：「宣帝博徵群儒，論定《五經》於石渠閣。方今天下
少事，學者得成其業，而章句之徒，破壞大體。宜如石渠故事，永
爲後世則。」於是詔諸儒於白虎觀論考同異焉。會終坐事繫獄，博
士趙博、校書郎班固、賈逵等，以（楊）終深曉《春秋》，學多異聞，
表請之，終又上書自訟，即日貰出，乃得與於白虎觀焉。後受詔刪

〔註127〕《後漢書》，卷三，〈肅宗孝章帝紀第三〉，頁145。
〔註128〕以「五霸」的討論爲例，出現了二次「或曰」，共呈現了三種出自五經家說法。
參見：〔清〕陳立撰，吳則虞點校，《白虎通疏證》（北京：中華書局，1994
年8月第1版，1997年10月第2次印刷），卷二，〈號〉，頁60～65。
〔註129〕「哀帝令歆與五經博士講論其義，諸博士或不肯置對，歆因移書太常博士，
責讓之……。其言甚切，諸儒皆怨恨。」參見：《漢書》，卷三十六，〈楚元王
傳第六〉，頁1967～1972。

《太史公書》爲十餘萬言。〔註130〕

楊終先習吏事，再習《春秋》，其上疏欲救黎民百姓，公卿卻以經義「子無改父之道」爲由，認爲章帝不可改變先帝所立刑律，否則便不合孝道，並將失去漢室治國之根本。雖然漢章帝不顧公卿的反對，最後仍然接納楊終的意見，但這一事件讓經義箝制治國政策的問題隱然浮現。可能是楊終爲了理想抱負，也可能是章帝爲了讓施政更有彈性，章帝選擇在建初四年年底詔令群儒聚會於白虎觀，講五經同異。

漢家出於執政目的企圖去協調群經異說，但詮釋與伸張群經異義並非一朝一夕之事。姑不論年幼之和帝（79～106）、安帝（94～125），議定五經異義、異說一事之所以發生於漢章帝年間（75～88），而非光武帝（5B.C.～57）或明帝（28～75）時期，這必須考慮當世人物的運作及時勢的醞釀。除了上述的楊終之外，參與會議者尚有魯恭（32～113）、丁鴻（？～92）、班固、劉羨（？～97）、魏應（生卒不詳）、李育等人，還有從明帝以來即受重用的賈逵。《後漢書·賈逵傳》載其所見《左氏》義勝《公羊》處：

臣謹出《左氏》三十七事尤著明者，斯皆君臣之正義，父子之紀綱。其餘同《公羊》者什有七八，或文簡小異，無害大體。至於祭仲、紀季、伍子胥、叔術之屬，《左氏》義深于君父，《公羊》多任于權變，其相殊絕，固以甚遠，而冤抑積久，莫肯分明。臣以永平中上言《左氏》與圖讖合者，先帝不遺芻蕘，省納臣言，寫其傳詁，藏之秘書。建平中，侍中劉歆欲立《左氏》，不先暴論大義，而輕移太常，恃其義長，詆挫諸儒，諸儒内懷不服，相與排之。孝哀皇帝重逆眾心，故出歆爲河内太守。從是攻擊《左氏》，遂爲重仇。至光武皇帝，奮獨見之明，興立《左氏》、《穀梁》，會二家先師不曉圖讖，故令中道而廢。凡所以存先王之道者，要在安上理民也。今《左氏》崇君父，卑臣子，強幹弱枝，勸善戒善，至明至切，至直至順。且三代異物，損益隨時，故先帝博觀異家，各有所采。……又五經家皆無以證圖讖明劉氏爲堯後者，而《左氏》獨有明文。五經家皆言顓頊代黃帝，而堯不得爲火德。《左氏》以爲少昊代黃帝，即圖讖所謂帝宣也。如令堯不得爲火，則漢不得爲赤。其所發明，

〔註130〕《後漢書》，卷四十八，〈楊李翟應霍爰徐列傳第三十八〉，頁 1597～1599。爲避免誤讀，此處引文補全楊終姓氏。

補益實多。〔註131〕

此議即見白虎觀會議的發生背景源自光武執政以來的政治問題，賈逵更遠溯劉歆上書事，加以申言《左氏》合於圖讖、有利漢家正統之實際價值。但在政治勢力的運作下，士大夫、守文之徒在會議中「黨同伐異」，皇帝接著議論之後，「親稱制臨決」，施展威權，今古學雙方更應具有顯著的利益消長。孰料此事卻反而變成刻意的操作與形式化表演，皇帝威權與學官講習都受到危害，導致了不符預期的結果，《左氏》等古文經終未能於後漢太學進行講授。近人演繹兩漢經今古文之爭的脈絡，聚焦在學術爭論與其結果，但直到何休與鄭玄二人的非官方背景，擺脫牽涉利祿、人事的對立，才有資格被論述爲名實相符的經學之爭。

今人周予同（1898～1981）註釋皮錫瑞《經學歷史》一書，另撰諸文，集中討論了兩漢經學問題，提出四次經今古文之爭的觀點，詳見下列由周氏所製表格〔註132〕，本文僅更替爲橫書排版以便觀覽：

次　第		第一次	第二次	第三次	第四次
時間		前漢哀帝建平元壽間（公元前六～前一）	後漢光武帝建成間（公元二五～五五）	後漢章帝建初元年至四年（公元七六～七九）	後漢桓帝至靈帝光和五年（公元一四七～一八二）
人物	今	太常博士 孔光 龔勝 師丹 公孫祿（附）	范升	李育	何休 羊弼
	古	劉歆	韓歆 許淑 陳元 李封	賈逵	鄭玄
對象		《古文尙書》（古）《逸禮》（古）《左氏春秋》（古）《毛詩》（古）	《費氏易》（古）《左氏春秋》（古）	《左氏春秋》（古）《春秋公羊傳》（今）	《左氏春秋》（古）《春秋公羊傳》（今）
結果		古文經傳不得立。	《左氏春秋》立於學官，旋廢。		

〔註131〕《後漢書》，卷三十六，〈鄭范陳賈張列傳第二十六〉，頁1236～1237。
〔註132〕《周予同經學史論著選集》，〈經今古文學〉，「三經今古文的爭論」，頁14。

　　周氏提供了一種簡明平直的敘述與架構來支撐起複雜的經學視野，無論數自劉歆讓太常博士，或是回溯上更早的石渠閣，乃至於賈逵、李育論難之白虎觀，其爭議都是挾附於學官之確立，即設置博士官專授講習，受學者於他日卒業出仕，以此教風化、辨是非嫌疑。此表大體循從范曄的評論，但是賈、李之後至於何、鄭，甚至馬、劉答難，卻不僅不具博士官、講郎之身份，亦非以設立學官爲其目的，其性質迥異於前者。〔註133〕

　　白虎觀會議模仿前漢石渠閣評議《公》、《穀》異同的故事，但前漢與後漢並不因爲五經十四家博士之學脈相承，而具有相同的政治氛圍。後漢章帝複製石渠閣故事之政治現實，並無前漢宣帝欲引鑒《穀梁》義以扭轉武帝駕崩後的政治困境〔註134〕，這與漢章帝念述祖、父對政權穩定的擔憂，有本質上的差異。〔註135〕但藉由范曄《後漢書》中「複製《公》、《穀》之爭來呈現《公》、《左》之爭」的敘事，近代學者將石渠閣會議與白虎觀會議的關聯，作爲何休與鄭玄的「爭端」脈絡。若穎容的說法無誤，本文藉由「闕」字義之闡發，石渠「閣」、白虎「觀」與何休之三「闕」在字面上的聯繫，已自華嶠《漢後書》載「陳元詣闕爭《左氏》義」事漸得明朗。〔註136〕何氏遣字既典且奧，唐人以爲「墨守」一詞出於諸子故事〔註137〕，

〔註133〕周表與范論最顯著的差別，是前者沒有列入「馬融」與「劉瓛」，而選進了「羊弼」。

〔註134〕袁佳紅，《《穀梁》學在西漢的興起及意義》（重慶：重慶師範大學，碩士學位論文，2003 年 4 月），〈昭宣對武帝政策的繼續所引起的矛盾〉，頁 12～15；束景南、余全介，〈西漢《穀梁傳》增立博士的政治背景〉，《浙江社會科學》，2005 年第 1 期，頁 129～132。

〔註135〕鄉愿底說，企圖複製典範伸張威權與正統性，而非腳踏實地去改變、去消滅未來動搖政權的潛藏危險因子，這段從光武行封禪事到章帝論白虎觀，一路走來的政治生活，反倒愈加彰顯後漢執政與陪臣的無能，後漢博士們委靡不振的學官事業，有一半不是自己的錯。

〔註136〕《太平御覽》，卷二百三十六，〈職官部三十四〉，頁 1118；《八家後漢書輯注》，〈華嶠漢後書・卷二〉，「陳元傳」，頁 541。

〔註137〕李賢注云：「言《公羊》之義不可破，如墨翟之守城也。」又云：「言《公羊》義理深遠，不可駁難，如墨翟之守城也。」參見：《後漢書》，卷七十九下，〈儒林列傳第六十九下〉，頁 2588；卷三十五，〈張曹鄭列傳第二十五〉，頁 1208。《公羊疏》釋此：「何氏本著作《墨守》以距敵《長義》，以強義爲《廢疾》以難《穀梁》，造《膏肓》以短《左氏》……」按《長義》即賈逵於建初年間撰「《左氏傳》大義長於二傳者」，參見：《後漢書》，卷三十六，〈鄭范陳賈張列傳第二十六〉，頁 1236；《春秋公羊注疏》，〈監本附音春秋公羊注疏序〉，頁 4a。

但觀「膏肓」、「廢疾」則「入室操矛」，取自《左氏》、《穀梁》傳文。〔註138〕「三闕」之題名「墨守、膏肓、廢疾」，皆出典要〔註139〕，至其援引二傳長義，略以補充《公羊傳》，並冠《春秋》大題於前，自稱其書爲「解詁」，也是一復古、返古，承認古學、貴重文章之舉。〔註140〕何氏在《春秋公羊解詁》以「義例」以答古學、興《春秋》，所謂「隱括（胡毋生條例）使就繩墨」於《春秋公羊解詁》，反觀兩漢既有「初學者傳訓詁」之意，故何氏其實易上馴以下馴之名，將深奧之先師義例，改寫爲淺近之初學解詁，讓「不遠千里，贏糧而至」來「求學」《春秋》之弟子，期以「入吾室，操吾矛」成就夫子之志。筆者管見以爲，何氏之「屬辭比事」或當如此。如果何休眞有所謂失敗的想法或嘆息，那也必須是在短暫的初次參政、議事經驗與漫長的禁錮氛圍中，瞭解到《公羊》所存《春秋》大義確實有未盡之處，需待二傳補足，亦需對二家先師過度解釋處，加以限制。這是楊秉掾屬、應奉、李膺等人及晚近政事波瀾所給予的啓示，而不應該是所謂的「自認輸給鄭玄」。〔註141〕那些所謂關於鄭玄「開休之蔽」〔註142〕駁正何休「三闕」的神話〔註143〕，不僅未見何休《春秋公羊解詁》採納鄭氏駁論

〔註138〕李賢注云：「《說文》曰『肓，隔也。』心下爲膏，喻《左氏》之疾不可爲也。」參見：《後漢書》，卷三十五，〈張曹鄭列傳第二十五〉，頁1208。許慎（58？～147？）《說文》稱「心下鬲上，從肉亡聲。《春秋傳》曰：『病在肓之上』。」此即《左氏》成公十年傳語「在肓之上，膏之下，攻之不可，達之不及，藥不至焉，不可爲也。」何氏以「膏肓」言《左氏》義如不可救之病，以上二義皆在攻擊賈逵。參見：〔漢〕許慎撰，〔清〕段玉裁注，魯實先正補，《說文解字注》（臺北：黎明文化公司，1994年7月十一版），第四篇下，頁170a；《春秋左傳注疏》，卷二十六，頁450a。又按《穀梁》昭公二十年傳言「有天疾者，不得入乎宗廟」，何氏藉此暗喻《穀梁》義有殘缺，不得居主《春秋》嫡傳，參見：《春秋穀梁注疏》，卷十八，頁178a。

〔註139〕鄭注《禮記·喪服小記》、賈公彥《儀禮·喪服》疏亦見「世子有廢疾不可立」之義，可參見拙文：〈何休三闕及其流傳考〉，收入：吳銳編，《中國古典學（第二卷）·楊向奎先生百年紀念文集》（長春：吉林大學出版社，2009年），頁242～243。

〔註140〕何休序《春秋公羊解詁》語：「是以治古學、貴文章者謂之『俗儒』」。參見：《春秋公羊注疏》，〈監本附音春秋公羊注疏序〉，頁4a。

〔註141〕《經古今文學問題新論》，〈鄭玄與古文經學〉，頁388～389。

〔註142〕清人袁鈞（1749～1803）序《箴膏肓》語，請參見：〔清〕袁鈞輯，《鄭氏佚書（二十三種）》（清光緒十四年浙江書局刊本），冊五，〈箴膏肓·鄭氏佚書十二〉，葉一。

〔註143〕「京師謂康成爲『經神』，何休爲學海。」參見：《拾遺記》，卷六，「後漢」，頁155。

中之傳義，鄭氏所論亦未見如楊秉掾屬、應奉用意之深，甚至連後人藉由鄭玄《釋廢疾》去註解《穀梁傳》時，都曾表示自己不曉得鄭玄的論據何在。〔註144〕重讀前人所謂鄭駁何休「三闕」之後「古學遂明」〔註145〕、「《左氏》大興」〔註146〕的說法，無疑是緣於失去漢末經學在政治範疇活躍的情節而產生的後設觀點。

　　筆者以為，在范氏〈黨錮列傳〉的相關敘事中，清流士大夫就正式進入了「理念與現實」如何取捨的典型命題。對其信奉的學術與經典而言，內容雖然指導政策方向，卻往往與政治實踐有所出入，幾乎形同具文。范曄在歷史撰述進行到後漢晚期處，黨人原先秉持的政治理念被折衷在皇帝與內侍宦官的打壓與貶抑之下，個人崇尚的行事典範被迫轉移，過去信奉的義理必須重新檢討。何休選擇以《左氏傳》在政治上被接納之長義，來補足《公羊傳》之空缺。當李膺妥協於《左氏》義理而死去，仍不放棄澄清政治的何休，只能夠依靠自己的才智，喚起在世學者對「治人之學」的重新關注，藉以突破當代諸家《春秋》異義的門戶之見，不僅兼納諸傳長義，亦足以驗證於兩漢時人近現代時事之評論中，重新擬出一套君臣上下皆能接納的《春秋》學。當黨禁逐漸得到解除後，何休再度被辟為公府掾，范曄說到「群公表休道術深明，宜侍帷幄。倖臣不悅之，乃拜議郎」之何氏，其歷經十餘年的精心研究，被後人題名為「漢司空掾任城樊何休撰」，匯聚了當代《春秋》義理精華，將用以撥亂反正之《春秋公羊解詁》，其背後深藏的微言大義正是「倖臣」所以「不悅」的原因之一。

〔註144〕范曄之祖父范甯註解《穀梁傳》嘗引述鄭玄《釋廢疾》及諸經注說，於莊公三十二年無傳之「秋七月癸巳公子牙卒」、昭公十二年「晉伐鮮虞」二處「鄭君之說」坦承「甯所未詳」，表示他並不瞭解鄭玄之論據從何而來。參見：《春秋穀梁注疏》，卷六，頁65a；卷十七，頁170b～171a。

〔註145〕《後漢書》，卷三十五，〈張曹鄭列傳第二十五〉，頁1208。

〔註146〕《經典釋文序錄疏證》，頁122。

第三章　范曄的家學承傳與
「漢末經學」認知

在范曄《後漢書》的敘述裡，既然將何鄭之爭作爲漢末經學史上的重要段落，其範圍不僅涵蓋《春秋》與三傳學，乃至今古文經學等等既艱鉅又偉大的課題。前章已提及，何休熱衷《公羊》學、追問《春秋》傳義之動機與當代政治關聯甚深，被孤立於學術史論述中的「何休與鄭玄」，因此失去了他們發言時的政治背景。當史家轉述所見、所聞之故事，進而寫就其名下之歷史作品，後世讀者所知、所識之過去純屬片面，難能超越歷史文本作者之安排與評論。

因此，范曄在《後漢書》中對於後漢經學與《春秋》學的想法，應當是後人回顧漢末學術問題、「何休與鄭玄」所應重行檢證的重要線索之一。然而清代勃發之《公羊》學史論述，卻少有人懷疑史家之主觀意見與立場，再從學術著作去延伸近世學者自身的獨有見解。稍抽象底說，清代《公羊》學史論述中展開的批判性，雖然部份源自學者對書中故事的感觸，但前人對史傳抱持的無限尊重與有限質疑，使他們接納並繼承了六朝劉宋時代范曄《後漢書》對漢末學術變化的歷史評論。如此描繪出《春秋》學與經學史中的「何鄭之爭」，其實反映的是隨著時代、立場而不斷受到史評影響，如此游移晃動的觀看方式，卻不盡然指出理想的定論。

第一節　後漢歷史之撰述與分類

在此以「後漢書」之形式來表示范曄《後漢書》之「前後」文脈，作爲「後漢歷史」著作的統略稱謂，主要考慮到兩種觀點。其一，班氏《漢書》與「後」漢、漢「後」史書之關係，不妨視爲「後於《漢書》」與「《漢書》之後」的思考，這是一種接續的情形。其二，後漢時代由東觀史臣、文士修撰之國史，其題名由「記」改「書」，也就是將「後漢書」作爲記述「後漢歷

史」定名過程與結果之縮影。〔註1〕

上述論點可以根據《隋書‧經籍志》所留存的記載，獲得線索：

《東觀漢記》一百四十三卷起光武記注至靈帝，長水校尉劉珍等撰。

《後漢書》一百三十卷無帝紀，吳武陵太守謝承撰。

《後漢記》六十五卷本一百卷，梁有，今殘缺。晉散騎常侍薛瑩撰。

《續漢書》八十三卷晉秘書監司馬彪撰。

《後漢書》十七卷本九十七卷，今殘缺。晉少府卿華嶠撰。

《後漢書》八十五卷本一百二十二卷，晉祠部郎謝沈撰。

《後漢南記》四十五卷本五十五卷，今殘缺，晉江州從事張瑩撰。

《後漢書》九十五卷本一百卷，晉秘書監袁山松撰。

《後漢書》九十七卷宋太子詹事范曄撰。

《後漢書》一百二十五卷范曄本，梁剡令劉昭注。

《後漢書音》一卷後魏太常劉芳撰。

《范漢音訓》三卷陳宗道先生臧競撰。

《范漢音》三卷蕭該撰。

《後漢書贊論》四卷范曄撰。

《漢書纘》十八卷范曄撰。梁有蕭子顯《後漢書》一百卷，王韶《後
漢林》二百卷，韋闡《後漢音》二卷，亡。〔註2〕

以上不計音訓與范曄著作之史論摘錄，並省略當時已亡佚之存目，則南北朝
著錄計有劉珍（？～126？）〔註3〕、謝承〔註4〕、薛瑩（？～282）〔註5〕、

〔註1〕 司馬氏父子遺書之定名在此期間也反應了一種變化形式，但與「後漢書」之
不同處，在於「《太史公書》／《史記》」是寫就、書成之後的易名，而且「《史
記》與《漢書》」的前後關係也和「《漢書》與『後漢書』」迥然有別。《史記》
部分參見：李紀祥，〈太史公書由子至史考〉，收入氏著，《史記五論》（臺北：
文津出版社，2007年9月初版一刷），頁46～74。

〔註2〕 《隋書》，卷三十三，〈志第二十八‧經籍二〉，頁954～955。

〔註3〕 「劉珍字秋孫，一名寶，南陽蔡陽人也。少好學。永初中，為謁者僕射。鄧
太后詔使與校書劉騊駼、馬融及五經博士，校定東觀五經、諸子傳記、百家
藝術，整齊脫誤，是正文字。永寧元年，太后又詔珍與騊駼作《建武已來名
臣傳》，遷侍中、越騎校尉。延光四年，拜宗正。明年，轉衛尉，卒官。著誄、
頌、連珠凡七篇。又撰《釋名》三十篇，以辯萬物之稱號云。」依此敘述，
得任宗正的劉珍實為皇室遠親，因具學術背景而能參撰國史。參見：《後漢
書》，卷八十上，〈文苑列傳第七十上〉，頁2617。

〔註4〕 謝承為孫權（182～252）妻舅，《三國志》載：「（謝）承拜五官郎中，稍遷長
沙東部都尉、武陵太守，撰《後漢書》百餘卷。」裴松之引《會稽典錄》云：

司馬彪〔註6〕、華嶠〔註7〕、謝沈〔註8〕、張瑩〔註9〕、袁山松〔註10〕、

「承字偉平，博學洽聞，嘗所知見，終身不忘。」假使謝承以孫吳立場回顧後漢歷史與漢末故事，其評論與敘事不無可能與范曄意旨殊趣。參見：《三國志》，卷五十，〈吳書五・妃嬪傳第五〉，頁1196。

〔註5〕 薛瑩，字道言。其父薛綜原籍沛郡，依族人避難交州，「著詩賦難論數萬言，名曰《私載》」，官至太子少傅。薛瑩初爲秘府中書郎，在吳主孫皓（242～284）執政期間，歷任左執法、太子少傅、左國史、光祿勳等職，深見信任。孫皓命薛瑩繼作其父遺文，後奉詔與韋曜、周昭、華覈、梁廣等人修撰《吳書》。孫皓於天紀四年（280）歸降西晉時，薛瑩奉命撰書請降。入晉後，任散騎常侍，卒官，著有《新議》、《後漢書》等。參見：《三國志》，卷五十三，〈吳書八・張嚴程闞薛傳第八〉，頁1254～1256。

〔註6〕 司馬彪，字紹統，「少篤學不倦，然好色薄行」，被父親高陽王司馬睦責備，以出繼叔父之名義，廢除繼承資格。「彪由此不交人事，而專精學習，故得博覽群籍，終其綴集之務。初拜騎都尉。泰始中，爲祕書郎，轉丞。注《莊子》，作《九州春秋》。」司馬彪認爲「先王立史官以書時事，載善惡以爲沮勸，撮教世之要也。……漢氏中興，訖于建安，忠臣義士亦以昭著，而時無良史，記述煩雜，譙周雖已刪除，然猶未盡，安順以下，亡缺者多。」因此「討論眾書，綴其所聞，起于世祖，終于孝獻，編年二百，錄世十二，通綜上下，旁貫庶事，爲〈紀〉、〈志〉、〈傳〉凡八十篇，號曰《續漢書》」。另外，也曾認爲蜀漢史家譙周（201～270）所撰《古史考》二十五篇未盡完善處，另據《汲冢紀年》等諸書，條列《古史考》中不當者達一百二十二事。司馬彪在「後漢歷史」與「古史」都針對譙周發難，而且進一步利用了西晉太康年間問世的《竹書紀年》加以糾正。這種對立性格放在司馬彪「討論眾書」而成的《後漢書》上，不僅其撰述方法可視爲范曄修撰其書之先聲，亦顯示「後漢歷史」在三國兩晉時代實是一種「各自表述」的情況，這與政治對立的時代氛圍自是關聯甚深。參見：《晉書斠注》，卷八十二，〈列傳第五十二〉，頁1412ab～1413a。

〔註7〕 華嶠，字叔駿，爲曹魏重臣華歆之孫。「才學深博，少有令聞」，司馬昭（211～265）任大將軍時，辟爲掾屬。據唐人撰《晉書・華嶠傳》：「西晉泰始初，……更拜散騎常侍，典中書著作，領國子博士，遷侍中。……後以嶠博聞多識，屬書典實，有良史之志，轉祕書監，加散騎常侍，班同中書。寺爲內臺，中書、散騎、著作及治禮音律，天文數術，南省文章，門下撰集，皆典統之。初，嶠以《漢紀》煩穢，慨然有改作之意。會爲臺郎，典官制事，由是得遍觀祕籍，遂就其緒。起于光武，終於孝獻，一百九十五年，爲〈帝紀〉十二卷、〈皇后紀〉二卷、〈十典〉十卷、〈傳〉七十卷及三〈譜〉、〈序傳〉、〈目錄〉，凡九十七卷。嶠以皇后配天作合，前史作〈外戚傳〉以繼末編，非其義也，故易爲〈皇后紀〉，以次〈帝紀〉。又改〈志〉爲〈典〉，以有〈堯典〉故也，而改名《漢後書》。奏之，詔朝臣會議。時中書監荀勖、令和嶠、太常張華、侍中王濟咸以嶠文質事核，有遷、固之規，實錄之風，藏之祕府。後太尉汝南王亮、司空衛瓘爲東宮傅，列上通講，事遂施行。……嶠性嗜酒，率常沈醉。所撰書〈十典〉未成而終，祕書監何劭奏嶠中子徹爲佐著作郎，使踵成之，未竟而卒。後監繆徵又奏嶠少子暢爲佐著作郎，克成〈十典〉，并草魏晉紀、傳，與著作郎張載等俱在史官。永嘉喪亂，經籍遺沒，嶠書存者三十餘

范曄、蕭子顯（489～537）〔註11〕、「王韶」〔註12〕十一家「後漢書」。〔註13〕

〔註 8〕 卷。」參見：《晉書斠注》，卷四十四，〈列傳第一十四〉，頁 873b～874b。

〔註 8〕 據《晉書・謝沈傳》云：「謝沈字行思，會稽山陰人也。曾祖斐，吳豫章太守。父秀，吳翼正都尉。沈少孤，事母至孝，博學多識，明練經史。郡命為主簿、功曹，察孝廉，太尉郗鑒辟，並不就。……閒居養母，不交人事，耕耘之暇，研精墳籍。康帝即位，朝議疑七廟迭毀，乃以太學博士徵，以質疑滯。以母憂去職。服闋，除尚書度支郎。何充、庾冰並稱沈有史才，遷著作郎，撰《晉書》三十餘卷。會卒，時年五十二。沈先著《後漢書》百卷及《毛詩》、《漢書外傳》，所著述及詩賦文論皆行於世。」謝沈明練經史，曾任太學博士，《隋書・經籍志》除其《後漢書》外，更錄有「《尚書》十五卷，晉祠部郎謝沈撰」、「《毛詩》二十卷，謝沈注」、「《毛詩釋義》十卷，謝沈撰」、「《毛詩義疏》十卷，謝沈撰」等，皆是其證。謝沈偏向《毛詩》與禮制的學術背景以及專主兩漢故事的撰述興趣，在眾家「後漢書」作者中也是獨樹一幟。參見：《晉書斠注》，卷八十二，〈列傳第五十二〉，頁 1420ab；《隋書》，卷三十二，〈志第二十七・經籍一〉，頁 913、916～917。

〔註 9〕 據《晉書・惠帝紀》，永平元年（291）七月分揚州、荊州十郡為江州，則張瑩任「江州從事」不得早於此年，似為東晉人，可惜生平不詳，尚無法得知張瑩撰寫《後漢南記》之旨趣是否亦出於南朝觀點來回顧後漢。《隋書・經籍志》另載「《史記正傳》九卷，張瑩撰」，當為其作品，未詳是否與司馬彪糾正古史事相類。參見：《晉書斠注》，卷四，〈帝紀第四〉，頁 88b；《隋書》，卷三十二，〈志第二十七・經籍一〉，頁 961。

〔註10〕 袁山松字曜卿，「少有才名，博學有文章，著《後漢書》百篇。衿情秀遠，善音樂」，卒於吳郡太守。參見：《晉書斠注》，卷八十三，〈列傳第五十三〉，頁 1429b～1430a。

〔註11〕 據《梁書》載，蕭子顯「幼聰慧……偉容貌，身長八尺。好學，工屬文。嘗著〈鴻序賦〉，尚書令沈約見而稱曰：『可謂得明道之高致，蓋幽通之流也。』又採眾家《後漢》，考正同異，為一家之書。又啟撰『齊史』，書成，表奏之，詔付祕閣」。參見：〔唐〕姚思廉撰，《梁書》（臺北：藝文印書館影清乾隆武英殿本），卷三十五，〈傳第二十九〉，頁 250ab。

〔註12〕 按諸史傳，漢唐之間的「王韶」為北周、隋初時人，「在周累以軍功官至車騎大將軍、儀同三司」，未曾撰史，事見《隋書・王韶傳》。《隋書・經籍志》既言「梁有……王韶《後漢林》二百卷」，則此「王韶」應為南朝士人，且不晚於蕭梁。據《宋書》有東晉、劉宋時人王韶之（380～435），出身琅邪王氏，為東晉荊州刺史王廙（276～322）的曾孫，「好史籍，博涉多聞」，藉其父所抄錄之「詔命表奏」與先代時事，「私撰《晉安帝陽秋》。既成，時人謂宜居史職，即除著作佐郎，使續後事……善敘事，辭論可觀，為後代佳史。遷尚書祠部郎」，後參與劉裕弒君（晉安帝）事。據此二傳，歸入乙部目錄之《漢語林》作者較可能為「王韶之」，《隋書・經籍志》恐闕「之」字。然中華書局點校本未出校，似無別本可據，姑附考於此。另外，《隋書》又載「王劭」，自齊入周，守著作職「將二十年，專典國史，撰《隋書》八十卷。多錄口敕，又採迂怪不經之語及委巷之言，以類相從，為其題目，辭義繁雜，無足稱者，遂使隋代文武名臣列將善惡之跡，埋沒無聞。初撰《齊誌》，為編年體，二十

唐代由官方開設史館修撰前代史，時人於《隋書‧經籍志》對史部分類的理解是根據「國史」意涵，且承認「好事者」之「相繼」，因此不僅有眾家史書皆列在「正史類」之現象，即以紀傳體裁之「政」史爲「正」史，彼此亦見「譏正前失」之舉。〔註14〕初唐主張紀傳體裁之修史意識凌越六朝，承接在《史記》與《漢書》之後〔註15〕，班固出入於東漢史臣之身份，讓班氏「前漢史」成爲「國史」身份之《漢書》，開後世史臣「著作東觀」修成「國史」之例。史臣於《隋書‧經籍志》續云：

> 先是明帝召固爲蘭臺令史，與諸先輩陳宗、尹敏、孟冀等，共成〈光武本紀〉。擢固爲郎，典校秘書。固撰後漢事，作〈列傳〉、〈載記〉二十八篇。其後劉珍、劉毅、劉陶、伏無忌等，相次著述東觀，謂

卷，復爲《齊書》紀傳一百卷，及《平賊記》三卷。或文詞鄙野，或不軌不物，駭人視聽，大爲有識所嗤鄙」。王劭亦撰史文，然語多不典，且時代偏晚，未必是《後漢林》作者。參見：《隋書》，卷六十二，〈列傳第二十七〉，頁1473～1475；《宋書》，卷六十，〈列傳第二十〉，頁1625~1627；《隋書》，卷六十九，〈列傳第三十四〉，頁1601～1610。

〔註13〕 若劉昭所注范曄《後漢書》別有所見，亦當數之。據今人考見，「自曹魏至劉宋初年，有關東漢史的私家著作已近二十種」，參見：尹達主編，《中國史學發展史》（臺北：天山出版社，版次不詳），〈三國志與後漢書〉，頁106。

〔註14〕 其議曰：「古者天子諸侯，必有國史，以紀言行，後世多務，其道彌繁。夏殷已上，左史記言，右史記事，周則太史、小史、內史、外史、御史，分掌其事，而諸侯之國，亦置史官。又《春秋國語》引周志、鄭書之說，推尋事蹟，似當時記事，各有職司，後又合而撰之，總成書記。其後陵夷衰亂，史官放絕，秦滅先王之典，遺制莫存。至漢武帝時，始置太史公，命司馬談爲之，以掌其職。時天下計書，皆先上太史，副上丞相，遺文古事，靡不畢臻。談乃據《左氏》、《國語》、《世本》、《戰國策》、《楚漢春秋》，接其後事，成一家之言。談卒，其子遷又爲太史令，嗣成其志。上自黃帝，訖於炎漢，合十二〈本紀〉、十〈表〉、八〈書〉、三十〈世家〉、七十〈列傳〉，謂之《史記》。遷卒以後，好事者亦頗著述，然多鄙淺，不足相繼。至後漢扶風班彪，綴〈後傳〉數十篇，並譏正前失。（班）彪卒，明帝命其子（班）固續成其志。以爲唐、虞、三代，世有典籍，史遷所記，乃以漢氏繼於百王之末，非其義也。故斷自高祖，終於孝平、王莽之誅，爲十二〈紀〉、八〈表〉、十〈志〉、六十九〈傳〉。潛心積思，二十餘年。建初中，始奏〈表〉及〈紀〉、〈傳〉，其十〈志〉竟不能就。固卒後，始命曹大家（班昭）續成之。」此說將兩漢恢復歷史書寫與重建史官制度視爲近代史學與「正史」的起點，甚至女性也可秉持家學淵源進行修撰、續成，至於仿「古」之「國史」則不在《史記》與《漢書》展開的系譜中。見：《隋書》，卷三十三，〈至第二十八‧經籍二〉，頁956～957。

〔註15〕 李紀祥，〈太史公書由子至史考〉，收入氏著，《史記五論》，頁74～92。

之《漢記》。〔註16〕

據此說，班固任蘭臺令史之前，已有多人負責撰後漢史，待班固到職後，方得與眾先輩共成〈光武本紀〉。班固因此事被提拔為著作郎，負責宮內藏書，開始專責後漢史事。唐人語「後漢事」，後漢史臣題之為「記」，故謂聚合〈光武本紀〉、〈列傳〉、〈載記〉二十八篇、劉珍等人撰述之《漢記》為後漢國史之正名，而非依循《漢書》根據《尚書》題名之意。也就是說，後漢官方接續班氏《漢書》之國史，稱為《漢記》，在《隋書‧經籍志》的正史類目中，以《東觀漢記》之題目留存下來。〔註17〕

接著《隋書‧經籍志》正史類目下，「後漢歷史」又見著錄於「古史」類目者有：

《後漢紀》三十卷袁彥伯撰。

《後漢紀》三十卷張璠撰。

《獻帝春秋》十卷袁曄撰。〔註18〕

此「古史」體裁有兩種近代性的緣起，《隋書‧經籍志》論者認為其一起於漢獻帝「命潁川荀悅作《春秋》、《左傳》之體，為《漢紀》三十篇。言約而事詳，辯論多美，大行於世」〔註19〕；其二則是由於西晉太康二年（281）出土現世之「汲冢書」，以為「魏國之史記」，「其著書皆編年相次，文意大似《春秋經》。諸所記事，多與《春秋》、《左氏》扶同。學者因之，以為《春秋》則古史記之正法」。〔註20〕故唐人所見「近世」以「古史記正法」、未運用《史記》、《漢書》紀傳體裁所書寫之「後漢書」，又見袁宏〔註21〕、張

〔註16〕《隋書》，卷三十三，〈志第二十八‧經籍二〉，頁957。劉勰於《文心雕龍‧史傳》評云：「至于《後漢》紀傳，發源《東觀》。袁、張所制，偏駁不倫；薛、謝之作，疏謬少信。若司馬彪之詳實，華嶠之准當，則其冠也。」參見：〔南朝‧梁〕劉勰撰，周振甫注，《文心雕龍》（臺北：里仁書局，1994年7月再版），〈史傳篇第十六〉，頁249。

〔註17〕杜維運，《中國史學史（第一冊）》（臺北：三民書局，1993年11月初版），〈經學極盛下的史學發展〉，頁288～293。

〔註18〕《隋書》，卷三十三，〈志第二十八‧經籍二〉，頁957。

〔註19〕《隋書》，卷三十三，〈志第二十八‧經籍二〉，頁959。

〔註20〕《隋書》，卷三十三，〈志第二十八‧經籍二〉，頁959。

〔註21〕《晉書‧袁宏傳》載袁宏「字彥伯……有逸才，文章絕美，曾為詠史詩，是其風情所寄。……謝安常賞其機對辯速。……撰《後漢紀》三十卷及《竹林名士傳》三卷、詩賦誄表等雜文凡三百首，傳於世。」參見：《晉書斠注》，卷九十二，〈列傳第六十二〉，頁1563b～1568a。

璠〔註22〕、「袁曄」〔註23〕等三種。唯此紀年而有「通代」、「正統」諸駁議，故《隋書・經籍志》乃立新目曰「雜史」，並載：

> 《漢靈獻二帝紀》三卷漢侍中劉芳撰，殘缺。梁有六卷。
>
> 《山陽公載記》十卷樂資撰。
>
> 《漢末英雄記》八卷王粲撰，殘缺。梁有十卷。
>
> 《九州春秋》十卷司馬彪撰，記漢末事。
>
> 《三史略》二十九卷吳太子太傅張溫撰。
>
> 《後漢略》二十五卷張緬撰。
>
> 《漢皇德紀》三十卷漢有道徵士侯瑾撰。起光武，至沖帝。
>
> 《洞紀》四卷韋昭撰。記庖犧巳來，至漢建安二十七年。
>
> 《續洞紀》一卷臧榮緒撰。
>
> 《帝王世紀》十卷皇甫謐撰。起三皇，盡漢、魏。
>
> 《十五代略》十卷吉文甫撰。起庖犧，至晉。
>
> 《拾遺錄》二卷僞秦姚萇方士王子年撰。
>
> 《王子年拾遺記》十卷蕭綺撰。〔註24〕

《隋書・經籍志》論文中所謂「雜史」之流，雖具「紀」、「記」、「略」、「錄」名目，但在後世（尤其是今日）並不以為是信史，而視之為小說。如引文中之《拾遺錄》、《王子年拾遺記》，其書志怪風物奇人異士，此類故事之定位，於古今之間，各有所是，以今視古，或許以為失實無稽，但恐遠失時人本然

〔註22〕 張璠生平不詳，據裴松之注《三國志・高貴鄉公紀》云：「張璠、虞溥、郭頒皆晉之令史，璠、頒出為官長，溥，鄱陽內史。璠撰《後漢紀》，雖似未成，辭藻可觀」。參見：《三國志》，卷四，〈魏書四・三少帝紀第四〉，頁133。

〔註23〕 《隋書・經籍志》載《獻帝春秋》作者「袁曄」，裴松之注《三國志》引書作「袁暐」，案語惡評甚多，如：「樂資《山陽公載記》及袁暐《獻帝春秋》……。臣松之以為……不知資、暐之徒竟為何人，未能識別然否，而輕弄翰墨，妄生異端，以行其書。如此之類，正足以誣罔視聽，疑誤後生矣。寔史籍之罪人，達學之所不取者也。」又云：「袁暐、樂資等諸所記載，穢雜虛謬，若此之類，殆不可勝言也。」參見：《三國志》，卷六，〈魏書六・董二袁劉傳第六〉，頁206；卷三十六，〈蜀書六・關張馬黃趙傳第六〉，頁947。此例可見史注對史籍之駁正，但其根據在於事理、作者立場與動機，而不是針對史書性質。

〔註24〕 《隋書》，卷三十三，〈志第二十八・經籍二〉，頁960～961。

之意。另一方面，雜史類於後漢歷史較爲特別處，似於末世敘事之文獻爲主。
按唐人所論：

> 其屬辭比事，皆不與《春秋》、《史記》、《漢書》相似，蓋率爾而作，
> 非史策之正也。靈、獻之世，天下大亂，史官失其常守。博達之士，
> 憫其廢絕，各記聞見，以備遺亡。是後群才景慕，作者甚眾。又自
> 後漢已來，學者多鈔撮舊史，自爲一書，或起自人皇，或斷之近代，
> 亦各其志，而體制不經。又有委巷之説，迂怪妄誕，眞虚莫測。然
> 其大抵皆帝王之事，通人君子，必博採廣覽，以酌其要，故備而存
> 之，謂之雜史。〔註25〕

此類性質「體制不經」又具「委巷之説」，內容「迂怪妄誕，眞虚莫測」之書，
寫作輕率而不嚴謹，並非「史策」之「正」，因此被稱爲「雜」之「史」，言
其不純不正。但是，唐人也認爲此類文獻並記「帝王之事」而不可闕，但以
內容荒誕不經的理由，被區隔出「正史」（《史記》、《漢書》）、「古史」（《春秋》）
之著作形式外。此舉顯示唐人難以決斷、珍視又無法割捨、放棄又感到可惜
的曖昧態度。因此，雖然不甚信任卻也相對保留，是以言「通人君子，必博
採廣覽，以酌其要，故備而存之」，甚至可以説，「雜史乃是修撰正史的基礎」
〔註26〕，仍在史部之範疇。

　　雜史類「史書」自正史、古史類分流而出，顯示後漢末年的政治動盪反
映在另一層面上：後漢歷史之撰述。自後漢中葉帝位陵夷，內侍宦官與清流
士大夫之間的對立隨著繼承問題與外戚權力擴張而愈趨嚴峻，下逮漢末民變
迭起、群雄割據，勤皇、行霸多致兵燹，東觀不作，國史幾廢，這些都加深
了後人撰寫後漢歷史的難度。在被稱爲「班、荀二體，角力爭先」〔註27〕的
時段中，後漢史臣、史家對前漢史與國史的撰作，付出了不少心思去面對王
莽（45～23 B.C.）遺留給光武帝的問題，在理解與面對的同時，還需要臧否
得失，以爲後鑒，並進行改寫，以得便覽，收資用之效。於是，如荀悅（148
～209）取捨《漢書》而撰成的《漢紀》，即在事該義精的特質上獲得認同。

〔註25〕《隋書》，卷三十三，〈志第二十八・經籍二〉，頁962。
〔註26〕雷家驥語，又云：「雜史的撰述本身即爲史學發展的新潮流，又爲正史取材之
　　　　主源。」參見：《中古史學觀念史》，〈政教力量的介入與天意、正統史觀的利
　　　　用〉，頁253、254。
〔註27〕〔唐〕劉知幾撰，〔清〕蒲起龍釋，《史通通釋》（臺北：里仁書局，1993年6
　　　　月），卷二，〈二體第二〉，頁29。

縱然史書體裁與敘事可以分類成正史、古史、雜史等名目，史事容有異同，作者能否切中世變之核心問題、轉折關鍵與價值取向，當為讀者更應關心的重點所在。是以史書之反覆撰作、改寫，反應後人對史事的認識，亦為一變化進程。對於漢末《春秋》學之歷史觀點，實難遠離後漢季末局勢之紊亂與繼統新君之立場，並涉及後世風尚之學術主流。既然後人書寫後漢諸儒之觀點因此深受影響，史家安措何休與鄭玄之位階與敘事乃有不同，其關鍵除了二人學術在後世的影響力，亦仍在於鄭玄駁難何休一事如何被史家解讀、敘事與評論。

　　范曄《後漢書》與眾家不同的特徵之一，是它帶有一種寫定又未寫畢的文本狀態。筆者之意，前者指其議論，後者言其書志。這從一家之作卻未在卷中提供敘解、自序，而需仰賴其遺世書信聊備作意，序言缺席的特殊情形可引出問題。另外，在現今的正史類目文獻中，《後漢書》是唯一以「後」字入題，且分隔一姓之史書。范氏撰作此書之年代，班氏《漢書》已然作為史書楷模，成為世人競逐追比之目標。因此，范氏在《後漢書》中屢屢提及的「前書」，對於其他題稱「後漢」、「續漢」、「漢後」之後漢歷史，同樣意義重大。對於中國史學史而言，雖然《史記》開創了紀傳體裁，紀傳體卻有賴《漢書》的採納而成為官方正史體例，再經由眾多後漢史作者遵循與大量續作而奠定其地位。

　　唐人劉知幾（661～721）在《史通》呈現的批評，顯示追逐《漢書》的范曄《後漢書》之可貴處，正在於史事之論斷。按《史通·論贊》：

> 夫論者，所以辯疑惑，釋凝滯。……司馬遷始限以篇終，各書一論。
> 必理有非要，則強生其文。……孟堅辭惟溫雅，理多愜當。其尤美
> 者，有典誥之風，翩翩奕奕，良可詠也。……自茲以降，流宕忘返，
> 大抵皆華多於實，理少於文，鼓其雄辭，誇其儷事。必擇其善者，
> 則干寶、范曄、裴子野是其最也。〔註28〕

劉氏藉班固《漢書》史論之辭藻、論理為衡量標準，稱許班氏史論之優美者，可追比「典誥」，足為後人楷式。亦據此定位范曄於諸紀傳末之史論，仍多麗文雄辭，且理有未當。但針對范曄敘後漢史事的相關問題，劉氏認為范氏刪裁繁蕪雜亂的各種後漢歷史，形成簡明又不失周備的撰述，而能理解范曄對於學術紛爭採取迴避、低調的敘事。見《史通·補注》論云：

〔註28〕　《史通通釋》，卷五，〈論贊第九〉，頁82～83。

竊惟范曄之刪《後漢》也，簡而且周，疏而不漏，蓋云備矣。……
至若鄭玄、王肅，述《五經》而各異，何休、馬融，論《三傳》而
競爽。欲加商榷，其流實繁。斯則義涉儒家，言非史氏，今並不書
於此焉。〔註29〕

同樣放遠點觀察，劉知幾曾經在當代面對過《孝經鄭注》之學術爭議〔註30〕，

〔註29〕《史通通釋》，卷五，〈補注第十七〉，頁 132～133。

〔註30〕 劉知幾與司馬貞對於《孝經鄭注》與《古文孝經孔安國注》之爭議，時當唐
玄宗開元七年（719）四月詔議《孝經》事。史載左庶子劉知幾認為「今俗所
行《孝經》，題曰『鄭氏註』。爰在近古，皆云『鄭』即康成，而魏、晉之朝，
無有此說。至晉穆帝永和十一年及孝武帝太元元年，再聚羣臣，共論經義，
有荀昶者，撰集《孝經》諸說，始以鄭氏為宗。自齊、梁以來，多有異論：
陸澄以為非玄所註，請不藏於秘省；王儉不依其請，遂得見傳於時。魏、齊
則立於學官，著在律令，蓋由膚俗無識，故致斯訛舛。……觀夫言語鄙陋，
固不可以示彼後來，傳諸不朽。至《古文孝經孔傳》，本出孔氏壁中，語其詳
正，無俟商榷，而曠代亡逸，不復流行。……而歷代未嘗置於學官，良可惜
也。然則孔、鄭二家，雲泥致隔，今繪音發問，校其短長，愚謂行孔廢鄭，
於義為允。」國子祭酒司馬貞則認為：「今文《孝經》，是漢河間王所得顏芝
本。劉向以此本參較古文，省煩除惑，定為此一十八章。其注相承云是鄭玄
所著，而《鄭志》及目錄等不載，故往賢共疑焉。惟荀昶、范煜以為鄭注。
故昶集解《孝經》，具載此注。而其序云：『以鄭為主』，是先達博選，以此《注》
為優。且其《注》縱非鄭氏所作，而義旨敷暢，將為得所。其數處小有非穩，
實亦非爽經傳。其古文二十二章，元出孔壁。先是安國作《傳》，緣遭巫蠱，
世未之行。荀昶集注之時，尚有孔《傳》，中朝遂亡其本。近儒欲崇古學，妄
作此《傳》，假稱『孔氏』，輒穿鑿改更，偽作〈閨門〉一章。……今議者欲
取近儒詭說，殘經缺傳，而廢鄭《注》，理實未可。望請準式，《孝經》鄭注
與孔《傳》依舊俱行。」此議事最後裁決是孔安國《傳》、鄭玄《注》二書並
行，但唐玄宗隨後自注《孝經》，並於開元十年（722）、天寶二年（743）二
度始頒布天下，並在天寶四載（745）刻成石經，孔《傳》、鄭《注》二家傳
習漸微。參見：〔宋〕王溥，《唐會要》（臺北：世界書局，1989 年 4 月五版），
卷七十七，〈論經義〉，頁 1405～1409；卷三十六，〈修撰〉，頁 658。二議另
見：〔宋〕李昉等編，《文苑英華》（北京：中華書局影北京圖書館藏宋刊本並
明刊本補配，1966 年 5 月第 1 版，1982 年 7 月第 2 次印刷），卷七百六十六，
〈孝經老子注易傳議〉，4032b～4035a。清人評論此事：「鄭依舊行用，孔註
傳習者稀，亦存繼絕之典。是未因知幾而廢鄭，亦未因貞而廢孔。迨時閱三
年，乃有御註。太學刻石，署名者三十六人，貞不預列。《御註》既行，孔、
鄭兩家遂併廢，亦未聞貞更建議廢孔也。」可見面對學術爭議，皇帝的權威
並不是毫無效果。參見：〔清〕紀昀編，《欽定四庫全書總目》（臺北：藝文印
書館影清刻本，1997 年），卷三十二，〈經部三十二·孝經類〉，頁 658b～659b。
在稍後的章節中，將會提及鄭玄註解《孝經》一事的相關細節，及其引發的
當代政治與學術問題。

乃有經學歧見與論爭本非三言兩語可道盡之體認，對應范氏在「簡而且周，疏而不漏」的《後漢書》中對何休、鄭玄問答《春秋傳》異義的處理方法，劉氏以「欲加商榷，其流實繁」，「義涉儒家，言非史氏」去諒解范氏於漢末經學史敘事之難處，實際上承認了史傳對學術爭議所能提供的表述，進退維谷。書寫學術史對史家來說，為一艱深課題，范曄《後漢書》以其評論，在困難重重的後漢歷史撰述中勝出。這相對映照出下文將論述的范氏家學，無形中對范曄處理漢末學術爭議一事，提供了相當有用的幫助。

自從眾家「後漢書」逐漸亡佚，後世僅僅珍視范曄之《後漢書》，並認為是最信實可據的敘事與議論，據「一家之言」當一代之典，這種觀點難免令人感到不安。既然范曄撰作《後漢書》時，重視這些經久長存的相關歷史撰作，後人亦當將這群「後漢書」作者視為一時之選，比較這些作品集中於某些課題的描述，進一步去想像出更深切的認識。尤其必須特別留意，這些「後漢書」的部份觀點、內容與特長被凝縮在范曄的《後漢書》中，併見異同，這便是范曄《後漢書》與其他「後漢書」之間應有的適當關係，但隨著范書一家獨存而逐漸失落。今日對照各家佚文之敘事異同，事實之詳密與文意之變化，可考慮視為是范曄在參考、否定與整併各家敘事後產生「定論」的過程，也可以作為范氏構思、組織與書寫其後漢歷史的參照。

自詡接續班氏《漢書》之後，范曄雖然以裁汰的方式，著手整理近世林立的「後漢歷史」，但在各種時間層次上，皆與眾家有別。作者意識承接前書，其書雖始於眾家追跡之後，卻以內容與眾家書共處於同一時空。結果卻是眾家書被注進了「簡而且周」的范曄《後漢書》。前人言及范書之受矚目處，見於論贊而不是史述，已有徵跡。劉昭、李賢及其賓客，乃至近代學人群起補注，無不坐實范書敘事疏略的一面。〔註31〕六朝以來，認同范曄《後漢書》諸傳論贊既精且妙，除了文集選錄，甚至出現匯集范氏評論後漢歷史之專書〔註32〕，各種形式「後漢歷史」迭出的情況，在中國史

〔註31〕 王鳴盛曾嘲笑前人病范書略陋，欲新作「東漢通史」以當之，盛稱「史裁如范，千古能有幾人？」對范曄《後漢書》給予高度讚賞，但他也指出范氏對鄭玄的偏愛與迴護。參見：〔清〕王鳴盛撰，《十七史商榷》（臺北：樂天出版社影清光緒十九年秋七月廣雅書局校刊本，1972 年 5 月初版），卷三十八，〈後漢書十‧翟公巽重修〉，頁 202。

〔註32〕 《隋書‧經籍志》所錄「《後漢書論贊》四卷」，題「范曄著」，這可能是首次將史論獨立於史傳敘事以外。參見：《隋書》，卷三十三，〈志第二十八‧經籍二〉，頁 487ab。

學史中實屬罕見。如前所述，唐人在《隋書‧經籍志》雜史類目的說明，已指點出各種「後漢書」不能避免後漢晚期歷史難以構築的困難。雖然「剪裁前說」是范曄重理後漢史述的重要策略，卻早在袁宏所撰集的《後漢紀》有過異常極致的發揮：編年。此言「異常」是因其史書體式迥異於餘者，肇自漢末之荀悅（148～209）受詔取班氏《漢書》以裁成古史體例的編年史書《漢紀》。袁宏《後漢紀》以史書體裁上承荀悅《漢紀》，則班氏《漢書》之後該怎麼接續？范曄在同樣的撰述體裁規範中，選擇裁剪各家敘事，並隨文夾敘自己的意見與評論。如此一來，范曄的《後漢書》放大了作者自身在歷史敘述中的位置，將編年體裁、古史典範援入的「君子曰」，代入己意，現身於其筆下之後漢歷史。

換個角度思考，若不以史料觀念去嚴格限制《史記》、《漢書》、「後漢書」，則兩漢經學史所深刻依賴的這些主要文獻，其實在「正史」脈絡中各自具有前書意識。司馬氏題稱「列傳」，班氏云「傳」，固然呼應二書「本紀」與「紀」之體例名目，但范曄復以「列傳」爲名，卻是相對「紀」體而言，浮現一種繼承倫理的折衷觀，可說是范氏「自我作故」的批判性繼承。〔註33〕《史記》與《後漢書》以「列傳」爲名之體例反應出其強調傳主人物被「列」之作意，這除了表示傳主人物之間的時空關連「被」史傳作者所決定，亦意味傳主人物本無聚合鄰比之緊密關係，故而范曄在敘事段落之尷尬處，以「夾敘夾議」之策略遮掩，在個人議論前後、議論之中帶入不同傳主人物，而不盡是透過「寓議論於敘事」之手法來呈現後漢歷史。

筆者以爲，無論是從時間或是學術上來考慮，當范曄將何休、鄭玄論述爲「古今之變」的關鍵人物，其背後隱藏的意義，並不僅限於漢代經學之今古文問題，以「究竟古今之變」爲天職的史學，在此處亦負有重任。倘若忽略史傳對諸位學者及其時代的背景記載，單靠具文於學者著述中那些重重艱深偉大的思想線索，就有可能反而讓學者失去廣袤的學術史視野。況且，偏重史傳故事去構成學術史之手法，而不懷疑史料與史論本身的來源及立場，顯得稍稍欠缺整體敘事結構上的可信度。

〔註33〕併取「本紀」與「傳」爲體例名目，可以形成另一種組合。但在「正史」類中，除了《史記》以外，並沒有再出現過「本紀」爲名的帝皇傳記，而多稱作「帝紀」，這可能是相對非屬正統的「載紀」而發生的改變，「帝紀」標明天子統緒，「載紀」則純繫方霸年代。

第二節　范氏家學之「近代」經學史觀

　　循班氏《漢書》紀傳體例，據敘述一代之史傳以當一朝代之盛與衰，是爲前人與范曄修撰《後漢書》所依從的撰述架構。一如班固在《漢書》中對董仲舒與諸儒賦予學術史地位，范曄亦然。范氏於《後漢書》中論贊鄭玄，爲後人繞過辯論《春秋》異傳學理優劣所糾纏而成的無盡迴圈，跳出人物刻板僵化的史傳窠臼，以一種簡明清晰的「史論」形式，將反覆於兩漢的經今古文學結局聚焦於後漢，呈現於讀者眼前：

　　　　初，中興之後，范升、陳元、李育、賈逵之徒爭論古今學，後馬融

　　　　荅北地太守劉瓌及玄荅何休，義據通深，由是古學遂明。〔註34〕

范曄藉由歷史評論，描繪出何休與鄭玄之間的對立關係，其中包括了漢末《春秋》學史的構成脈絡，而發生了經學意涵的「古今之變」，從何、鄭問答《春秋》諸傳異義的背景事實上，重新詮釋所謂「後漢」〔註35〕，乃至兩漢經學的「終結」。其中的意識，不僅面向了班氏《漢書》，也有兩漢《春秋》學與晚近的經學變化與對立。

　　范曄爲南朝劉宋國子祭酒范泰（355～428）之少子〔註36〕。范泰曾任太學博士，論議醇正，其父范甯（339～401）在東晉官至豫章太守〔註37〕。范曄曾祖父范汪在公事之餘，偕諸子弟講論經籍，其子范甯據此撰成《春秋穀梁傳集解》，除遠紹漢儒舊說，並援入時人與范氏子弟之理解，後世研治《穀梁》學者當不陌生。按沈約（441～513）《宋書》所傳述，當世盛稱范曄深具文采，卻未言「家世傳業」，祖、父向習之《穀梁》義恐未得盡傳。〔註38〕自曹魏以降，鄭玄所撰之部份群經傳注，至范曄身處之時代，已是「南北朝」經學之主流，原因之一即與世家大族之政治社群所需要的文化有關。〔註39〕但是，不同於三國

〔註34〕　《後漢書》，卷三十五，〈張曹鄭列傳第二十五〉，頁1208。

〔註35〕　再次說明，本文跟從范曄《後漢書》及其眾家之作品來稱漢光武帝劉秀創業之「東漢」爲「後漢」。

〔註36〕　范曄「出繼從伯（范）弘之」，未詳於何時。范弘之爲東晉時人，范汪之孫、范泰之堂兄，「以儒學該明爲太學博士」，生卒年皆未能定。唐人認爲「弘之抗言立論，不避朝權，貶石抵溫，斯爲當矣。」對其節操頗有好評。參見：《宋書》，卷六十九，〈列傳第二十九〉，頁1819；《晉書斠注》，卷九十一，〈列傳第六十一〉，頁1545a～1547b。

〔註37〕　《晉書斠注》，卷七十五，〈列傳第四十五〉，頁1314a～1316b。

〔註38〕　《宋書》，卷六十九，〈列傳第二十九〉，頁1819。

〔註39〕　錢穆，《中國學術思想史論叢（三）》（臺北：東大圖書公司，1993年12月四

時期，南朝偏安一隅的微妙處境所產生的正統觀念，在政治上出現「不與劉、石通使」的政策，並對社會流動、商貿往來產生影響，〔註 40〕也對學術文化產生隔閡。〔註 41〕既然南北朝時代宗教藝術文化與學術俱受地域政治限制，反映在晚出的史學著作中，自然也將有著或異或同的觀點，即使不以「書寫歷史」自覺之述作，也將在所難免。故南北朝學者各自如何面對「兩漢經學之終局」，亦是課題之一。

范氏承此「後見」與家學淵源，於其編纂《後漢書》時回顧後漢時代的經學發展結果，將鄭玄視為「集大成」的觀點出現在范書中，並不令人感到意外。〔註 42〕清人王鳴盛（1722～1797）在其《十七史商榷》中，已留意到范曄《後漢書》對鄭玄的讚揚帶有某種私人脈絡的意識形態〔註 43〕，而王氏能夠對此深有體會的原因，除了是出於對鄭氏學術的偏好，也是他自己另對鄭玄生平有過研究的緣故，意外發現了許多與范曄《後漢書》多有相悖的敘事，斟酌之後仍「姑依本傳為主」。〔註 44〕此一有趣的矛盾令筆者頗受王氏啟發。

范曄「恥作文士」而修撰《後漢書》一事，其於獄中所撰〈與諸子姪書〉自言「吾之傑思」貫於全書論議，可以認為范曄藉由重行修撰近來未有佳作之後漢歷史，不僅自表其文采，亦欲藉由善敘事、精論議之長才，使自己不再和餘等猥瑣文士同流。〔註 45〕相對於同時代的史家，范曄修撰《後漢書》

版），頁 139～140、156～157、176、181、194。

〔註 40〕 田餘慶，《東晉門閥政治》（北京：北京大學出版社，2005 年 6 月第 4 版，2006 年 1 月第 2 次印刷），〈釋「王與馬共天下」〉，頁 23～31。

〔註 41〕 焦桂美對六朝時期經學發展的南北分流，呈現出地域性與文化差異。參見：焦桂美，《南北朝經學史》（上海：上海古籍出版社，2009 年 7 月第 1 版第 1 次印刷），〈先秦至魏晉經學發展之大勢〉，11～13；〈關於南北朝經學的宏觀考察〉，頁 18～24、32～33。

〔註 42〕 雖然更多的可能性是緣自後世讀者之閱讀限制與過度詮釋，這種不得不然、以今「視」古的閱讀觀點，讓具有能力去理解歷史的讀者，將自身所處之「當代」過早地進入了作者身處的「過去」。不過，既然讀者必須先接受知識教育與觀念建構，方有能力去閱讀與理解歷史，甚至成為新一代作者，當讀者經過閱讀，讓作者之意複誦於當下，對其個人作品，除了主觀性之外，更添扭曲，即使位居作者，猶是如此。此即「學習」與「研究」之吊詭處。

〔註 43〕 《十七史商榷》，卷三十七，〈後漢書九〉，頁 190a～191a；卷六十一，〈南史合宋齊梁陳書九〉，頁 324b～325a。

〔註 44〕 〔清〕王鳴盛，《蛾術篇》（北京：商務印書館，1958 年 10 月初版第 1 次印刷），卷五十八，〈說人八〉，頁 871。

〔註 45〕 《宋書》，卷六十九，〈列傳第二十九〉，頁 1830～1831。

所懷抱之情志，具有顯著的個人色彩。當然這可能是對史事別有所見的必然現象，卻不能不考慮范曄的個人意見毫無偏頗。據其所撰〈鄭玄傳〉，范曄對鄭玄的褒揚有一部份出自其家族對鄭氏學術的支持，他對後漢經學觀點，也將很難遠離其祖范甯之遺訓，甚至其父范泰之教誨[註46]，范曄雖然也很誠實底將此事附進了〈鄭玄傳〉末的評論裡，從他對自己文筆的驕傲與自信來看，終不免有些炫耀自表其家學淵源的意味。

　　圍繞在范曄筆下的《後漢書‧儒林列傳》問題，由於史傳闕佚，迄今尚未能明瞭眾家《後漢書》是否有「儒林列傳」篇目。按范曄自言「東京學者猥眾」，假設眾家「後漢書」俱有「儒林傳」，其傳所載後漢儒者自當與范氏〈儒林列傳〉別有異同。粗就近世經學史家所承襲的范書敘事以觀之，李育以「《公羊》博士」的角色在漢章帝（57～88）召集群儒議論的白虎觀中登場。范曄《後漢書‧儒林列傳》載李育行跡：

> 嘗讀《左氏傳》，雖樂文采，然謂不得聖人深意，以為前世陳元、范升之徒更相非折，而多引圖讖，不據理體，於是作《難左氏義四十一事》。建初元年，衛尉馬廖舉育方正，為議郎。後拜博士。四年，詔與諸儒論五經於白虎觀，育以《公羊》義難賈逵，往返皆有理證，最為通儒。[註47]

前文已言及漢章帝為了立《左氏》為學官而召開此一會議，寵臣賈逵挾持《左氏》有劉氏為天子之讖語，積極攻伐《公羊》，但在會場中遭受李育頑抗，雖然結辯後仍立《左氏》博士，但為時甚短。會議結束之後，李育因違逆聖心而被貶官的嫌疑及敘事，與他一起從經學史中消失，此轉折既不見范書〈儒林列傳〉，後人或以為無關要緊，寧闕不詳。此事連同後漢皇帝對《公羊》博士的抑進之意，都在歷史中被遮掩，學術以外的人事問題，也多被遺忘在後人筆下的後漢學術史。按照范曄〈儒林列傳〉的記載，寫在李育之前的張玄（生卒不詳，時當光武帝在位）適才因為兼講數種家法，被生徒告發而丟了《公羊》顏

〔註46〕雖然范甯自言其《穀梁》學淵源與其父范汪有關，但范汪是帶領門生故吏及子弟「研講六籍，次及三傳」，似乎范汪並非專主一經，也不是特重《穀梁傳》，更沒有指出其鄭氏家法承自其父范汪。范泰為范甯之長子，入仕劉宋，官太學博士，至領國子祭酒。范甯於《春秋穀梁經傳集解》採納范泰之意見有十三處，其說或為范泰早年之見解，但仍可將范泰視為范甯《穀梁》學之繼承者。參見：王熙元，《穀梁范注發微》（臺北：嘉新水泥公司文化基金會，1975年9月），頁215～222。

〔註47〕《後漢書》，卷七十九下，〈儒林列傳六十九下〉，頁2582。

氏博士，而未據家法抵抗賈逵改以理證回擊的李育，並不能在此敘事中得到其博士家法之歸屬，僅能稱他爲「《公羊》博士」。

在范曄《後漢書》中，何休與鄭玄敘事在筆法之相通處，是何、鄭皆在其餘傳記中串場、互見。二人所評論與援入之時人時事，如何休之於史弼、蘇不韋與服虔，鄭玄之於襄楷、申屠蟠、盧植與蔡邕等，相對於二人本傳皆具有互文性。范曄並未讓「鄭玄」與「何休」相互現身於對方本傳、互爲註解，卻是選擇性底僅讓「精研六經、世儒無及」的何休去〈鄭玄傳〉爲鄭玄的崇高學術地位提供佐證。其差異處，是何休與鄭玄雖然都列在眾人群聚的「合傳」，鄭玄卻是與張純、曹襃同卷而爲〈張曹鄭列傳第二十五〉，並作爲後漢《禮》學與學術史中最重要的人物；何休則是在猥眾學者中被揀選而出，列在公羊博士李育之後，下接服虔等《左氏》學者，居《公羊》殿軍以啓明《左氏》義，共同放在〈儒林列傳第六十九〉。《後漢書》傳記之間的互文性，即在〈儒林列傳〉之《春秋》經師敘事中清晰可辨。在〈李育傳〉中，李育因參加白虎觀會議一事，關聯到〈賈逵傳〉中的賈逵，范曄的〈儒林列傳〉敘事在此結束嚴、顏二家《公羊》經師敘事，而在與《左氏》的敵視中，相對形成了《公羊》經師的系譜。

范曄讓「《公羊》博士李育」藉由「博士羊弼」，出現在接續〈李育傳〉的〈何休傳〉中，讓何休在身受政治禁錮期間書寫《公羊墨守》、《穀梁廢疾》、《左氏膏肓》一事，得以從「李育與賈逵」的對立關係表達《春秋》異傳的解經歧見，還回何休「三闕」在表面上「執傳問難」之形式，省略《春秋》諸傳異義在〈黨錮列傳〉與相關傳記中代表的政治衝突。就這點來看，何休與服虔在漢末儒者的《春秋》學中呈現黃金交差，正對應在〈鄭玄傳〉的「古學遂明」語上。范曄雖在〈鄭玄傳〉提出何鄭之爭作爲「古學遂明」之發起處，但在〈儒林列傳〉的《春秋》經師敘事中，則是呈現爲〈何休傳〉與〈服虔傳〉之相承。依范曄對服虔「少以清苦見志，入太學受業。有雅才，善著文論，作《春秋左氏傳解》，行之於今」的簡明敘事之下，復言服氏「又以《左傳》駁何休之所駁《漢事》六十條」，得見服虔也從「何休運用《公羊》學評論近現代史的脈絡」去以《左氏》義理回應何休。〔註48〕對照史志中的著錄，服虔《左氏膏肓釋痾》〔註49〕即根據《左氏傳》揭露出針對性，讓他逼近何

〔註48〕《後漢書》，卷七十九下，〈儒林列傳六十九下〉，頁2583。

〔註49〕《隋書‧經籍志》載「《春秋左氏膏肓釋痾》十卷」，注云「漢服虔撰。梁有《春秋漢議駁》二卷，服虔撰，亡。」參見：《隋書》，卷三十二，〈志第二十七‧

休與鄭玄在《公》、《左》二傳之爭的最前線，提供後人去想像一幅熔冶鄭玄與服虔《左氏》學為一的圖像。

第三節　范曄《後漢書》與近代學者之漢末經學史

　　據范曄說法，何休與羊弼的關係，屬於「師資所承，宜標名為證者，乃著之云」。〔註50〕若沒有「博士羊弼」，何休無法接上「《公羊》博士李育」。至於何休與服虔，則是因為〈鄭玄傳〉末所謂鄭答何休「義據通深，由是古學遂明」，將何休作為開啓古學彰明時代的諸多環節之一。在范曄的《後漢書‧儒林列傳》中，除了傳首所明之家法淵源，另一重要處即是傳末以何休為關鍵之終局敘事。范書補述之「博士羊弼」跨過眾家後漢書來到後世近人皮錫瑞筆下，其所撰《經學通論‧春秋通論》「論公羊左氏相攻最甚何鄭二家分左右祖皆未盡得二傳之旨」，據之復言：

> 何休與其師羊弼，追述李育意以難二傳，作《公羊墨守》，《左氏膏肓》，《穀梁廢疾》。〔註51〕

對照上節之范曄〈何休傳〉，皮氏幾乎一字不漏底接受了范書存記及其論述。這固然有不得已的文獻背景，但是皮錫瑞另外發揮了自己的長處與優勢，根據近世遵鄭好古者所輯佚綴錄，去梳理鄭駁何休三闕，進一步填補了范書的空隙，卻又超出了范解。其下便是：

> 李育、羊弼書亦不傳，何休《墨守》僅存一二，《廢疾》得失互見，《膏肓》以《左氏》所載之文為《左氏》之罪，未知國史據事直書

經籍一），頁 928。清人王仁俊有輯本二種，其善者題云「《春秋釋痾駁》後漢服虔撰　後漢何休駁」，分別據蕭梁時人劉昭《後漢書注》與唐人徐堅（659～729）等撰《初學記》引見服虔、何休議。參見：《玉函山房輯佚書及補遺》，冊六，〈經類‧春秋類‧春秋漢議〉，頁 527a、58a。筆者以為輯引未善，補綴如下：

《春秋釋痾》曰：「漢家郡守行大夫禮，鼎俎籩豆，工歌縣。」

何休曰：「漢家法陳師，置守相，故行其樂也。」（《續漢書‧禮儀上》）

《春秋釋痾》：何休曰：「遺越人以冠，終不以為惠。」（《初學記》卷二十六）

參見：《後漢書志》，卷第四，〈禮儀上〉，頁 3107；〔唐〕徐堅等著，《初學記》（北京：中華書局，2004 年 2 月第 2 版 2005 年 1 月第 5 次印刷），頁 622。

〔註50〕《後漢書》，卷七十九上，〈儒林列傳第六十九上〉，頁 2548。

〔註51〕皮錫瑞，《經學通論》（臺北：臺灣商務印書館，1989 年 10 月臺五版），卷四，〈春秋通論〉，頁 51。

之例，且駁論多瑣細，惟兵諫娶數條於大義有關。鄭《發墨守》亦僅存一二，《起廢疾》亦得失互見，《箴膏肓》多強說，以文公喪娶爲權制，豈有喪娶可以從權者乎？〔註52〕

此處當是皮錫瑞疏證鄭駁何休三闕之心得，顯然鄭玄並未完全占上風。〔註53〕但《公羊》、《穀梁》二傳異義論斷之精粗確否，並非此處重心，倒是其以「國史據事直書」以通《左氏》，此義需待杜預（222～285）集解《左氏》起發「凡例」〔註54〕，當非後漢季末猶據讖說釋《左氏》的鄭玄所爲。皮氏復云：

> 《後漢書》於鄭康成《箴膏肓》下云「自是《左氏》大興」，蓋鄭君雖先習《公羊》，而意重古學，常軒《左氏》而輕《公羊》，重其學者意有偏重，遂至《左氏》孤行。自漢以後，治《公羊》者，如晉之王接、王愆期，已不多見，《北史·儒林傳》云「何休《公羊傳》，大行於河北」，而其〈傳〉載習《公羊》者，止有梁祚一人，且〈傳〉又云「《公羊》、《穀梁》多不措意」，則以爲河北行《公羊》，似非實錄。〔註55〕

在此先毋論「《左氏》大興」同范語「古學遂明」之差異，皮氏認爲「何休《公羊傳》」之講授即與初唐釋奠所列先師似不相合。〔註56〕初唐釋奠先師的取擇條件之一，便是當代有無師講，若以《北史·儒林傳》非實錄，初唐祭孔恐無何休配享。《北史》作者李延壽〔註57〕承其父李大師（570～628）所撰近代

〔註52〕《經學通論》，卷四，〈春秋通論〉，頁 51～52。

〔註53〕皮氏另有《發墨守疏證》、《箴膏肓疏證》、《釋廢疾疏證》各一卷，爲清光緒二十五年巳亥（1899）湖南思賢書局刊本。參見：《經學歷史》，〈附錄二 皮鹿門先生著述總目〉，頁 393。

〔註54〕「諸稱凡以發例是也。……諸凡雖是周公之舊典，邱明撮其體義，約以爲言，非純寫故典之文也。」參見：〔西晉〕杜預撰，《春秋釋例》（臺北：臺灣中華書局，1980 年 11 月臺二版），卷十五，〈終篇第四十六〉，葉十三。

〔註55〕《經學通論》，卷四，〈春秋通論〉，頁 52。

〔註56〕初唐貞觀二十一年舉行釋奠禮，列先儒左邱明、卜子夏、公羊高、穀梁赤、伏勝、高堂生、戴聖、毛萇、孔安國、劉向、鄭眾、杜子春、馬融、盧植、鄭玄、服虔、何休、王肅、王弼、杜預、范甯等二十一人配享孔廟。參見：〔唐〕吳兢撰，〔元〕戈直集論，《貞觀政要》（臺北：臺灣中華書局據明刊本校刊，1967 年 11 月臺二版），卷七，〈崇儒學第二十七〉，頁三至四。另一說則包括了「賈逵」爲二十二人，且據顯慶二年（657）七月長孫無忌（594～659）議，貞觀二十一年詔書已將左邱明等人與顏回「俱配尼父於太學，並爲先師」。參見：《唐會要》，卷三十五，〈褒崇先聖〉，頁 636。

〔註57〕「李延壽者，本隴西著姓，世居相州。貞觀中，累補太子典膳丞、崇賢館學士。嘗受詔與著作佐郎敬播同修《五代史志》，又預撰《晉書》，尋轉御史臺

通史敘北朝諸儒，並非無稽之談。對照《魏書‧儒林傳》與《北史‧儒林傳》共文而不互文的敘事，表示北朝承續漢末「何休《公羊傳》大行於河北」對隋唐經學的歷史意義。〔註58〕當朱熹（1130～1200）認為「《南》、《北史》除了《通鑑》所取者，其餘只是一部好笑底小說」〔註59〕，細觀司馬光（1019～1086）所編《資治通鑑》尊崇南朝、嚴辨夷夏之正統觀，以〈宋紀〉、〈齊紀〉、〈梁紀〉、〈陳紀〉介於〈晉紀〉與〈隋紀〉中間，曲折《北史》故事於南朝觀點，鑑察深省之餘，要如何觀照「大行於河北之何休《公羊》學」之漢末以來《春秋》學傳授情形？按朱氏弟子所錄事實，朱熹對於漢儒何休與鄭玄二人即懷有偏見：

> 《春秋》難理會。《公》、《穀》甚不好，然又有甚好處。如序隱公遜國，宣公遜其姪處，甚好。何休《注》甚謬。〔註60〕

主簿，兼直國史。延壽嘗撰《太宗政典》三十卷表上之，歷遷符璽郎，兼修國史。尋卒。……高宗嘗觀其所撰《政典》，歎美久之，令藏于祕閣，賜其家帛五十段。延壽又嘗刪補宋、齊、梁、陳及魏、齊、周、隋等八代史，謂之《南》、《北史》，凡一百八十卷，頗行於代。」李氏《北史》雖為私修，仍得到朝廷認可，縱有曲筆迴護一時之跡，卻難有憑空杜撰歷時修業之可能性。參見：〔後晉〕劉昫等撰，《舊唐書》（北京：中華書局，1975 年 5 月第 1 版），卷七十三，〈列傳第二十三〉，頁 2600～2601。

〔註58〕　相近的敘事，《北史‧儒林傳》與《魏書‧儒林傳》皆作：「漢世，鄭玄並為眾經注解，服虔、何休，各有所說。玄《易》、《詩》、《書》、《禮》、《論語》、《孝經》，虔《左氏春秋》，休《公羊傳》，大行於河北。」參見：〔唐〕李延壽撰，《北史》（北京：中華書局，1974 年 10 月第 1 版第 1 次印刷），卷八十一，〈列傳第六十九‧儒林上〉，頁 2708；〔北齊〕魏收撰，《魏書》（北京：中華書局，1974 年 6 月第 1 版第 1 次印刷），卷八十四，〈列傳第七十二〉，頁 1843。此事之意義在於，北齊人魏收（507～572）的學術流變史觀點，藉由李氏父子改寫為「通史紀傳」之《北史》，而形成初唐時期對漢末至北朝經學的認識，除了鄭玄，包括何休與服虔在初唐經學中「並為先師」的地位，可由此得到初步確認。另外，陳寅恪（1890～1969）認為「學術之傳授既移於家族」，「東漢末中原紛亂，而能保持章句之儒業，講學著書……俱關隴區域之人，則中原章句之儒業，自此以後已逐漸向西北移傳」，又「山東禮學遠勝於關隴」，北齊士人歷周、隋而入唐，「復於貞觀世修五禮」，皆此輩所興。筆者以為，隋唐禮制既與北齊士人關係密切，初唐時期之學術傳承與經學史觀點，亦當與其深有關連，而反映在貞觀二十一年配享於孔廟所選取的先師名單與順序。參見：氏著，《隋唐制度淵源略論稿；唐代政治史述論稿》（臺北：里仁書局，1994 年再版），頁 18～19、44。

〔註59〕　〔南宋〕黎靖德編，王星賢點校，《朱子語類》（北京：中華書局，1986 年 3 月第 1 版第 1 次印刷），卷一百三十四，〈歷代一〉，頁 3204～3205。

〔註60〕　《朱子語類》，卷八十三，〈春秋‧綱領〉，頁 2153。

雖然此段筆記失去上下文脈絡，但可見到朱子的觀點，不僅認爲《春秋》複雜艱深，《公羊》與《穀梁》二傳優劣參半，最後還提到何休《春秋公羊解詁》「甚繆」，否定其學說之意味十分濃厚。再觀朱熹對鄭玄及其學術的看法：

> 鄭康成是箇好人，考禮名數大有功，事事都理會得。如漢律令亦皆有《注》，儘有許多精力。東漢諸儒煞好。盧植也好。淳。義剛錄云：
> 「康成也可謂大儒。」〔註61〕

此文所載朱子之語，稱鄭氏以其字「康成」，相對此文稱「盧植」則直呼名諱，實具禮敬「考禮名數大有功」的「好人」用意。縱然何休也屬「煞好」之「東漢諸儒」，卻僅是稱之以名的「諸儒」，而不及「可謂大儒」的鄭玄。既然源流如此，則皮氏尊鄭崇朱〔註62〕，或不免偶像崇拜之弊，稍可體諒皮氏心中之「經學歷史」所以折衷《北史》而信任《後漢書》之緣故，其來有自。但此與皮氏疏證何鄭答難之心得，卻是微妙的矛盾。

　　將「《左氏》大興」一句夾入范曄〈鄭玄傳〉之評論，實爲皮氏採納、剪裁諸文所致。此句原在唐人陸德明（550？～630？）所撰《經典釋文》敘《春秋》三傳授講始末，今摘引兩漢《左氏》學篇幅以見梗概：

> 《漢書·儒林傳》云：「漢興，北平侯張蒼及梁太傅賈誼、京兆尹張敞、大中大夫劉公子、皆修《春秋左氏傳》。」始劉歆從尹咸及翟方進受《左氏》，由是言《左氏》者本之賈護、劉歆。歆授扶風賈徽，徽傳子逵，逵受詔列《公羊》、《穀梁》不如《左氏》四十事奏之，名曰《左氏長義》，章帝善之。逵又作《左氏訓詁》，司空南閣祭酒陳元作《左氏同異》、大司農鄭眾作《左氏條例章句》、南郡太守馬融爲「三家同異之說」。京兆尹延篤受《左氏》於賈逵之孫伯升，因而注之。汝南彭汪（字仲博）記先師奇說及舊注。太中大夫許淑、九江太守服虔、侍中孔嘉、魏司徒王朗、荊州刺史王基、大司農董遇、徵士燉煌周生烈，竝注解《左氏傳》。梓潼李仲欽著《左氏指歸》、陳郡穎容作《春秋條例》。又何休作《左氏膏肓》、《公羊墨守》、《穀梁癈疾》；鄭康成鍼《膏肓》、發《墨守》、起《癈疾》，自是《左氏》大興。〔註63〕

〔註61〕 《朱子語類》，卷八十七，〈禮四·小戴禮·總論〉，頁2226。
〔註62〕 《經學歷史》，〈經學積衰時代〉，頁308。
〔註63〕 吳承仕，《經典釋文序錄疏證》（臺北：崧高書社，1985年），〈注解傳述人〉，頁121～122。

皮氏《經學通論》將此「《左氏》大興」四字列在范傳之下，文表范說，實則陸語。陸德明「合觀兩漢」，譜諸儒為其《釋文》載「兩漢之間師承」，作意既與范傳有別，所見亦當不僅止於范書。其中最明顯處是此處所言「大興」之《左氏》經師未述服虔諸人師承而僅列其注解，乃因其衡量出自陸氏身處之「今」世與「近代」。按陸氏所云：

> 《左氏》今用杜預注，《公羊》用何休注，《穀梁》用范甯注。二傳
> 近代無講者，恐其學遂絕，故為音以示將來。〔註64〕

陸德明所謂的「今」，時當初唐，至於《公羊》、《穀梁》二傳於「近代」已「無講者」，適為無師講授、學承斷絕之意。若以陸氏所處時代言之，北周興兵併北齊（576～577）、隋滅陳（588～589），再於李唐一統群雄（618～628）的「近代史」觀察，陸德明仕唐以前，的確可以推敲出至少一「世」（三十年）的無講者時段。承襲北魏基業的東魏、北齊沒於戰亂，經術、師承既緣附於政治之吞併而因此盛衰，似未得後人注意，以致失考「何休《公羊傳》於漢末以降大行於河北」一句之歷史背景。此見後人直接襲用史傳，藉以撰述經學歷史之舉，或許未多得綜觀史事、涵括史意，未可盡信。

范曄《後漢書》隨文附論，其演繹後漢《公羊》傳授以「由是古學遂明」總結，而以「因不復補」，將漢末服虔（約 168 前後在世）、穎容、謝該等人繫回後漢光武帝年間之《左氏》博士興廢事。范氏且論云：

> 建武中，鄭興、陳元傳《春秋左氏》學。時尚書令韓歆上疏，欲為
> 《左氏》立博士，范升與歆爭之未決，陳元上書訟《左氏》，遂以魏
> 郡李封為《左氏》博士。後群儒蔽固者數廷爭之。及（李）封卒，
> 光武重違眾議，而因不復補。〔註65〕

可見服虔等漢末《左氏》學者之行跡，在范氏撰寫《後漢書》時已不復詳盡。曹魏有服氏《左氏》學在官，彼時講者當知其源流。杜氏《春秋左氏經傳集解》後出，故於范曄《後漢書・儒林列傳》所列後漢《左氏》名家如：服、穎、謝氏等人，尚待魏、晉《左氏》學者宗述師承源流，乃得為其傳記。至於服虔在范傳中的尷尬位置，與他在《春秋》經學史中的不幸遭遇，牽涉頗深。范曄剪裁之時，杜預《左氏》學在江左盛行已久，崔靈恩（南朝劉宋時人，生卒不詳）甚至得捨服氏《左傳》說而在官學轉授杜氏解，但這些遠近

〔註64〕　《經典釋文序錄疏證》，〈注解傳述人〉，頁125。
〔註65〕　《後漢書》，卷七十九下，〈儒林列傳六十九下〉，頁2587。

因素在經學史的論述中，卻未切實反映出來，且不時遭受曲解與忽略。

按照范曄《後漢書》的相關傳記，以三闕來建構的何鄭之爭，會僅僅出現《春秋》三傳異義的勝負觀點，故其傳記敘事中的前後排列關係與稱謂，無一不是意有所指。范氏以「古學遂明」一句所欲表達的是，古文經說「從前漢初至後漢末」由闇轉明的改變，其內容不僅僅是《左氏》，也有《周官》。對於後者，何休與鄭玄對《周官》的歧見不僅對立，更是悖反。〔註66〕陸氏之「《左氏》大興」反映的是「其身處之近世」、南朝盛行的杜預《春秋左氏經傳集解》。杜氏集眾家之解，偏不引據鄭義，且多與服虔異說，與稍晚同樣標榜「集解」《春秋》與《穀梁》經傳且又尊崇鄭玄的范甯，可謂殊途異趣。〔註67〕對讀《北史·儒林傳》，其於江右鄭、服之學的瞭解，旁及何休《公羊》學之講習。〔註68〕是以皮錫瑞先折衷服氏《左氏》說於鄭氏學，再斥言《北史》非實錄，其依循「范曄、陸德明的南朝經學史觀」所建構的「經學歷史」，當可再議。

從起始於范曄所謂「前書」，班氏〈儒林傳〉筆下的「唯（博士）嬴公守學不失師法」〔註69〕，來到范氏〈儒林列傳〉不得詳其師法所宗的「《公羊》博士李育──古文經議郎何休」敘事。范曄眼中的兩漢經師，要說是以師法相承的關係，毋寧說是被包圍在逆師違法、自名家學之實況中。其中一項最容易被忽略的因素，即是前言當代政治對經說、師承的再三介入。朝代之相替、繼承，亦對應於當代的官方學術上。先代師承關係之選定與此後講授之經術內容，每一個環節都無法超然獨立。自從掌權者影響，甚至決定了師承論述，太學在「博士官所能影響的範疇」中，負責傳遞某些由上而下、人為建構的意識形態與政治主張，這很難符合後人對「學術」與「歷史」懷抱的研究自由與超然客觀理念。所以在史傳中，雖然「儒林傳」作為史傳之一而非史傳之中心，其事實卻是一種很獨特的史書體裁，除了環繞「官方經師」的各種角色，亦交互畫綴著學術與政治色彩。於是在後人重新建構古代學術

〔註66〕「《周禮》……何休亦以為六國陰謀之書，唯有鄭玄徧覽羣經，知《周禮》者，乃周公致太平之跡」，二人意見著實大相逕庭。參見：《周禮注疏》，〈周禮正義序〉，頁9a。

〔註67〕以輯本的觀點看來，採納鄭玄《箴左氏膏肓》佚文之主要來源，是唐代的《左傳正義》，而《釋穀梁廢疾》則多出自范甯《春秋穀梁傳集解》。請參見拙文：〈何休與三闕之研究〉（嘉義：中正大學歷史研究所，碩士論文，2004年）。

〔註68〕《北史》，卷八十一，〈列傳第六十九·儒林上〉，頁2708。

〔註69〕《漢書》，卷八十八，〈儒林傳第五十八〉，頁1084b。

歷史的企圖中，僅僅連貫斷代史書的「儒林傳」去寫就經學史的作法，不單忽略了政治與學術交涉的各種背景，許多斷代史傳之間的「互文」關係也被裁斷〔註70〕，甚至在不同觀點與時間範疇的史書裡，例如寫成於初唐的《北史》與成書於北齊的《魏書》，對於漢末經學的同一敘事，其實在文字剪裁、移轉之間，型塑了後人對學術歷史的認知。

　　據范書所載何休與鄭玄爭論《春秋》三傳之後的個人生涯觀察，對「公羊春秋」有所師承的鄭玄，輸給了手握「胡毋生《條例》」〔註71〕並且別開徯徑、「不與守文同說」〔註72〕的何休。鄭玄從此不僅自《春秋》學的爭論中消失，更與服虔的《左氏》學著作有了難以釐清的羈絆。〔註73〕例如後人追記的一則故事：

　　　　鄭玄欲注《春秋傳》，尚未成，時行與服子慎遇，宿客舍。先未相識，
　　　　服在外車上與人說己注《傳》意，玄聽之良久，多與己同。玄就車
　　　　與語曰：「吾久欲注，尚未了。聽君向言，多與吾同，今當盡以所注
　　　　與君。」遂為服氏《注》。〔註74〕

上說出自六朝劉宋時人劉義慶（403～444）所編之《世說新語》。反觀同時代的范曄對服虔及其《左氏》學的瞭解則是：

　　　　服虔……少以清苦建志，入太學受業。有雅才，善著文論，作《春
　　　　秋左氏傳解》，行之至今。〔註75〕

范氏〈儒林列傳〉並未出現鄭玄將其《左氏注》交託服虔的情節，意味范曄

〔註70〕　就范曄《後漢書》的「儒林傳」敘事來說，筆者指的就是〈黨錮列傳〉，已見前章。

〔註71〕　何休語，參見：《春秋公羊注疏》，〈監本附音春秋公羊注疏序〉，頁 4b。

〔註72〕　《後漢書》，卷七十九下，〈儒林列傳第六十九下〉，頁 2582。

〔註73〕　按照《隋書・經籍志》的相關記載，何休《春秋左氏膏肓》、鄭玄駁《春秋左氏膏肓》、服虔《春秋左氏膏肓釋痾》、穎容《駁何氏漢議》等交互論難《春秋》傳義事，仍見范曄敘事簡略，惟存梗概，若加上清人構成的何休《駁春秋釋痾》輯本，更加顯得複雜。無論是何休與鄭玄論難《左氏傳》，或是漢末《春秋》學者交相攻伐之情事，范曄或有可能僅擇取一部分軼事論述於其《後漢書》中，也就是說，今日已難見到的實情，恐怕更加出乎後人的想像。參見：《隋書》，卷三十二，〈志第二十七・經籍一〉，頁 928～932。

〔註74〕　〔南朝・宋〕劉義慶編，〔南朝・梁〕劉峻（孝標）注，《世說新語》（臺北：臺灣中華書局據明刊本校勘，1992 年），卷上之下，〈文學第四〉，頁七～八。《新語》此下接著另一段服虔竊取崔烈論《左氏傳》義，顯見江左士人對服氏其人及其《左氏》學攻訐至極的一面。

〔註75〕　《後漢書》，卷七十九下，〈儒林列傳第六十九下〉，頁 2583。

否定此說，筆者以為或許與家學有關。〔註76〕但是劉義慶筆下的這則故事到了後人手上，情況變得很不一樣。反映在近世建構的經學史論述中，就發生了有如皮錫瑞《經學歷史》般的陳述：

> 北學，《易》、《書》、《詩》、《禮》皆宗鄭氏，《左傳》則服子慎。鄭君注《左傳》未成，以與子慎。見於《世說新語》。是鄭、服之學，本是一家，宗服即宗鄭，學出於一也。〔註77〕

此說法恰好出現在前人諸多非議不信的《世說新語》，且接在前述馬、鄭軼事之後。矛盾的是，倘若學者既拒絕接受大儒馬融會以師範之尊追殺弟子鄭玄，又為何相信服氏《左傳注》等於鄭氏之《左氏注》呢？〔註78〕

再觀群經之內，何休與鄭玄的對立除了有《春秋》三傳間的糾葛，亦出現在面對「周官／周禮」的悖反立場。對於前者，何休與鄭玄置身於《春秋》三傳中的角色，則呈現於范曄《後漢書》與近世清人《公羊墨守》、《穀梁廢疾》、《左氏膏肓》輯本。至於後者，雖仍受限於資料，尚難詳明何氏評論「《周禮》為六國陰謀之書」語意之實際內容。但透過皮錫瑞所撰《經學通論》，其〈三禮通論〉「論周官當從何休之說出於六國時人非必出周公亦非劉歆偽作」一章，得見皮氏否定「《周官》為周公太平之跡」的主張，改從「戰國時人所存周禮」之角度去肯定《周禮》，維繫三《禮》之價值。今都錄此文：

> 《周官》與《左氏》皆晚出，在漢時已疑信參半。後人尊《周官》者，以為周公手訂，似書出太早。抑之者以為劉歆偽作，似書出太遲。何休以為出於六國時人，當得其實。……錫瑞案：毛（奇齡）氏以《周官》為戰國時書，不信為周公所作，又力辨非劉歆之偽，而謂周制全亡，賴有《周禮》、《儀禮》、《禮記》三經，有心古學，宜加護衛，最為持平之論。〔註79〕

〔註76〕其祖范甯雖受「鄭氏家法」，所撰《春秋穀梁傳集解》卻不引據服虔之《春秋左氏傳解》，而是採用了頗多的杜預《春秋左氏經傳集解》，似乎范甯並不認為服虔《左傳注》與鄭玄有關，但後世有不少學者如皮氏即對鄭、服《左氏注》軼事深信不疑，說詳後章。

〔註77〕《經學歷史》，〈經學分立時代〉，頁179。

〔註78〕馬融追殺鄭玄事，說詳後章。

〔註79〕《經學通論》，卷三，〈三禮通論〉，頁50～51。按朱熹說「今只有《周禮》、《儀禮》可全信。《禮記》有信不得處。又曰：《周禮》只疑有行未盡處。看來《周禮》規模皆是周公做，但其言語是他人做。」「大抵說制度之書，惟《周禮》、《儀禮》可信，《禮記》便不可深信。《周禮》畢竟出於一家。謂是周公親筆

更進一步者，皮氏對鄭玄強通三《禮》別有所見，此下即陳「論鄭君和同古今文，於《周官》古文、〈王制〉今文力求疏通，有得有失」〔註 80〕、「論鄭君以《周禮》為經，《禮記》為記，其別異處皆以《周禮》為正，而《周禮》自相矛盾者，仍不能彌縫」〔註 81〕二章，亦見斯議。然此說出於「周官／周禮」複雜之文獻性質，不盡全是鄭玄過誤，更見維護鄭氏之意。不過皮氏在對何、鄭之《春秋》異議之外的範疇中，已較諸宗鄭學者，更向前進一步。皮錫瑞在《周禮》作者的異議中，支持作者並非周公的意見，無形中否定了鄭氏三《禮》學之基本立場。但皮氏自此處出發所得之結果，卻在接納鄭氏三《禮》學保存周人制度的價值下，沒有將其反映到筆下的後漢經學歷史，一個顯而可見的原因在於，上述的對立一開始就沒有反映在范曄的《後漢書》之中。是以後世學者無論如何思考、駁斥「第四次經今古文之爭」之近代觀點，只要未曾重新檢視范曄給予的歷史論斷及其傳記之寫作意識，在學者對於范氏《後漢書》的強烈依賴下，實難遠離其指掌。〔註82〕

做成，固不可，然大綱卻是周公意思。」「未必是周公自作，恐是當時如今日編修官之類為之。」「《周禮》是周公遺典也。」皮氏立論雖據毛奇齡議，但源流恐怕遠紹朱子。參見：《朱子語類》，卷八十六，〈禮三・周禮・總論〉，頁 2203～2204。此一折衷爭議的調和論，雖在今日漸見成熟，卻是更堅定了學者對《周禮》等同「周公制禮作樂」之信仰，依舊忽略甚至否定「他人制禮作樂」託言於「周公」之「陰謀」。

〔註 80〕　《經學通論》，卷三，〈三禮通論〉，頁 54～55。

〔註 81〕　《經學通論》，卷三，〈三禮通論〉，頁 55～56。

〔註 82〕　如章權才即認為范曄為鄭玄所作的評論「是得體的，是恰如其分的」，且據皮氏加以申論，認為鄭玄在經學史中的地位，緣於他「開創了經學的小一統時代」。參見：章權才，《兩漢經學史》（臺北：萬卷樓圖書公司，1995 年），〈東漢後期調和地主階級內部矛盾的鄭玄綜合學派的形成〉，頁 290。章氏在此前提下檢討「第四次經今古文之爭」，認為：「過去的經學論著，無不認為這是一次新的經今古文學之間的論爭，這實在是一種誤解。何休是今文學家，他誠然是站在今文經學的立場上攻擊《左傳》、《穀梁》的。但是，鄭玄反駁何休，卻不能理解為他是站在古文經學的立場上進行反駁。他在寫《發墨守》、《針膏肓》、《起廢疾》三部書時，詳細研究了今文經學，這就是何休所說的『入吾室，操吾矛。』同時也詳細對比了今古文學。他寫三部書的著眼點是使《春秋》三傳的大義相互補充，溝通彼此之間的聯繫。他指出，《公羊》傳並非沒有缺點，《穀梁》傳和《左傳》也並非沒有優點。正確的做法是使它們之間補充起來，貫通起來。當然，他這樣做，客觀上也就提高了古文經學的政治地位。……鄭玄溝通三傳，就是使《左傳》『義據通深』，也就是使古文經學建築在新的思想和學術基礎上，從而使古文經學得以進一步發展起來。」參見：《兩漢經學史》，〈東漢後期調和地主階級內部矛盾的鄭玄綜合學派的形

成〉，頁 283。筆者以爲，章說之新意在於不以偏狹的二元論去看待第四次經
今古文之爭，以及鄭玄對三傳的態度。易言之，當鄭氏學以「調和古今」、「混
淆家法」爲特色，則鄭玄涉入的經今古文學爭論將會是新的局面，而不再是
左右袒、選邊站而已。范曄評論所言及的經學新氣象，在章氏眼中其實是受
惠於鄭玄學術的獨特立場，並不認同前人說鄭玄令「古學遂明」而將之劃歸
在古文經學陣營中。不過章氏在鄭玄未曾注有任一《春秋傳》的情形下，認
爲鄭玄對待三傳依然在於「調和」與「混淆」，不免顯得大膽許多。謹據今見
遺文，鄭玄在此三部書展現的是他對何休觀點的臆說與異議，使三傳各有所
歸、互不相通，倒是何休在後來的《春秋公羊解詁》承認了《公羊》義之不
足處而援引了二傳義理去融合《公羊》來共同解釋《春秋》。以此事實看來，
雖然仍以《公羊》爲依歸，首先不理會家法、師法與門户之見來對三傳進行
義理裁融的先鋒倒是何休而不是鄭玄。這正意味著後世學者仰賴的范氏論斷
有很大的問題。

第四章　范曄〈儒林列傳〉中所描繪的
「何休」形象

　　近世以來經師傳記與經學歷史之撰寫，甚爲仰賴國史諸「儒林傳」，與「藝文」、「經籍」諸志，其原因在於群經之爲「學」的概念，交疊於各式各樣的文本，以及環繞於文本的各種後設描述。〔註1〕今人主張經學史應著重「經學傳承」與「經學之時代意義」此二主題，雖然同前人一樣仰賴史傳文獻去構成，卻別具懷疑眼光來審視史傳存載之內容。在這層思維下，學術傳承之「時代意義」成爲學術史之重心，故其論述史事，重在背後深遠久長之抽象意涵。對照《史記》、《漢書》「儒林傳」文，除論載時間之斷限與傳主生平之細節外，司馬氏與班氏下筆前漢經學，主要有二處不同，其一爲五經之序列，其次爲《毛詩》與《左氏傳》之闕述，以上差異及其變體，反應在范曄《後漢書・儒林列傳》中。

〔註 1〕　按徐復觀（1904～1982）暮年寫作《中國經學史之基礎》一書之策略，是將「源流」作爲主要論題，去構成徐氏所謂「僭稱」「經學史之基礎」。徐氏當時創意即見其「原史」／「史原」之企圖，於清人力主經學始於周、孔、前漢之說，反本正源去構築其經學史觀。其主張之一：「經學史應由兩部份構成。一是經學之傳承，一是經學在各不同時代中所發現所承認的意義。……即以傳承而論，因西漢已有門戶之爭，遂孳演而爲傳承之誤。東漢門戶之爭愈烈，傳承之謬愈增。《後漢書儒林傳》成篇於典籍散亂，學絕道喪之餘，其中頗有以影響之談，寫成歷史事實。《經典釋文敘錄》、《隋書經籍志》踵謬承訛，益增附會。及清代今文學家出……皮錫瑞承此末流，寫成《經學通論》及《經學歷史》兩書，逞矯誣臆斷之能，立隱逆理之術。廖平、康有爲更從而言壽張羽翼之，遂使此文化大統糾葛紛擾，引發全面更加否定之局。」參見：徐復觀，《中國經學史之基礎》（臺北：臺灣學生書局，2004 年 9 月初版四刷），〈自序〉，頁 1～3。

　　有學者認爲，檢討五經序次之前，必須瞭解序次之意義。〔註2〕筆者認爲，這可以理解五經之「先後」關係，並不單純只呈現五經「同時」在場的情況，當眾家「經師」匯集朝廷與「經典文獻」集中於名山秘府時，必然有此需要。易言之，在二者以上同時登場的序次中，呈現先後關係，甚或高下，這便是五經之間的敘事倫理。自司馬遷在其書以星辰「羅列」比方人事，所謂「列宿」以爲「北辰」股肱，其主從關係之君臣、父子倫理相續不絕於古、今之間。〔註3〕「列」字與「序」、「敘」互文，更強調敘事外之體「例」形式，例如「年表」這種尤其不能脫離時間概念，既抽象又需要直觀之史書體裁，正反映事物本身的分類與條理法則。所以說，司馬氏在〈儒林列傳〉中的五家經師次序，隱含著某一種合乎天人之道的倫理觀，而被後繼者尊奉爲圭臬。按史傳題名之措辭，拼合人物敘事爲篇爲卷之用意，固然與作者通書體例有所關連，但言諸儒生之「儒者林藪」得稱爲「列傳」或「傳」，其「經學傳承」敘事亦將同其他類傳相似，更注重在「序次」意識中「同在」、「合爲」一類的抽象概念。當不同時空之人物並置於同一篇卷中，相貫爲首尾敘事，作者所欲表達之意見，乃至讀者之誤解，皆由此得出。

　　在「儒林傳」的場域中，上述意見可以從前言對《史記》、《漢書》「儒林傳」的觀察來延伸。學者主張，《史記》、《漢書》「儒林傳」中五經序列與《毛詩》、《左傳》敘事的差異，皆與五經博士有關。《史記‧儒林列傳》言學官之設立，「依次」敘述五經博士如何在諸經與博士官之間，相互聚焦而爲五家。而在《漢書‧儒林傳》的成篇過程中，劉向、歆父子立足於逸篇秘書而與五經博士相互對立，不僅面對改變的是博士官員額與太學制度，也包括了「五經」之內容。考慮到後漢學者面對前漢官方在五經博士設立後，展開對經籍文獻的整理活動，以及承續新莽時代之經典意識，則班固在《漢書》存記之儒林敘事，反映了《史記》「以外」暨「以後」學者對五經序次之新思考，以及諸經傳傳授敘事如何被呈現。

第一節　「儒林前史」之倫理觀

　　自晚周迄於秦漢，劃爲經學之形成與奠定期，此一經學史觀點映照於兩

〔註2〕　《中國經學史之基礎》，〈西漢經學史〉，頁81～82。
〔註3〕　《史記》，卷一百三十，〈太史公自序第七十〉，頁3319。

漢時代對孔子與六經之理解，尤見兩漢書「儒林傳」所欲續接之統緒。〔註4〕
其間，恆常義理之傳遞、經典文本之成立、教授制度之創建，以及門戶家言
之相伐，除史傳載錄如「胡毋生」、「何休」之流的「儒林傳」，另見如「董仲
舒」、「鄭玄」等人的「自有傳」者。此類傳記論列學者人物之言談行事，以
彰明學術廢興衰盛，實以「人」與「人事」爲思考點，其立意自始便與「藝
文志」、「經籍志」以著作、文獻的叢集聚散有極大不同。

　　在《史記》作者發明〈儒林列傳〉的起點之中，「禮崩樂壞」〔註5〕與「孔
子身故」〔註6〕爲其得以發端之兩項歷史要素，彼此間不僅具有相續關係，亦
作爲其時代復興運動之遠近背景。周人制度〔註7〕既周旋於二王之餘而爲孔子
所追尋，如何踵其行跡、彰明古制，無論其族裔或是弟子傳人，皆爲後世繼
承者之任務。以「儒林」爲儒者林藪，有群眾匯聚之意。放眼〈傳序〉所言
禮崩樂壞、孔子身故之背景，「儒林」所以斷限於「建元、元狩之間」〔註8〕
的時代意義，即在於：古昔聖賢之遺訓，將藉由近代先後匯集之學者手中，
重現於當代世界。

　　漢初學者群聚的現象，反映在司馬談〈論六家要旨〉在辨別諸「家」而
論其「學」，而其子司馬遷則追述「人物」，見其「行事深切著明」於當世者。
易言之，學者其人之行跡關乎其學術，乃有爲人物立「傳」之需要。既然「讀
其書想見其爲人」，其學術背後之人格與其學術互爲註腳，是以人相從而學相
承，乃得有家可論其旨。故而「太史公」條理出的六家學於《太史公書》中，
在不同學者身上各有不同面貌及其淵源。

　　上述的情況在班固撰寫《漢書》時，卻是另一種視野。司馬遷論學術，
承其父業及其自身見聞，而班固論學術則主要是透過劉向、歆父子與揚雄的
整理與歸納。其中，劉氏父子校書一事，改變了此後論次經典之順序。不僅
在《漢書》，乃至對於《史記》，甚至後世「正史」，史傳作者本於劉向校書成
績所撰《七略》之〈藝文志〉，從文獻本身去重新定義「家」與「學」，直接

〔註4〕　例如，李威熊引據了《史記・孔子世家》與《漢書・儒林傳》，以漢人之說去
　　　　構成孔子與經典、經學之關係。參見：李威熊，《中國經學發展史論（上冊）》
　　　　（臺北：文史哲出版社，1988年），頁54、58。
〔註5〕　《史記》，卷一百二十一，〈儒林列傳第六十一〉，頁3115。
〔註6〕　《史記》，卷一百二十一，〈儒林列傳第六十一〉，頁3116。
〔註7〕　不妨聯想爲非書名號的「周禮」。
〔註8〕　《史記》，卷一百三十，〈太史公自序第七十〉，頁3318。

導致班氏〈儒林傳〉傳主順序之改變。〔註9〕

「儒林傳」內的傳主次序雖是問題，但在此問題之前，卻得先問為何有些儒者未列入「儒林傳」。在今日認為是「儒林傳」緣起的《史記·儒林列傳》，司馬遷將草創漢初儀制的叔孫通移升「列傳」，其理由見於評論：

> 太史公曰：……叔孫通希世度務，制禮進退，與時變化，卒為漢家儒宗。「大直若詘，道固委蛇」，蓋謂是乎？〔註10〕

叔孫通其人，「秦時以文學徵，待詔博士」〔註11〕，當生死危亡之際，竟選擇獻諛以求自免，爾後服從項梁、項王，再歸漢王。因劉邦不喜讀書人，乃棄儒服，改穿楚製短衣取悅之。〔註12〕司馬遷根據這兩則小故事，描繪叔孫通具有「與時變化」之性格，雖與公孫弘皆「希世」之才〔註13〕，更被時人抨擊「公所事者且十主，皆面諛以得親貴」〔註14〕，然其進退禮制以求合用於當世，透過其弟子語「叔孫生誠聖人也，知當世之要務」〔註15〕，帝室接納其變禮，乃得曲折行「道」於當世，是以評論叔孫通「卒為漢家儒宗」。自此觀點來看，叔孫通以處事靈活、順應時變，反得推道術、行禮儀。對照叔孫氏嘲笑為「不知時變」之「鄙儒」〔註16〕，司馬氏已然將叔孫通與諸儒之高下做出敘事分類的區隔，叔孫通不僅自有其傳，且與「以口舌得官」〔註17〕卻能「建萬世之安」〔註18〕的劉敬相從屬，併為〈列傳〉之一，而不列在〈儒

〔註9〕 廖名春於〈「六經」次序探源〉提出了許多先秦典籍存載的「六經」及其次序紀錄，否定了以《詩》為首的次序出自漢代今文家說，並輔以出土文獻為證。筆者以為，從孔子自身思想發生的轉變的確有可能形成不同次序，但後人追述孔子、論述其學的方向，自然也應考慮後人自身對孔子思想的理解，勘定出土文獻，或將口傳義理轉成文字，其產出結果可能反映一部分後人的認知。參見：廖名春，《中國學術史新証》（成都：四川大學出版社，2005 年 8 月第 1 版，2005 年 11 月第 2 次印刷），頁 6～14。

〔註10〕 《史記》，卷九十九，〈劉敬叔孫通列傳第三十九〉，頁 2726。

〔註11〕 《史記》，卷九十九，〈劉敬叔孫通列傳第三十九〉，頁 2720。

〔註12〕 其傳載：「叔孫通儒服，漢王憎之；迺變其服，服短衣，楚製，漢王喜。」參見：《史記》，卷九十九，〈劉敬叔孫通列傳第三十九〉，頁 2721。

〔註13〕 阿諛當世之意。參見：《史記》，卷一百二十一，〈儒林列傳第六十一〉，頁 3128。

〔註14〕 《史記》，卷九十九，〈劉敬叔孫通列傳第三十九〉，頁 2722。

〔註15〕 《史記》，卷九十九，〈劉敬叔孫通列傳第三十九〉，頁 2722。

〔註16〕 此輩堅持「禮樂所由起，積德百年而後可興」，仰賴聖人制作禮樂。又以叔孫氏「所為不合古」，異於先王制度，因此無法接受其變禮。參見：《史記》，卷九十九，〈劉敬叔孫通列傳第三十九〉，頁 2722～2723。

〔註17〕 《史記》，卷九十九，〈劉敬叔孫通列傳第三十九〉，頁 2718。

〔註18〕 《史記》，卷九十九，〈劉敬叔孫通列傳第三十九〉，頁 2726。

林列傳〉中。

　　承此，從司馬氏〈叔孫通傳〉、班氏〈董仲舒傳〉可見到「儒宗」之傳與「儒林傳」間的微妙關係，且見「儒宗」定義的移動也影響了「儒林」一詞之意涵，也正造就了「儒林前史」之內在性，經師之間的倫理順序。據宋人洪适（1117～1184）撰《隸續》〔註19〕，其卷第十四所錄〈博士題字〉文中，有「仲舒智非胡毋」一句，今依文義並復可識暨未可識之段落如下：

　　　　……議采夫□□□以詩書發……

　　　　……京師受業春秋□□□□覽異□□□仲舒智非胡母……

　　　　……嘗郊祭□□□□□□晨□□□□其……

　　　　……故悲□□之……

　　　　……後廿年知□□□□□蓋□□□□□不嚴……

　　　　……是此甚消□□□□詢謀道爲國師出典方州忠著金石……

　　　　……博士……〔註20〕

此碑殘缺，遺文多不可讀，然解題仍以爲「其人受《春秋》業而以仲舒、胡母爲比，蓋是傳《公羊春秋》者」。〔註21〕在筆者管見，此碑所言之人雖不見得就是碑文作者，亦不見得就是兩漢博士。其值得注意處在於洪氏「以仲舒、胡母爲比」的觀察，即使考慮前「董」、後「生」闕文的可能性，碑文作者稱前者以「名」或「字」而稱後者以「氏」，正符合兩漢史傳之記載。〔註22〕此傳主既「京師受業《春秋》」，其受學或有可能是立在太學的二家《春秋》學之一，故洪氏概括爲《公羊春秋》。然而，碑文「仲舒智非胡毋」〔註23〕雖連

〔註19〕洪适，字景伯，饒州鄱陽（今江西省波陽縣）人。生於宋徽宗政和七年（1117），卒於宋孝宗淳熙十一年（1184）。宋高宗紹興十二年（1142）中博學鴻詞科，官至尚書左僕射同中書門下平章事。洪氏雅好文史，「以文學聞望」，工詞藻、愛金石，刻書之外，又對漢、唐碑銘用力甚深，今以《隸釋》二十七卷、《隸續》二十一卷兩種著作爲後世所熟知。參見：〔元〕脫脫撰，《宋史》（北京：中華書局，1977 年），卷三百七十三，〈列傳第一百三十二〉，頁 11562～11565。

〔註20〕〔宋〕洪适，《隸釋・隸續》（影洪氏晦木齋刻本，北京：中華書局，1985 年），「隸續」，卷十四，「酈天下碑錄」，頁 417a。

〔註21〕《隸釋・隸續》，「隸續」，卷十四，「酈天下碑錄」，頁 417a。

〔註22〕《史記》與《漢書》皆未曾著明「仲舒」是否爲董氏之字，班氏雖詳「胡母生」之字爲「子都」，仍多以「胡母生」稱之。反過來看，如司馬遷在〈太史公自序〉中稱其爲「董生」的說法，也是相對少見。

〔註23〕筆者臆說，提出幾種讀法供作參考：「仲舒智，非胡毋」、「仲舒，智非胡毋」、

比二氏，於所受《春秋》師承當見先後、甲乙之別。試看《公羊疏》載引的鄭玄《六藝論》：

> 治《公羊》者，胡毋生、董仲舒，董仲舒弟子嬴公，嬴公弟子眭孟，
> 眭孟弟子莊彭祖及顏安樂，安樂弟子陰豐、劉向、王彥。〔註24〕

《公羊疏》所採納的鄭氏《六藝論》在這段敘述中，將「胡毋生」放在「董仲舒」之前，下敘後世《公羊》經師之師承，形成爲「以董仲舒爲宗」之譜系。因此，雖然董氏、胡毋氏皆傳授《公羊春秋》，傳主所上承之授受源流，只能偏向其一，這在敘述經師之次序與定位的各種紀錄中，即有所反映。

按何休對《公羊傳》文本形成過程的瞭解，〈序〉言「往者略依胡毋生『條例』」〔註25〕，又以「胡毋子都與其師書於竹帛」〔註26〕解傳，對照班氏不久前在〈儒林傳〉所謂「董仲舒著書稱其德」〔註27〕，表述之二人關係，以「生」之身份去定位胡毋氏，以及稱呼董氏爲「董仲舒」，似是通貫兩漢時代的一致態度，問題僅在二人之先後次序。在兩漢「儒林傳」中，經師之稱謂其實有所分別，司馬氏與班氏的主要用詞有連貫處，卻亦有不同，二家於其「儒林傳」各自使用了名、字、生、公這幾種不同稱謂，形成文例。以下即引《韓詩》經師來對照，《史記‧儒林列傳》記載曰：

> 韓生者，燕人也。孝文帝時爲博士，景帝時爲常山王太傅。韓生推
> 《詩》之意而爲《內》、《外傳》數萬言，其語頗與齊、魯間殊，然
> 其歸一也。淮南賁生受之。自是之後，而燕、趙間言《詩》者由韓
> 生。韓生孫商爲今上博士。〔註28〕

此〈傳〉未載韓生之名，而以「生」稱之。至於《漢書‧儒林傳》：

> 韓嬰，燕人也。孝文時爲博士，景帝時至常山太傅。嬰推詩人之意，

「仲舒智非，胡毋」，或是直接「仲舒智非胡毋」連句。若考慮前後闕文，更添增想像空間，例如「惟仲舒，智非胡毋生所及」、「董仲舒智非，胡毋子都誠正」之類，二人必然可論述出各種彷如馬、班同異之比，但是先仲舒、後胡毋的次序卻是不誤。

〔註24〕《春秋公羊注疏》，〈監本附音春秋公羊注疏序〉，頁 3b。
〔註25〕《春秋公羊注疏》，〈監本附音春秋公羊注疏序〉，頁 4b。
〔註26〕《公羊疏》說「公羊壽共弟子胡毋生乃著竹帛」。參見：《春秋公羊注疏》，卷一，頁 7b。
〔註27〕《漢書》，卷八十八，〈儒林傳第五十八〉，頁 3615。
〔註28〕《史記》，卷一百二十一，〈儒林列傳第六十一〉，頁 3124。

而作《內》、《外傳》數萬言，其語頗與齊、魯間殊，然歸一也。淮
南賁生受之。燕、趙間言《詩》者由韓生。……後其孫商爲博士。
孝宣時，涿郡韓生其後也……。〔註29〕

班氏敍韓生事多與司馬氏相近，除了另揭示了韓生所傳之《易》〔註30〕，則
將韓生之名入替〈儒林列傳〉中進行改寫，成爲更清楚可據的傳記。類似的
情況也發生在胡母生身上，不過班氏則是存記其字「子都」，仍稱之爲「生」。
在前漢《易》家經師「田何」之所以稱爲「田生」的緣故，由後漢的班固重
申了一次細節。按《漢書・儒林傳》載：

漢興，言《易》自淄川田生。……自魯商瞿子木受《易》孔子，以
授魯橋庇子庸。子庸授江東馯臂子弓。子弓授燕周醜子家。子家授
東武孫虞子乘。子乘授齊田何子莊。及秦禁學，《易》爲筮卜之書，
獨不禁，故傳受者不絕也。漢興，田何以齊田徙杜陵，號「杜田生」，
授東武王同子中、雒陽周王孫、丁寬、齊服生，皆著《易傳》數篇。
同授淄川楊何，字叔元，元光中徵爲太中大夫。……要言《易》者
本之田何。〔註31〕

對照百餘年前在《史記・儒林列傳》中的早期書寫：

今上即位……招方正賢良文學之士。自是之後……言《易》自菑川
田生。……自魯商瞿受《易》孔子，孔子卒，商瞿傳《易》，六世至
齊人田何，字子莊，而漢興。田何傳東武人王同子仲，子仲傳菑川
人楊何。何以《易》，元光元年徵，官至中大夫。……然要言《易》
者本於楊何之家。〔註32〕

經過班固添增細節，並多處改動，最後表彰了不同於司馬遷的《易》學源
流。在班氏的觀點中，田何承負了將先秦《易》學由齊地傳到杜陵〔註33〕
的重要動向，「田生」之稱號即源於遷徙杜陵教授《易》學，而被稱爲「杜
田生」一事。因此，「田生」稱謂的意義具有漢代《易》學宗主之概念。但
在司馬遷的看法裡，居於此宗主位置的學者則是田生《易》學的再傳弟子、
同爲淄川人的「楊何」，其理由在於楊何弟子數人皆以《易》得任用爲大官，

〔註29〕 《漢書》，卷八十八，〈儒林傳第五十八〉，頁 3613～3614。
〔註30〕 《漢書》，卷八十八，〈儒林傳第五十八〉，頁 3614。
〔註31〕 《漢書》，卷八十八，〈儒林傳第五十八〉，頁 3597。
〔註32〕 《史記》，卷一百二十一，〈儒林列傳第六十一〉，頁 3127。
〔註33〕 在長安城郊，後爲漢宣帝陵墓所在。此事意味朝廷取擇《易》學師法之先聲。

合於司馬氏〈儒林列傳〉序言公孫弘倡立官學之目的，以及詳明「家」學源流的書寫原則。

因此，司馬遷對楊何在《易》學地位的推崇，即另外懷有一條屬於司馬氏觀點的脈絡。據〈太史公自序〉所載，其父司馬談所習學術之淵源：

> 談爲太史公。太史公學天官於唐都，受《易》於楊何，習道論於黃子。〔註34〕

既然父親司馬談所受《易》學出於楊何，司馬遷遵襲父業，任爲太史，其個人對當代《易》學之見解，亦當近承自楊何。按班固語「要言《易》者本之田何」，對照司馬遷語「『然』要言《易》者本於楊何之『家』」二句，司馬氏已然提出一種彰明「現行楊何《易》學家法」之觀點，以異於紹述「田生《易》學師法源流」的「田何」敘事。後者透過班固在其〈儒林傳〉的倡言，再次強調「田何」之所以可被稱爲「田生」的原因，重新「在後漢時代」構成「前漢時代的《易》學歷史」。

來到《公羊春秋》經師傳記，班氏之董氏、胡毋氏敘事與司馬氏之明顯區別，首在兩人序次之改變。《史記・儒林列傳》先述董氏、次敘胡毋氏之筆法，在《漢書・儒林傳》變成爲：

> 胡母生，字子都，齊人也。治《公羊春秋》，爲景帝博士。與董仲舒同業，仲舒著書稱其德。年老，歸教於齊，齊之言《春秋》者宗事之，公孫弘亦頗受焉。而董生爲江都相，自有〈傳〉。〔註35〕

班氏因「董生爲江都相」，所以自有其〈傳〉，而在此處附言「董仲舒／董生」於〈胡毋生傳〉中，亦即班氏接納劉歆對董仲舒「爲王佐之才」〔註36〕的評論，故其定位必須在儒者林藪之外，形成〈董仲舒傳第五十六〉。但對於司馬遷來說，雖然董生擔任過「膠西相」，卻是著眼於「至卒，終不治產業，以脩學著書爲事」，以「明於《春秋》，其傳公羊氏」〔註37〕作爲董氏敘事在〈儒林列傳第六十一〉中之根據。交互對照《史記・儒林列傳》與《漢書・儒林傳》之《春秋》經師，也可以察覺兩造除了五經家類目順序不同，《漢書》且補述《史記》撰成之後所未見的後繼經師。但最顯著的差異，即董仲舒自「儒

〔註34〕《史記》，卷一百三十，〈太史公自序第七十〉，頁 3288。

〔註35〕《漢書》，卷八十八，〈儒林傳第五十八〉，頁 3615～3616。

〔註36〕《漢書》，卷二十六，〈董仲舒傳第五十六〉，頁 2526。

〔註37〕《史記》，卷一百二十一，〈儒林列傳第六十一〉，頁 3128。

者林藪」移出，升班而「自有其傳」。《史記》、《漢書》分述董氏、胡母氏所形成的區別，由此得見經師序次之先後、上下，在難以說清楚學術爭議的情形中，仍有史家得以介入論衡之處。

接續在《公羊》經師傳記之下，《穀梁傳》師承淵源更是《史記》與《漢書》之一大區別。按《史記‧儒林列傳》：

> 瑕丘江生爲《穀梁春秋》。自公孫弘得用，嘗集比其義，卒用董仲舒。

〔註38〕

當時在漢武帝面前辯輸給董仲舒的「瑕丘江生」，所傳《穀梁春秋》到了後世，卻得到推崇，二人於武帝御前議論故事，在班固筆下形成了添增細節的新版本：

> 瑕丘江公受《穀梁春秋》及《詩》於魯申公，傳子至孫爲博士。武帝時，江公與董仲舒並。仲舒通五經，能持論，善屬文。江公吶於口，上使與仲舒議，不如仲舒。而丞相公孫弘本爲《公羊》學，比輯其議，卒用董生。〔註39〕

從班固接下來說明的《穀梁傳》師承、任官，與石渠閣中《公》、《穀》之爭的細節裡，《穀梁》學在後世興盛的結果，令其師承淵源與執經問難之敘事得被改寫。〔註40〕據《公羊疏》引《繁露》語「能通一經曰儒生，博覽群書號

〔註38〕《史記》，卷一百二十一，〈儒林列傳第六十一〉，頁3129。

〔註39〕《漢書》，卷八十八，〈儒林傳第五十八〉，頁3617。

〔註40〕其傳續云：「於是上因尊《公羊》家，詔太子受《公羊春秋》，由是《公羊》大興。太子既通，復私問《穀梁》而善之。其後浸微，唯魯榮廣王孫、皓星公二人受焉。廣盡能傳其《詩》、《春秋》，高材捷敏，與《公羊》大師眭孟等論，數困之，故好學者頗復受《穀梁》。沛蔡千秋少君、梁周慶幼君、丁姓子孫皆從廣受。千秋又事皓星公，爲學最篤。宣帝即位，聞衛太子好《穀梁春秋》，以問丞相韋賢、長信少府夏侯勝及侍中樂陵侯史高，皆魯人也，言穀梁子本魯學，公羊氏乃齊學也，宜興《穀梁》。時千秋爲郎，召見，與《公羊》家並說，上善《穀梁》說，擢千秋爲諫大夫給事中，後有過，左遷平陵令。復求能爲《穀梁》者，莫及千秋。上愍其學且絕，乃以千秋爲郎中戶將，選郎十人從受。汝南尹更始翁君本自事千秋，能說矣，會千秋病死，徵江公孫爲博士。劉向以故諫大夫通達待詔，受《穀梁》，欲令助之。江博士復死，乃徵周慶、丁姓待詔保宮，使卒授十人。自元康中始講，至甘露元年，積十餘歲，皆明習。乃召五經名儒太子太傅蕭望之等大議殿中，平《公羊》、《穀梁》同異，各以經處是非。時《公羊》博士嚴彭祖、侍郎申輓、伊推、宋顯，《穀梁》議郎尹更始、待詔劉向、周慶、丁姓並論。《公羊》家多不見從，願請內侍郎許廣，使者亦並內《穀梁》家中郎王亥，各五人，議三十餘事。望之等十一人各以經誼對，多從《穀梁》。由是《穀梁》之學大盛。慶、姓皆爲博士。

曰洪儒」〔註41〕；相對於孔融褒崇鄭玄，以「公者，仁德之正號」而稱鄭君鄉爲「鄭公鄉」〔註42〕，前漢「瑕丘江生」由司馬遷筆下「通一經之儒生」，來到後漢被班固改寫爲「通一經以上」之「仁德儒者」「瑕丘江公」，是以《公羊》、《穀梁》二傳之地位變化，在史傳對師承論述的改動，即可窺見。再進一步對比，司馬遷筆下「瑕丘江生」、「董仲舒」的「生」、「字」文例，在班固手中則是「瑕丘江公」、「董生」的「公」、「生」文例，其中的變化即意味《公羊》、《穀梁》二家《春秋》學之勝利者取得話語權的結果。「儒林傳」中的「名、字、生、公」文例本身，實具有一倫理關係，運用之間反映著史傳作者及其時代的認識與觀感，可以觀察出學術的消長。

唐人劉知幾說傳主「稱謂不同，緣情而作，本無定準」〔註43〕，「史論立言，理當雅正」〔註44〕，「用捨之道，其例無恆」。〔註45〕尋此「儒林傳」文例之分析，班氏即未完全承襲司馬遷之敘事及其個人評價，而多作變異。范曄《後漢書‧儒林列傳》中，前、後傳主相扣之筆法，如李育現身於〈何休傳〉、何休現身於〈服虔傳〉之《春秋》經師傳文，於班固手上已見「胡毋生、董仲舒與瑕丘江公」敘事之互見情況。稱謂之變動，於《史記》、《漢書》則明顯見到董仲舒與「瑕丘江生／公」在《春秋》學地位上的變化；次序之移向，則由《史記》「董氏、胡毋氏」移動爲《漢書》「胡毋氏、董氏」之順序。與《漢書》同樣處於後漢的鄭玄，於其《六藝論》有同樣的次序。按《公羊疏》所徵引：

> 《六藝論》云：「治《公羊》者，胡毋生、董仲舒。董仲舒弟子嬴公，嬴公弟子眭孟，眭孟弟子莊彭祖及顏安樂，安樂弟子陰豐、劉向、王彥。」〔註46〕

姓至中山太傅，授楚申章昌曼君，爲博士，至長沙太傅，徒眾尤盛。尹更始爲諫大夫、長樂戶將，又受《左氏傳》，取其變理合者以爲《章句》，傳子咸及翟方進、琅邪房鳳。咸至大司農，方進丞相，自有〈傳〉。」這則後續故事以漢宣帝認同《穀梁傳》爲轉折點，不僅產生了《穀梁》學大盛的效果，也展開了《左氏傳》的傳習。參見：《漢書》，卷八十八，〈儒林傳第五十八〉，頁3617～3618。

〔註41〕 《春秋公羊注疏》，〈監本附音春秋公羊注疏序〉，頁4a。
〔註42〕 《後漢書》，卷三十五，〈張曹鄭列傳第二十五〉，頁1208。
〔註43〕 《史通通釋》，卷四，〈稱謂第十四〉，頁108。
〔註44〕 《史通通釋》，卷四，〈稱謂第十四〉，頁109。
〔註45〕 《史通通釋》，卷四，〈稱謂第十四〉，頁110。
〔註46〕 《春秋公羊注疏》，〈監本附音春秋公羊注疏序〉，頁3b。《公羊疏》解何休「說

同樣爲「董氏、胡毋氏連比」，但鄭玄序「胡毋生」在董仲舒之前，正得解釋何休所以言胡毋子都書《傳》於竹帛，題其親師之姓氏，冠在此《傳》上，以明淵源。〔註47〕可見班固、何休與鄭玄身處後漢時代所共知的《春秋》學史，其《公羊傳》宗主地位應是胡毋生，而非清人漢學視野中的董子、董氏。〔註48〕任何將「董仲舒、何休」繫爲一體的《公羊》學史與師承脈絡，當見重新反思之必要性。

　　揆諸史、漢之例，似乎躋身「儒林傳」者皆任博士官而爲士子所宗。以此標準視之，何休不當入「儒林傳」。今人嘗考論兩漢博士官與議郎之關係，以皆明習經典出身，得膺此任以掌顧問應對，惟博士員額有定限，故無員時乃改拜議郎。〔註49〕但這並不足以說明范曄次傳服虔、潁容等人的情況，面對這微妙的現象，勢必重新考慮范曄對後漢儒林有何設想。

　　兩漢「儒宗」之定位，出現在班氏《漢書》爲「董仲舒」安排的位置上。《漢書》將《史記・儒林列傳》中的「董仲舒」升階於〈列傳〉一事，意味難盡言語。史家以爲特筆拔擢，比於司馬遷對「孔子」升位〈世家〉，蓋見其因時制宜，有所更替。〔註50〕後漢五經十四家博士中，嚴、顏二家《公羊》學皆出自董仲舒，董氏兼論陰陽、五行、災異之奧義，更在劉向之上。董仲舒在後漢之定位，從「王者佐」移向「儒者宗」，於班固的史筆中固定下來。但在何休的眼光中卻非如此，反而迎接連儒者宗都得「著書稱其德」的胡毋生及其條例來校正《公羊》義理。何休《春秋公羊解詁》在桓、靈之世冷落深受先帝及先師重視的董仲舒，若要得到朝廷及嚴、顏二家博士學認可，乃

　　者疑惑」云：「此說者，謂胡毋子都、董仲舒之後，莊彭祖、顏安樂之徒。」
　　不僅見有同於鄭玄序次之觀念，更同何休稱胡毋氏之「字」。

〔註47〕孔子說「唯名不可以假人」，「名不正則言不順」。師承系譜及其稱謂的確定，
　　　　反映在作者進行書寫的當下，更是如此。

〔註48〕此議出自康有爲（1858～1927）之《春秋董氏學》，康氏認爲董仲舒「軼荀超
　　　　孟，實爲儒學羣書之所無」，且質疑「若微董生，安從復窺孔子之大道哉？」
　　　　故欲抬高其地位，由「董生」而爲「董子」，以名其《春秋》學。參見：氏著
　　　　《春秋董氏學》（臺北：商務印書館，2011年10月初版二刷），頁3～6。

〔註49〕葛志毅，〈兩漢的博士與議郎〉，《史學集刊》，1998年第3期，頁1～6。

〔註50〕《史記索隱》「教化之主」、「代有賢哲」與《史記正義》「六藝之宗」、「至聖」
　　　　的解釋，並未能很好底呼應〈仲尼弟子列傳〉與〈孔子世家〉二篇之關係。
　　　　弟子「師事」孔子，與群儒「宗事」群儒首席，亦有意義上的不同，是故〈孔
　　　　子世家〉似未可直接藉「儒者宗」之概念來分析。參見：《史記》，卷四十七，
　　　　〈孔子世家第十七〉，頁1905。

至其他《公羊》經師的認同，可能並不容易。范曄筆下的「倖臣」與「本義」，在何休所側身的儒林傳中稍加多了點色彩。拉遠點來看，清人自常州劉氏以降，好言「董何」，以「董仲舒」連結「何休」去構成兩漢今文學、《春秋》學之兩大棟樑，二人精研覃思，董氏「三年不闚園」比之何氏「不闚門十有七年」，如此稱美之餘，其實喪失甚多細節。在范書的場合，諸儒委身在「宦者」與「文苑」二列傳之間，這兩種讓人有些容易聯想到司馬遷的概念，未列入〈儒林列傳〉的鄭玄並不同伍，班書至少列論諸儒於揚雄之前。范曄說心嚮仲尼之業的鄭玄曾經夢到孔子，如今在他的筆下，鄭玄比起《史記》、《漢書》裡的二位「儒者宗」叔孫通、董仲舒，出現在〈鄭玄傳〉中的孔子讓鄭玄更像是儒者宗，而且諱稱其名而直稱其字「康成」的表記法，更是與董仲舒相去不遠。

其實回過頭來思考，既然在後漢已出現尊崇董氏與否態度，《春秋》與《公羊》學也將會是進一步分立的局面，無論是博士系譜中的范升到李育，乃至譜外的何休身上也必須是一種抉擇。簡言之，「董仲舒」可能會在兩漢形成一個照現個人在《春秋》學領域中身處何處的命題，且迄今依舊。〔註 51〕雖說如此，卻不表示淑世與述學這兩種理想必須相悖，士人透過經典詮釋來實踐匡弼時政的目標，以匡弼時政作為經典詮釋的指導方針，這也是後漢士人對孔子的普遍理解，而鄭玄與何休都將自己置身於其中，但也有各自的進路。〔註52〕《春秋公羊解詁》若要等同於「何休學」必須得有一段漸進的漫長過程，范曄雖留下許多線索，卻沒有說明得夠清晰，其中有三關，及其它被後人忽略以致失落的環節。既然何休對時局懷抱強烈的危機感，並企圖將自己的人生意義刻入經典，據此來改變世界，交錯於政治與學術的歷史書寫理當有所回應。而史家在描繪傳主人物生平的過程中，與讀者們一同扮演了極其微妙的角色。

〔註51〕「董仲舒」、「董生」、「董子」、「董氏」一同在後世降及清人的視域時，這個失去當代性處境的命題，劇減為學說內容的追尋，與傳世文本的重釐。當清人急於建構有益於世的《春秋》學，連接起兩漢一脈的傳習之路，兩端原有或該有的歧出，都憑空消失。劉逢祿筆下的「董何」一詞提供後人許多未曾夢想過的圖像，雖然他們的原意，是要請「董仲舒」來為「輸給鄭玄的何休」加持，說服反對與質疑《公羊》義的學者去接受，並拜倒在孔子寓意在《春秋》一書的偉大理想之下，但少有質疑過何氏對董氏的抗拒，更何況何休是否承認自己已然被鄭玄擊敗？顯然許多文獻都沒有像范曄寫得如此誇大。

〔註52〕如何詮釋「志在《春秋》」之意，端看如何理解「春秋」一詞。

第二節　兩漢《春秋》學與何休的自我定位

　　按《後漢書·儒林列傳》，范曄強調何休研治《公羊》的時間極長，「覃思不闚門，十有七年」〔註53〕，似有意追比班氏〈董仲舒傳〉「三年不闚園，其精如此」之敘事筆法。〔註54〕雖然何休「精研」《公羊》學的時間較遲晚而久長，卻不能離開政治背景：得其父蔭任卻辭官不仕，卻接受汝南名士陳蕃（？～168）禮聘成為其幕僚，直到漢靈帝建章元年（168）陳蕃聯合士人謀誅宦官事敗為止，何休受到牽連而遭到禁錮，此後方是他潛心經籍、究學《公羊》的開始。〔註55〕對照鄭玄學成歸鄉，卻受禁錮不得任官，雖然同樣不離政治目的，何氏有志於學的出發點似乎與「學而優則仕」的慣例不大相通，但在范曄的定位中，何休與其他家學淵源的經師並列於〈儒林列傳〉。

　　後人接受史傳的轉載，乃知漢儒何休享譽於世的成就，主要就是何氏在《公羊》學上的造詣，並表現在他為了註解《春秋》與《公羊》經傳而撰成的《春秋公羊解詁》上。此書在諸種因緣際會下，成為漢代《公羊》學的翹楚，亦是後世研究《春秋》學者必讀之作。據范曄在《後漢書》的追述，何休深究六經的程度，當世已無人能夠相提並論：「精研六經，世儒無及者」。〔註56〕這份讚譽或許溢美，但對照後漢士人「兼通」、「會通」、「通」之學風，范氏反映了一種微妙的相對關係，即「精一」與「博通」之用語。觀范氏筆下之「通儒」，於其《後漢書》諸傳記中，范氏稱為通人、通儒，兼

〔註53〕《後漢書》，卷七十九下，〈儒林列傳第六十九下〉，頁 2583。王先謙（1842～1917）引述清人錢大昕（1728～1804）云：「案陳蕃事敗在建寧元年九月，是歲歲在戊申，而休卒於光和五年壬戌，首尾僅十有五年，而晚年又應公府之辟，歷官議郎、諫議大夫，則著書杜門大約不過十年耳。光和二年以上祿長和海言令黨人禁錮小功以下皆除之，〈傳〉所謂『黨禁解』者，當在此時。至中平元年大赦天下黨人，則休已先卒矣。」又引惠棟語「徐彥云精學十五年」，即錢氏所考何氏自禁錮以來至黨禁解除之年數，正與《公羊疏》「何邵公精學十五年」合。參見：《春秋公羊注疏》，〈監本附音春秋公羊注疏序〉，頁 4b；王先謙，《後漢書集解》（臺北：藝文印書館影乙卯秋中長沙王氏校刊本，版次不詳），卷七十九下，〈儒林列傳第六十九下〉，頁 922ab。然而再加細較，時間恐怕比十五年更短，請參見附錄〈范曄《後漢書·何休傳》再釋〉。

〔註54〕《漢書》，卷二十六，〈董仲舒傳第五十六〉，頁 2595。

〔註55〕陳蕃謀諸宦官事，見：《後漢書》，卷六十六，〈陳王列傳第五十六〉，頁 2170；卷六十九，〈竇何列傳第五十九〉，頁 2241～2244 何休「坐廢錮」事，見：《後漢書》，卷七十九下，〈儒林列傳第六十九下〉，頁 2583；「好《公羊》學」之時間，見：《後漢書》，卷三十五，〈張曹鄭列傳第二十五〉，頁 1207。

〔註56〕《後漢書》，卷七十九下，〈儒林列傳第六十九下〉，頁 2583。

通博極經緯之學者略有：魯丕〔註57〕、桓譚〔註58〕、鄭眾〔註59〕、賈逵〔註60〕、姜肱〔註61〕、申屠蟠〔註62〕、張衡〔註63〕、任安〔註64〕、程曾〔註65〕、張玄〔註66〕、許慎〔註67〕、蔡玄〔註68〕、李郃〔註69〕、樊英〔註70〕、韓

〔註57〕 魯丕「兼通五經，以《魯詩》、《尚書》教授，爲當世名儒。……門生就學者常百餘人，關東號之曰『五經復興魯叔陵』」。參見：《後漢書》，卷二十五，〈卓魯魏劉列傳第十五〉，頁883。

〔註58〕 桓譚「博學多通，徧習五經，皆詁訓大義，不爲章句。能文章，尤好古學，數從劉歆、楊雄辯析疑異」。參見：《後漢書》，卷二十八上，〈桓譚馮衍列傳第十八上〉，頁955。

〔註59〕 鄭眾「年十二，從父受《左氏春秋》，精力於學，明三統歷，作《春秋難記條例》，兼通《易》、《詩》，知名於世」。參見：《後漢書》，卷三十六，〈鄭范陳賈張列傳第二十六〉，頁1224。

〔註60〕 賈逵「悉傳父業，弱冠能誦《左氏傳》及五經本文，以《大夏侯尚書》教授，雖爲古學，兼通五家《穀梁》之說」。參見：《後漢書》，卷三十六，〈鄭范陳賈張列傳第二十六〉，頁1235。

〔註61〕 姜肱「博通五經，兼明星緯，士之遠來就學者三千餘人」。參見：《後漢書》，卷五十三，〈周黃徐姜申屠列傳第四十三〉，頁1749。

〔註62〕 申屠蟠「隱居精學，博貫五經，兼明圖緯」。參見：《後漢書》，卷五十三，〈周黃徐姜申屠列傳第四十三〉，頁1751。

〔註63〕 張衡「世爲著姓。……少善屬文，游於三輔，因入京師，觀太學，遂通五經，貫六藝」。《後漢書》，卷五十九，〈張衡列傳第四十九〉，頁1897。

〔註64〕 任安「少遊太學，受《孟氏易》，兼通數經。又從同郡楊厚學圖讖，究極其術。時人稱曰：『欲知仲桓問任安。』又曰：『居今行古任定祖。』學終，還家教授，諸生自遠而至」。參見：《後漢書》，卷七十九上，〈儒林列傳第六十九上〉，頁2551。

〔註65〕 程曾「受業長安，習《嚴氏春秋》，積十餘年，還家講授。會稽顧奉等數百人常居門下。著書百餘篇，皆五經通難，又作《孟子章句》」。參見：《後漢書》，卷七十九下，〈儒林列傳第六十九下〉，頁2581。

〔註66〕 張玄「少習《顏氏春秋》，兼通數家法。……及有難者，輒爲張數家之說，令擇從所安。諸儒皆伏其多通，著錄千餘人」。參見：《後漢書》，卷七十九下，〈儒林列傳第六十九下〉，頁2581。

〔註67〕 許慎被時人稱譽爲「五經無雙許叔重」。參見：《後漢書》，卷七十九下，〈儒林列傳第六十九下〉，頁2588。

〔註68〕 蔡玄「學通五經，門徒常千人，其著錄者萬六千人。徵辟並不就。順帝特詔徵拜議郎，講論五經異同，甚合帝意。」《後漢書》，卷七十九下，〈儒林列傳第六十九下〉，頁2588。

〔註69〕 李郃「襲父業，遊太學，通五經。善河洛風星……」。參見：《後漢書》，卷八十二上，〈方術列傳第七十二上〉，頁2717。

〔註70〕 樊英「少受業三輔，習《京氏易》，兼明五經。又善風角、星算、河洛七緯，推步災異。隱於壺山之陽，受業者四方而至」。參見：《後漢書》，卷八十二上，〈方術列傳第七十二上〉，頁2721。

說〔註71〕、華佗〔註72〕、井丹〔註73〕、周舉〔註74〕、陳寵〔註75〕等，其聲譽在稱頌兼綜之學風，且於經學之外，更出入於法律、醫術，且不只列入活躍於後漢季年者。范曄對後漢「通人」與「通學」之觀察，已然跨越了學術與時間之界線。

乍看之下，流行於兩漢的《春秋》學從前漢設立太學與五經博士以來，似乎偏重在官學一脈的傳習狀態，細檢之則不盡如此。據《史記》與《漢書》所載，設立於京師的太學是在原有的民間傳授之外新增的途徑，其目的自始就清楚表明是爲了政治需要而培養人才，雖然《公羊》博士在太學有嚴、顏二家分別傳授，至於卸任及遷轉他職的博士與博士弟子出身的官僚，其實亦在太學之外，傳授二家之學。也就是說，《公羊》學有民間與太學兩種傳授途徑，各自也有兩套以上傳授脈絡，至如《漢書‧儒林傳》所載，顏氏《公羊春秋》又有泠豐、任公、筦路、冥都四家之學〔註76〕，嚴氏《公羊春秋》也有「樊侯學」〔註77〕、「張氏學」〔註78〕，碑志之中亦見「嚴氏《春秋》馮君章句」〔註79〕，這種再三分化而形成的內容，不僅不是太學教授的內容，甚

〔註71〕　韓説「博通五經，尤善圖緯之學」。參見：《後漢書》，卷八十二下，〈方術列傳七十二下〉，頁2733。

〔註72〕　華佗「遊學徐土，兼通數經」。參見：《後漢書》，卷八十二下，〈方術列傳第七十二下〉，頁2736。

〔註73〕　井丹「少受業太學，通五經，善談論，故京師爲之語曰『五經紛綸井大春』」。參見：《後漢書》，卷八十三，〈逸民列傳第七十三〉，頁2764。

〔註74〕　周舉「博學洽聞，爲儒者所宗，故京師爲之語曰『五經從橫周宣光』」。參見：《後漢書》，卷六十一，〈左周黃列傳第五十一〉，頁2023。

〔註75〕　陳寵「雖傳法律，而兼通經書，奏議溫粹，號爲任職相」。《後漢書》，卷四十六，〈郭陳列傳第三十六〉，頁1555。

〔註76〕　《漢書》，卷八十八，〈儒林傳第五十八〉，頁3617。

〔註77〕　「樊鯈……刪定《公羊嚴氏春秋》章句，世號『樊侯學』，教授門徒前後三千餘人。弟子穎川李脩、九江夏勤，皆爲三公。勤字伯宗，爲京、宛二縣令，零陵太守，所在有理能稱。安帝時，位至司徒。」參見：《後漢書》，卷三十二，〈樊宏陰識列傳第二十二〉，頁1125。意味「樊侯學」爲刪定「嚴氏《公羊春秋》章句」而形成的家法分流。

〔註78〕　「張霸……以樊鯈刪《嚴氏春秋》猶多繁辭，乃減定爲二十萬言，更名『張氏學』。」參見：《後漢書》，卷三十六，〈樊宏陰識列傳第二十六〉，頁1242。張霸刪定「樊侯學」之《嚴氏春秋》章句「繁辭」而形成「張氏學」，以再三「減省」爲趨勢的《嚴氏公羊春秋》家法對應士人荒怠學業的游談之風，呈現一種不得不的委屈，這即是何休藉初學者習訓詁之意，題其注《公羊傳》爲《春秋公羊解詁》的背景。

〔註79〕　據後漢桓帝和平元年（150）「嚴訢碑」載「嚴君諱訢，字少通。……治嚴氏

至相互排拒。本文所論及的何休或是鄭玄，都不曾擔任過《公羊》博士，也不見得出自官學的傳授譜系，這在兩漢《公羊》學史、《春秋》學史都是饒富趣味的兩個案例，讓後世學者在歸類先儒的過程中，產生過困擾。例如近人唐晏（1857～1920）所撰《兩漢三國學案》，於其「春秋」篇云：

> 嚴氏、顏氏二家皆出於董仲舒，本一家也。然以《石經》考之，知蔡邕所書，嚴氏本也；何休所注，顏氏本也。二本間有不同，《石經》已明言之。是以《石經》於顏氏本有無不同之處，往往注出，是真歧中之歧也。至於漢儒習嚴氏者多，習顏氏者鮮。至何《注》行，而嚴本亡矣。〔註80〕

蔡邕等人在熹平年間奉漢靈帝詔，勒石書經於洛陽太學門外，何休卒於靈帝光和五年（182），故學者據石經以考何休所用傳本。唐晏以「近代惠氏以《石經》考定何休為顏氏家言，故列之為顏氏派下」。〔註81〕然另據王國維（1877～1927）〈漢魏博士考〉所考，《熹平石經公羊傳》據嚴氏並注出顏氏所異處，何休《春秋公羊解詁》兼用嚴、顏二家本，並不能推定為顏氏博士學。〔註82〕按范氏〈儒林列傳〉，李育雖以「理證」詰難賈逵，何休所述李育意當屬於此，卻未可遽論何休之學得自《公羊》博士李育。據近人劉師培（1884～1919）說：

> （何）休學亦非博士家法也。……范書于育、休二傳一言習《公羊春秋》，一言作《春秋公羊解詁》，不言所習為「某氏春秋」，則所傳異於嚴、顏，故《解詁》所據本既殊嚴氏，所持之說復與顏氏不同，安得以為休學為博士之學乎？〔註83〕

《春秋》馮君章句。……」參見：《隸釋・隸續》，「隸續」，卷三，「嚴訢碑」，頁307b～308a。

〔註80〕 唐晏撰，吳東民點校，《兩漢三國學案》（臺北：仰哲出版社，1987年11月），卷八，〈春秋〉，頁434。

〔註81〕 此為清人惠棟（1697～1758）於《九經古義》所陳之說。參見：《兩漢三國學案》，卷八，〈春秋〉，頁433～434。

〔註82〕 黃彰健據王國維所說，認為晉博士有公羊顏氏、何氏，則何氏又與顏氏學異。故以《後漢書・儒林傳》次序推測，李育、何休或屬《公羊春秋》顏氏學，然無確證。按范氏〈何休傳〉所記，何休既未曾擔任《公羊》博士，業已「略依胡母生條例」、「不與守文同說」，是後世立於學官為《公羊》何氏，自有家法、所據之本。參見：《經今古文學問題新論》，〈論曹魏西晉之置十九博士，並論秦漢魏晉博士制度之異同〉，頁461。

〔註83〕 劉師培，《劉申叔遺書（下冊）》（上海：江蘇古籍出版社，1997年），〈書魏默深《古微堂集》後〉，頁1230。黃彰健伸張其說：「劉師培認為：何休之學源

惠棟（1697～1758）、王國維、黃彰健諸學者據「漢熹平石經」殘石考訂何休《春秋公羊解詁》之源流，惠說何氏學本於顏氏，王說何休綜兼二家之本，黃氏則據何休〈春秋公羊解詁序〉所言「胡毋生條例」及昭公二十五年傳文「甾」字異於石經殘石「側」字，大膽推論何休兼綜二家博士本外，或可能採用胡毋生本。〔註84〕以顏氏學式頹，乃至博士名儒多缺，唯何休存其文以正嚴氏異義，合於范甯受學時所見「何、嚴之訓」。〔註85〕

　　細觀范氏文意，其於〈鄭玄傳〉言「時任城何休好《公羊》學」一句，對於何休及其學問已有清楚的表述。不僅可察知，此「時」之前的何休並未特別「好」學《春秋》，此後所好則為不言家法之《公羊》，既非此嚴氏，亦非彼顏氏，更不是冷豐、冥都等人分化而生的私人名家之學。近人努力要從「熹平石經《公羊傳》」去辨析何休《春秋公羊解詁》所據文本之嘗試，其結果眾說紛紜，恐怕何休自始就兼用之。前人或許專主文獻之查考，而未發覆《隋書‧經籍志》對「《春秋公羊傳》十二卷嚴彭祖撰」〔註86〕的記載，參照范甯受學《公羊》所謂「何、嚴之訓」的說法，「何氏訓」之內容不僅與嚴氏有異，亦已不可能同於顏氏說，正因何氏學若師從顏氏家法，自無分家之理。縱然漢末之《公羊傳》有二種版本，依附其上的是博士章句，何氏既於〈春秋公羊解詁序〉抨擊此等守文師說，並藉由「胡毋生條例」，重釐其義理，透過傳例去復興、重構《公羊》學，如何有重複嚴、顏二家說之可能？恐怕「胡毋生條例」在何氏精研《公羊》學的過程中，重要性已非嚴、顏二家博士章句及其所據《傳》文可比。〔註87〕

　　但在唐晏的分類中，鄭玄所通為「《公羊》嚴氏」，而何休為「《公羊》顏氏」，這種對立頗堪玩味與反思。嚴、顏二家之異於今尚未得窺全豹，唯據清

　　　　出於胡毋子都及李育，劉說蓋可信。……很可能《嚴氏春秋》之長處已被何休吸收，故魏晉時立博士，即省嚴彭祖一家，而以何休代替，頗疑何休之師羊弼當為嚴氏博士。」參見：《經今古文學問題新論》，〈論漢石經〉，頁279～283。筆者以為，即使羊弼為嚴氏《公羊》博士，抨擊《公羊》先師「守文持論、敗績失據」的何休仍然是具備「古文經議郎」資格的《春秋》與《公羊》經傳義理擁護者。

〔註84〕《經今古文學問題新論》，〈論漢石經〉，頁279～283。
〔註85〕《春秋穀梁傳集解》，〈監本附音春秋穀梁傳注疏序〉，頁7b。
〔註86〕《隋書》，卷三十二，〈志第二十七‧經籍一〉，頁930。
〔註87〕熹平石經《公羊傳》呈現的是嚴、顏二家博士家法，但何休卻是要糾正此類「倍經，任意，反傳違戾」，「時加釀嘲辭，援引他經，失其句讀，以無為有」的內容。參見《春秋公羊注疏》，〈監本附音春秋公羊注疏序〉，頁4b。

人所輯諸條略示如下。

嚴彭祖：

　　孔子將脩《春秋》，與左丘明乘如周，觀書于周史。歸而脩《春秋》，
　　丘明爲之《傳》，共爲表裏。

　　《春秋》之誼，父不祭於支庶之宅，君不祭於臣僕之家，王不祭於
　　下士諸侯。

　　周王爲天囚。〔註88〕

顏安樂：

　　魯十二公，國史盡書「即位」，仲尼脩之，乃有所不書。

　　從襄二十一年之後，孔子生託，即爲所見之世。

　　世人云：雨雪其雰，臣助君虐。〔註89〕

以上六條佚義中，最特別的部份是嚴氏學主張承認左丘明之《傳》的地位，讓它可以從屬於孔子所修《春秋》，「共爲表裏」，幾乎快把《左氏傳》等同於《春秋》了，這是非常微妙的一項特點。唐晏將承認《左氏》與《春秋》「共爲表裏」的鄭玄列進「《公羊》嚴氏」，而將「詰難《左氏》解讀《春秋》」地位的何休列在對立面，誠屬相當細緻的辨析與推測。但是援引《左氏》義來補充《公羊》一同解釋《春秋》的人，其實是何休。

　　在兩漢《公羊》學的傳授中，前文曾提及的張玄（生卒不詳，約當光武帝時）是范曄《後漢書・儒林列傳》中唯一登錄的顏氏博士，范曄說：

　　（張玄）…少習顏氏《春秋》，兼通數家法。建武初，舉明經，補弘
　　農文學，遷陳倉縣丞。清淨無欲，專心經書，方其講問，乃不食終
　　日。及有難者，輒爲張數家之說，令擇從所安。諸儒皆伏其多通，
　　著錄千餘人。……後玄去官，舉孝廉，除爲郎。會顏氏博士缺，玄
　　試策第一，拜爲博士。居數月，諸生上言玄兼說嚴氏、冥氏，不宜
　　專爲顏氏博士。光武且令還署，未及遷而卒。〔註90〕

張玄的尷尬處境與不幸遭遇，顯示後漢官學與民間學對於家法的講求與觀感原來並不一致。張玄在光武帝建武初年，因明經之資格，始補任郡文學，再遷縣丞，去官後，再舉孝廉、授郎官，後乃拜爲博士，其背景並不顯赫。當

〔註88〕　《兩漢三國學案》，卷八，〈春秋〉，頁425。
〔註89〕　《兩漢三國學案》，卷八，〈春秋〉，頁432。
〔註90〕　《後漢書》，卷七十九下，〈儒林列傳第六十九下〉，頁2581。

博士弟子檢舉張玄不守顏氏家法，光武帝處理此事的方向，是讓張玄從顏氏博士遷回郎官〔註91〕，依然要借重張玄的學識來爲朝廷服務。這就是說，博士官必須遵守官方規定的講授規程，其他職事並不受限。按諸史傳，顏安樂將《公羊春秋》傳授給冷豐、任公，冷豐官至太守，任公官至少府，「由是顏氏有冷、任之學」。〔註92〕嬴公弟子貢禹，其學成於眭孟，貢禹之再傳弟子冥都又師從顏安樂；孟卿弟子疏廣，疏廣授筦路，筦路亦師從顏安樂，「故顏氏復有筦、冥之學」。〔註93〕「顏氏學」相對「嚴氏學」具有明顯的分化情節，所謂冷、任、筦、冥諸家之學有兩種形成類型，一種是顏氏之徒再傳而形成，這可能較仰賴傳習者自我的發悟與貫通；另一種是與其他家法的相互撞擊之後，再形成以顏氏家法爲裝飾或爲底蘊的變奏。這些源自「顏氏《春秋》」的新家法之學，張揚師法「顏氏學」之淵源，在民間專門傳授。它們的「家法」既異於「師法」，自然不會得到官方的認可，也不被視爲「顏氏學」之正統，尤其在太學裏，更足以成爲博士弟子鬥爭五經博士不守師法的有力證據。易言之，在官方認可的家法中，另外成立的專門之學，只能在民間傳習，其內容無法在太學中講授。參照清人覓得的嚴氏義，站在對立面的顏氏《公羊》學不見得承認《左氏》對於《春秋》「共爲表裏」關係，更見何氏《公羊》與二家之不同處。

　　面對以上諸種說法，何休果眞如唐晏的分類，屬於「顏氏《春秋》」家？按《公羊疏》中的學者問答：

> 問曰：鄭氏云「九者，陽數之極」，九九八十一，是人命終矣，故《孝經援神契》云「《春秋》三世，以九九八十一爲限」。然則隱元年盡僖十八年爲一世，自僖十九年盡襄十二年又爲一世，自襄十三年盡哀十四年又爲一世，所以不悉八十一年者，見人命參差，不可一齊之義。又顏安樂以襄二十一年孔子生後，即爲所見之世。顏、鄭之說，實亦有途，而何氏見何文句，要以昭、定、哀爲所見之世，文、宣、成、襄爲所聞之世，隱、桓、莊、閔、僖爲所傳聞之世乎？

> 答曰：顏氏以爲襄公二十三年「邾婁鼻我來奔」，傳云：「邾婁無大夫，此何以書？以近書也。」又昭公二十七年「邾婁快來奔」，傳云：

〔註91〕既已拜爲博士，可能是改在比六百石的五官中郎或議郎。
〔註92〕《漢書》，卷八十八，〈儒林傳五十八〉，頁3617。
〔註93〕《漢書》，卷八十八，〈儒林傳五十八〉，頁3617。

－97－

「邾婁無大夫，此何以書？以近書也。」二文不異，同宜一世，若
分兩屬，理似不便。又孔子在襄二十一年生，從生以後，理不得謂
之「所聞」也。顏氏之意，盡於此矣。何氏所以不從之者，以爲凡
言「見」者，目睹其事，心識其理，乃可以爲「見」，孔子始生，未
能識別，寧得謂之「所見」乎？故《春秋說》云「文、宣、成、襄
所聞之世不分疏」，二十一年已後明爲一世矣。邾婁快、邾婁鼻我雖
同有以近書之傳，一自是治近升平書，一自是治近大平書，雖不相
干涉，而漫指此文乎？鄭氏雖依《孝經說》文，取襄十二年之後爲
所見之世，爾時孔子未生，焉得謂之「所見」乎？故不從之。〔註94〕

《公羊疏》對比諸說，認爲鄭玄對《春秋》自「襄十三年至哀十四年」爲「所
見之世」的主張，是以《孝經緯》對「人命終於陽數之極九九八十一」的理
論推算而出，從此分出三段《春秋》紀年，各爲「所見」、「所聞」、「所傳聞」
之三世。〔註95〕唐晏心中歸屬「嚴氏《春秋》」的鄭玄，在此與「顏氏《春秋》」
之區別，是後者主張「襄二十一年孔子生」展開「所見之世」，以鄭玄身處的
時代來講，可視爲他根據《孝經緯》針對顏安樂《春秋》學所發出的異議。
但以《孝經》之「緯」解《春秋》經，很難想像這會是「嚴氏《春秋》」的師
法。而在何休看來，諸家共同遵循的《公羊傳》文，必須以「孔子」其人對
於《春秋》之合理關係爲依歸，未可一概通解，顏安樂與鄭玄的主張都有不
近情理處。藉由上述顏氏、鄭氏與何氏對於《春秋》三世的異議與各自主張，
得見何休與鄭玄其左、右祖之對立關係不見得可以按照嚴、顏二家官方《春
秋》學來歸屬與詮釋。

承此，何休在政治禁錮期間「好《公羊》學」，陸續寫作「三闕」與《春
秋公羊解詁》之始末，其實質疑了此前《公羊》、《穀梁》、《左氏》三傳相承之
師說，尤其承續董仲舒以降「倍《經》、任意、反《傳》違戾」之「嚴、顏」
二家官方學，亦爲何氏透過重新註解《公羊傳》而極欲否定之對象，而流露出
對當今朝廷的質疑與否定的立場。在這層意識與使命感的推動下，何休與鄭玄
在漢末時局的對立關係，必須升高到超越利祿與門戶之見的層次。無論鄭玄居

〔註94〕《春秋公羊注疏》，卷一，頁 7ab。

〔註95〕清人趙在翰輯此條《孝經援神契》文，認爲何休、鄭玄「理各相通，義均有
取。徐疏不達其恉，疏矣」。參見：〔清〕趙在翰輯，鍾肇鵬、蕭文郁點校，《七
緯（附論語讖）》（北京：中華書局，2012 年 9 月第 1 版第 1 次印刷），卷三十
六，〈孝經緯之一·孝經援神契〉，頁 686～687。

何陣營、持何矛戟，皆難動搖何氏復興《春秋》以伸張孔子意欲「撥亂反正」的意志。

第三節　「何休傳」之師承敘事

　　根據史傳，何休出身於「任城國，樊縣」。任城何氏之源流不詳，唯據宋人洪适《隸釋》載「天下碑錄」有「漢少傅何君碑。在任城縣墓下。」〔註96〕按照歸葬風俗，此「少傅何君」或為任城人氏，然兩漢少傅為二千石、掌太子官屬之要職，即使為死後追贈，今於兩《漢書》仍未見其人。〔註97〕又《續隸》卷第十二，「韓敕孔廟後碑陰」載「兗州從事任城樊何榮酏公三千。」〔註98〕此「州從事」為州牧自辟僚屬，例用在地人士，故此文所載「何榮」應屬任城樊縣之何氏家族，適見在當地具有相當社經地位，為同族「仕於州郡」之例。〔註99〕該碑文末書「永壽三年七月廿八日孔從事所立」〔註100〕，按永壽為後漢桓帝年號，是年（157）何休約當二十九歲，距靈帝即位、竇武與陳蕃敗死之建寧元年（168）尚有十一年。據范傳本文，何休之父何豹（生卒不詳，當在桓帝時），曾任官為少府卿（中二千石），故何休以列卿子弟蔭任為郎中。〔註101〕爾後，何休被汝南名士、太傅陳蕃（？～168）聘為幕僚，直到

〔註96〕《隸釋‧隸續》，「隸釋」，卷二十七，「酈天下碑錄」，頁286b。

〔註97〕據《禮器碑》之漢隸「**府**」、「**傅**」文字來推測，筆者以為「府」字與「傅」字形、音皆相近，或許「少傅」為「少府」訛誤。何休之父為「少府」何豹，職事與皇帝親近，若卒官則碑書「少府」，贈官則有可能為同為秩中二千石的「少傅」。但後漢省置少傅，亦未見大臣身故贈官之例，故此墓為「何豹墓」的可能性偏小。關於何豹任官的討論，請參見附錄〈范曄《後漢書‧何休傳》再釋〉。

〔註98〕《隸釋‧隸續》，「隸續」，卷十二，「酈天下碑錄」，頁399a。

〔註99〕范曄在〈何休傳〉言及何休辭去郎中以後，「不仕州郡」。參見：《後漢書》，卷七十九下，〈儒林列傳第六十九下〉，頁2582。

〔註100〕《隸釋‧隸續》，「隸續」，卷十二，「酈天下碑錄」，頁401a。

〔註101〕兩漢郎中屬光祿勳。光祿勳原為秦官「郎中令」，秩中二千石，「掌宿衛宮殿門戶，典謁署郎更直執戟，宿衛門戶考其德行而進退之。郊祀之事，掌三獻」。光祿勳轄有七署，其中三署：五官中郎將、左中郎將、右中郎將各率領名額不定的中郎（比六百石）、侍郎（比四百石）、郎中（比三百石）三等郎官。這些三署郎官以年逾五十者歸在五官中郎將轄下，三等職銜皆另冠「五官」二字，但三署郎官職掌相同。三署郎「皆主更直執戟，宿衛諸殿門，出充車騎」，他們對光祿勳、五官左右將致敬，「於三公諸卿無敬」。三署郎職責重大，但職司簡單、親近貴冑，便於遷轉其他官職，「故卿、校尉、牧守待價於此」，

靈帝建寧元年陳蕃起事失敗爲止，遂受牽連遭到禁錮。

關於何休結識陳蕃的時間，筆者以爲最早的可能時間約當何休爲郎中，而陳蕃擔任光祿勳前後，最遲則當桓帝崩殂之年。陳蕃擔任尙書時，曾上疏提及「三署郎吏二千餘人，三府掾屬過限未除」的問題對策，建議應當「擇善而授之，簡惡而去之」。日後，陳蕃右遷光祿勳，與五官中郎將黃琬共同典選，汰冗去蕪、拔擢良士。桓帝治世米穀價平而郎官浮濫，致「三署郎吏二千餘人」。〔註102〕陳蕃接連除弊，頗有澄清治世之意。何休辭去郎中、不仕州郡，卻接受陳蕃的禮聘，擔任其幕僚，似乎陳蕃爲人處事應當合於何休之理念。那麼不禁要問，陳蕃與清流士人密謀誅殺內侍宦官，此一行爲是否符合何休的價值判斷？也合乎《春秋》義嗎？范曄說何休因受到陳蕃牽連而遭受禁錮後，「與其師博士羊弼追述李育意以難二傳」，其傳記敘事從政治移向經術的轉換，正是兩者互爲表裡的呈現。何休費時撰著《春秋公羊解詁》一事，亦可視爲後漢晚期黨錮始末的思想側寫，這個時段基本上已完全涵括了何休從靈帝建寧元年（168）遭受禁錮，光和二年（179）起解禁「小功以下」〔註103〕黨人，重受辟任司徒掾、拜議郎、右遷諫議大夫，到光和五年（182）逝世爲止的後半生。尤其何休撰寫《公羊墨守》、《穀梁廢疾》、《左氏膏肓》等作品之時，正可能處於他與鄭玄俱被禁錮之初〔註104〕，易言之，《公羊墨守》、《穀梁廢疾》、《左氏膏肓》之撰成

成爲許多權貴子弟入仕起家的首選。前漢宣帝時，司馬遷外孫楊暉任中郎將，曾整頓過三署郎，「薦舉其高第有行能者，多至郡守、九卿」；後漢明帝時，其女館陶公主便曾傳出爲子求郎遭拒，明帝賜錢十萬的軼聞。依何休卒年與職銜推算，當時應爲左中郎將或右中郎將所屬。參見：《後漢書》，卷，〈百官二〉，頁 3574～3578；三署郎雖無常員，但在千人以下，千餘人爲多，杜氏又引漢明帝語：「夫郎官上應列宿，出宰百里，苟非其人，人受其殃。」參見：《通典》，卷二十九，〈職官十一・武官下〉，頁 805～806。

〔註102〕《後漢書》，卷六十六，〈陳王列傳第五十六〉，頁 2161。三署郎依品秩分爲三等，假設各有八百人爲現役者，計二千四百人，依後漢百官受俸例，諸郎官月俸：中郎比六百石爲五十斛、侍郎比四百石爲四十斛、郎中比三百石爲三十七斛，則朝廷每月僅三署郎就需支出達十萬一千六百斛，負擔不小。參見：《續漢書志》，卷二十八，〈百官五〉，頁 3632。

〔註103〕光和二年四月丁酉「大赦天下，諸黨人禁錮小功以下皆除之」，其範圍自黨人曾祖以下五世親屬，非血親的故吏舊屬、門生弟子等人亦得解除禁錮。參見：《後漢書》，卷八，〈孝靈帝紀第八〉，頁 343。

〔註104〕時當建寧二年（169），杜密與李膺等人「皆爲鉤黨，下獄」，「諸附從者錮及五屬」，「制詔州郡大舉鉤黨」，遂牽連故吏鄭玄、孫嵩等人。鄭玄自言「坐黨禁錮，十有四年」，似未自光和二年（179）詔令解禁，而待中平元年（184）黃巾亂起，遂於三月壬子「大赦天下黨人」，年數方近。參見：《後漢書》，卷

早於《春秋公羊解詁》，二者代表何休先後的思維進路與不同的寫作策略，最終藉由整頓《公羊》義理去重構出適應當前政治的《春秋》學。

從自序《春秋公羊解詁》之緣起，何休對「治世要務」的熱切盼望，恐怕遠比鄭玄對「思整百家之不齊」的興趣要旺盛得更多。反之亦然，鄭玄臨老告囑其子益恩的書信，透露出早年遭遇黨錮而放棄出仕、專心述聖的抉擇。黨錮事件對何、鄭二人所產生的影響，這在學術史論述中並不容易彰顯出來，因為它不僅將主題之外的事物置於背景，甚至棄而不書。尤其早在范曄的史筆下，何、鄭因遭罹禁錮而興趣的志向，未曾得到史家理會：心求治世之人列位儒林，專意注經之人卻升晉諸傳。范氏立〈黨錮列傳〉在〈儒林列傳〉之前，遠遠底隔開了鄭玄與後漢諸儒，〈鄭玄傳〉在《後漢書》中的位置，甚至列在鄭興、鄭眾父子以及范升、陳元、賈逵諸儒以前。梳理近人對兩漢經今古文學問題所整理的脈絡，很容易發現鄭玄都是穩坐終點，置於篇末。〔註105〕同樣尊孔信讖，鄭玄卻自外於「志在《春秋》、行在《孝經》」而「與孔子一同」追尋周公之跡，仲尼、董仲舒、鄭康成在政治上的失意，「退居教授」的模式提供了後世對「儒宗」敬稱其字的典型。

按清人姚之駰（生卒不詳，康熙六十年進士）於《後漢書補逸》略敘後漢史之撰作及興替：

> 後漢史書，自當時人主命詞臣撰記，後其踵作者為紀為書凡十餘家，蓋人人自擬遷、固矣。范蔚宗書最晚出，不過集諸家之成，以傾液而漱芳耳。故當時雅重《東觀記》，與遷、固二書稱為「三史」。而外此謝、華諸書無一逸者，裴松之注《三國志》亦多引之，不專奉宣城也。自唐章懷太子留文學之士，同注范書，于儀鳳初年上之，有詔付秘書省，自是而諸書稍稍泯矣。故五代及初唐人，其類事釋書，尚多援引諸家者；至六臣注《文選》，其引范書已什之七八；迨宋淳化中，吳淑進〈注一字賦表〉，枚舉謝承《後漢書》、張璠《漢紀》、《續漢書》，以為皆彼時所遺逸者，意其時惟《東觀記》僅存耳。後景祐初年，余靖、王洙奉詔校范書，序其源委，臚列《東觀》以下七種，僅載卷帙之多寡，而於章懷之《注》，竟不能取諸書相參對，

八，〈孝靈帝紀第八〉，頁 330～331、348：卷三十五，〈張曹鄭列傳第二十五〉，
頁 1207～1209。
〔註105〕《經學歷史》，〈經學中衰時代〉，頁 153～157；〈經學積衰時代〉，頁 308。

則諸書之逸而不存，已如逝水飄風矣。〔註106〕

以「國史」觀點形成的正統脈絡，是從班氏《漢書》下接《東觀漢記》，姚氏雖不言及《東觀漢記》的諸多問題，但針對范曄《後漢書》崛起背景的略加描寫，首發李唐宗室藉由政治力量始推其波瀾，晚至南宋欲尋眾家書重校范書，已不可得。姚氏更進一步批評：

> 夫范書簡而明，疏而不陋，《史通》固亟稱之，然持論之間，不無倒置。議竇武、何進之誅宦寺為違天理，責張騫、班勇之使西域為遺佛書，抑謝夷吾、李郃于〈方術〉，枉董宣于〈酷吏〉，崇蔡琰于〈列女〉，而且〈志〉缺藝文，「贊」為贅語，流觀逸史，未必從同也。〔註107〕

此對范書諸不合情理處多加否定，即使范曄最引以為傲的論贊也無例外。姚氏並引《文中子》「古之史也辨道，今之史也耀文」〔註108〕一句，推想范曄亦一「耀文者」，以文論「創造者難工，潤色者易好」，范氏「集眾文而潤之」，「不得專美於後」。故云：

> 今以蔚宗所定為「正史」，而謝、華諸書等諸芻狗，是以《春秋》尊范書，吾未之敢信也。……今試以謝、華諸史與范校，其闕者半，其同者半。其闕者可以傳一朝之文獻，其同者且可以參其是非，較其優絀，于史學庶乎其小補也。〔註109〕

承姚氏之意，即可引為較論各種「何休傳記」之基礎。按宋人《太平御覽》引司馬彪《續漢書》：

> 何休，任城樊人。朴訥而精研《六經》，世儒無及者。〔註110〕

唐人虞世南（558～638）《北堂書鈔》二引謝承《後漢書》釋「何休得《公羊》本意」句：

> 何休字劭公，以《春秋》駁《漢事》，妙得《公羊》本意，作《公羊墨守》、《左氏膏肓》、《穀梁廢疾》。〔註111〕

〔註106〕〔清〕姚之駰輯，《後漢書補逸》，收入吳樹平編，《二十四史外編》（天津：天津古籍出版社影四庫全書本，1998年），第四十四冊，頁162b～163a。

〔註107〕《後漢書補逸》，收入吳樹平編，《二十四史外編》，第四十四冊，頁163a。

〔註108〕《後漢書補逸》，收入吳樹平編，《二十四史外編》，第四十四冊，頁163a。

〔註109〕《後漢書補逸》，收入吳樹平編，《二十四史外編》，第四十四冊，頁163ab。

〔註110〕《太平御覽》，卷四百六十四，〈人事部一百五〉，頁2135b；《八家後漢書輯注》，〈司馬彪續漢書·卷五〉，「儒林傳」，頁493。

〔註111〕〔唐〕虞世南，《北堂書鈔》（北京：中國書店影清刻本，1989年第1版），卷九十五，〈藝文部一·春秋五〉，頁364b；卷九十六，〈藝文部二·儒術七〉，

又別據謝承書文：

> 何休字劭公，雅有心思，研精《六經》。〔註112〕

以是觀之，范曄撰寫《後漢書》以前已至少二家後漢史書有〈何休傳〉，迄今見存之二家佚文，敘事雖不離范傳，其史料價值並不因其久佚、不全而當見棄。反向思考，佚書由於當時讀者有意識的摘引，更應當留意輯錄者對此文句之重視。佚文原就因其敘事價值與時空背景而見存，若因其書不全、已非原帙而摒棄，則所有之經史集注、集解皆為摘引文句之集合體，亦當因其剪裁不純而見棄，又何以被人相信？反而依賴其所斷章取義處以通經達傳？

今將此二家〈何休傳〉置入范氏〈何休傳〉中闚其異同：

司馬彪《續漢書》	謝承《後漢書》（合二種遺文）
何休字邵公，**任城樊人也**。父豹，少府。休為人質**朴訥口**，**而**雅有心思，**精研六經，世儒無及者**。以列卿子詔拜郎中，非其好也，辭疾而去。不仕州郡。進退必以禮。太傅陳蕃辟之，與參政事。蕃敗，休坐廢錮，乃作《春秋公羊解詁》，覃思不闚門，十有七年。又注訓《孝經》、《論語》、《風角七分》，皆經緯典謨，不與守文同說。又以《春秋》駁《漢事》六百餘條，妙得《公羊》本意。休善歷筭，與其師博士羊弼，追述李育意以難二傳，作《公羊墨守》、《左氏膏肓》、《穀梁廢疾》。黨禁解，又辟司徒。群公表休道術深明，宜侍帷幄，倖臣不悅之，乃拜議郎，屢陳忠言。再遷諫議大夫，年五十四，光和五年卒。	何休字邵公，任城樊人也。父豹，少府。休為人質朴訥口，而**雅有心思**，精研六經，世儒無及者。以列卿子詔拜郎中，非其好也，辭疾而去。不仕州郡。進退必以禮。太傅陳蕃辟之，與參政事。蕃敗，休坐廢錮，乃作《春秋公羊解詁》，覃思不闚門，十有七年。又注訓《孝經》、《論語》、《風角七分》，皆經緯典謨，不與守文同說。又**以《春秋》駁《漢事》**六百餘條，**妙得《公羊》本意**。休善歷筭，與其師博士羊弼，追述李育意以難二傳，作《公羊墨守》、《左氏膏肓》、《穀梁廢疾》。黨禁解，又辟司徒。群公表休道術深明，宜侍帷幄，倖臣不悅之，乃拜議郎，屢陳忠言。再遷諫議大夫，年五十四，光和五年卒。

司馬彪書在北宋經過《太平御覽》作者群所取用的部份，是何休的個人貫里及特質概觀，但在成書於隋唐之時的《北堂書鈔》中，受到重視的是謝承《後漢書》對何休著作概況的敘述，而且還是在《春秋公羊解詁》以外的作品。〔註113〕這些可以視為范書「不得不被」後世學者重視之前的取擇。無論司馬彪、謝承或范曄所寫的後漢歷史，此處敘事要旨概與范傳不同。尤其謝承略言《春秋公羊解詁》，卻詳述《公羊墨守》等三書直繫何休，可延伸至

頁 366b；《八家後漢書輯注》，〈謝承後漢書・卷五〉，「儒林傳」，頁 166。

〔註112〕《八家後漢書輯注》，〈謝承後漢書・卷五〉，「儒林傳」，頁 166。

〔註113〕《北堂書鈔》，卷九十七，〈藝文部三・好學十一〉，頁 369ab。

《公羊疏》的說法：

> 何氏本者〔著〕作《墨守》以距敵《長義》，以強義，爲《廢疾》以難
> 《穀梁》，造《膏肓》以短《左氏》，盡在注《傳》之前……。〔註114〕

何休之受業情況不詳，但可考慮何休接受蔭任爲郎中時，在京師受業太學博士之可能性。〔註115〕如此，則何休師事博士羊弼的時間，可能落在遭受禁錮始專習《公羊》之前，皆辭官郎中以前事。至於去官之後不仕州郡，亦可能留滯京師持續受業，於此人文薈萃處方得注訓「風角七分」，所謂「《三墳》、《五典》，陰陽算術，河洛讖緯，及遠年古諺，歷代圖籍，莫不咸誦」等情節，有可能始於此時。再觀謝承《後漢書》佚文：

> 何休字劭公，以《春秋》駁《漢事》，妙得《公羊》本意，作《公羊
> 墨守》、《左氏膏肓》、《穀梁廢疾》。〔註116〕

可見「三闕」之作者爲何休，寫作時段在駁斥應奉《漢事》之後，其敘事無「博士羊弼」。對照《拾遺記》：

> 何休木訥多智，《三墳》、《五典》，陰陽算術，河洛讖緯，及遠年古
> 諺，歷代圖籍，莫不咸誦也。門徒有問者，則爲注記，而口不能說。
> 作《左氏膏肓》、《公羊廢疾》、《穀梁墨守》，謂之「三闕」。言理幽
> 微，非知機藏往，不可通焉。〔註117〕

此說與謝承〈何休傳〉無違，但未敘何休駁《漢事》。又按范氏〈鄭玄傳〉：

> 時任城何休好公羊學，遂著《公羊墨守》、《左氏膏肓》、《穀梁廢
> 疾》……。〔註118〕

范曄在此也沒有提到「博士羊弼」。但是回到范氏〈儒林列傳〉卻變成：

> 休善歷算，與其師博士羊弼，追述李育意以難二傳，作《公羊墨守》、
> 《左氏膏肓》、《穀梁廢疾》。〔註119〕

承上列四說，今日見在之何休三闕始末，范曄在其〈何休傳〉加上了「與其

〔註114〕《春秋公羊注疏》，〈監本附音春秋公羊注疏序〉，頁4a。
〔註115〕華嶠《漢後書》「宋均字叔庠，爲郎中。時年十五，好經書，常以休〔沐〕日受業博士，通《詩》《書》，善論難。」參見：《八家後漢書輯注》，〈華嶠漢後書‧卷二〉，頁558。
〔註116〕《八家後漢書輯注》，〈謝承後漢書‧卷五〉，「儒林傳」，頁166。
〔註117〕《拾遺記》，卷六，「後漢」，頁155。
〔註118〕《後漢書》，卷三十五，〈張曹鄭列傳第二十五〉，頁1207～1208。又按《藝文類聚》卷五十五，〈雜文部一‧經典〉引《鄭玄別傳》佚文與此十分相近。
〔註119〕《後漢書》，卷七十九下，〈儒林列傳第六十九下〉，頁1180b。

師博士羊弼追述李育意以難二傳」的情節，這並不見於其〈鄭玄傳〉與范書之外的傳記。參照殘餘不全卻先於范書的謝承《後漢書》與後人重行編輯的王嘉《拾遺記》，有無「博士羊弼」與否，卻都可以形成何休與三闕之間的關係，且得到經籍目錄的確認。按《隋書‧經籍志》：

> 《春秋左氏膏肓》十卷，何休撰。
>
> 《春秋穀梁廢疾》三卷，何休撰。……
>
> 《春秋公羊墨守》十四卷，何休撰。……
>
> 《春秋穀梁廢疾》三卷，何休撰，鄭玄釋，張靖箋。〔註120〕

在後人譜寫傳主何休師承的事實上，其師「博士羊弼」反成為附名在其徒「何休」的人物，相當仰賴范曄承接在各家「後漢書」之後所作的追記。若要追問何休究竟師承何人，或問誰該交代在何休之前，雖說「東京學者猥眾」，范曄畢竟在自己的「儒林傳」裏提供了一種傳承，使「何休」能接上「李育」，但這個寫法也意味著：如果不將羊弼視為何休三闕的論述指導者，何休與李育在〈儒林列傳〉中的關係便會被切斷，那位「與李育無關的何休」可能屬於范傳及至整部「《後漢書》以外的」學術歷史，此敘事誠屬范曄「何休傳」最與眾不同處。當「非博士」的「古文經議郎」何休列在「今日」所見後漢諸儒的相對位置，必須通過范曄對「《公羊》博士」李育的安置與描述來得到解釋，范曄〈儒林列傳〉的作意已離《史》、《漢》之例漸遠。非博士何休躋身〈儒林列傳〉，假使可以透過同樣出身明經的「議郎」來勉強聊作一解，那在後漢時代始終與學官絕緣的服虔與其他古學經師該要怎樣看待？不妨考慮，范曄在〈儒林列傳〉已含括了自身所處的當代性，在其《後漢書》回溯了古學師法的源流，徹底切斷後漢政治對學術消長的實質影響，也就完全改變了讀者的認知。

　　承上所論，范曄進一步將「以難二傳」詮釋為何休撰作三闕之目的，遮去了黨禁以來的政治壓迫。然而，既然《穀梁》、《左氏》二傳義理未明，從何休在三闕進行的質難、碰撞不正應該呈現出二傳從《公羊》上達《春秋》大義的高度嗎？王鳴盛延伸了這股寬容開放的清新空氣，進而說：

> 古人意見不同，無妨論難。……若發《墨守》、鍼《膏肓》等，特欲

〔註120〕《隋書》，卷三十二，〈志第二十七‧經籍一〉，頁930～932。比於兩《唐書》之〈經籍志〉、〈藝文志〉雖有卷數之差，但作者題稱皆不見「羊弼」之名。

會通三傳，非不知《公羊》義理、《左氏》典故，各極其精，是鄭與
何休亦並行不悖也。〔註121〕

王氏以「各極其精」、「並行不悖」來指出經術內涵之廣袤，方存二人往來交
涉異義的空間。此說在無形中呼應了皮錫瑞疏證鄭玄駁難的心得，容見何休
或許懷有拋磚引玉之用心，意在衝撞當前封閉於門戶家法的守文風氣。鄭玄
在《六藝論》提到「《公羊》善於讖」〔註122〕，這在何休《春秋公羊解詁》卻
並非全然如此，鄭玄所認知的《公羊》學特徵似乎相對接近何休所欲整頓的
《公羊》學內容。據今人統計，何氏徵引讖語數量並不算多〔註123〕，當足以
推論後漢諸家《公羊》義理與何氏學之間深具區別。

在各自師匠的陶冶下，何休與鄭玄的師承系譜既未詳見於流傳至今日的撰
著，據此考論何、鄭究竟分別屬於何種家法，其意義恐怕都不比政治背景來
得深刻，但也令二人各自的師承關係充滿更多想像空間。既然「謹守師法不
失其傳」屬於學官要求的規格，減省章句有助於門生弟子理解師說而不見得
是新義，但在學官以外的私家講授則無此限制，各家之學因此隨著自有章句
和註解而移動，成為醞釀經傳新義的沃土。因此，諸家私學經師所憑藉之經
傳文本各自有別，朝廷欲就經傳文字的刊正不移來統整義理之企圖，未必見
得收過片刻效果，至少下逮六朝時代仍未達此宏願。家法跟隨師承系譜而確
定下來的官方博士章句，從漢初開始就持續不斷「分家」，到了後漢中葉以降，
太學諸生競相浮誇、不主一端，造次達官名士門下的「自由」風氣，無論回
顧後漢初期博士官尚且放下身段，遍講數家法，令生徒「擇其所安」〔註124〕
之委屈，或是「倚席不講」〔註125〕的頹然喪志，不禁令人懷疑後世反覆強調
「漢學」之師承關係在傳習脈絡中的約束力是否真有其事？當後漢儒者徐防
請求朝廷提倡章句，以重建博士較講後的學官事業〔註126〕，隱藏在當代太學
生不經師匠的轉折情節上，顯然是後世讀者放大了從師法、家法切入後漢經

〔註121〕《蛾術篇》，卷五十八，〈鄭氏著述〉，頁882。

〔註122〕唐人楊士勛（生卒不詳）引述多條鄭玄《六藝論》，此其一。參見：《春秋穀
梁注疏》，〈監本附音春秋穀梁注疏序〉，頁3a。

〔註123〕張廣慶，〈何休春秋公羊解詁研究〉（臺北：臺灣師範大學國文研究所，碩士
論文，1989年），〈公羊解詁注經之依據〉，頁169～172。

〔註124〕《後漢書》，卷七十九下，〈儒林列傳第六十九下〉，頁2581。

〔註125〕《後漢書》，卷三十二，〈樊宏陰識列傳第二十二〉，頁1126；卷七十九上，〈儒
林列傳第六十九上〉，頁2547。

〔註126〕《後漢書》，卷四十四，〈鄧張徐張胡列傳第三十四〉，頁1500～1501。

學的必要性，並喪失了經學自身原來就具備創意與活力的集體記憶。試問，假使何鄭之爭如經學史家以為是經今古文學的對立與衝突，那折衷晚近今古文師說並抗拒官學師承系譜的何休與鄭玄二人，又是為誰背書呢？

第四節　范曄家學與其〈儒林列傳〉

范曄強調「東京學者猥眾，難以詳載」〔註127〕的「後漢儒者敘事」前提，是在眾多經師中如何汰取出足堪追比「前書」水準之「通經名家」。此事深深考驗著范曄的智慧與學識。對於一位舉族附從新興權貴，由父祖輩相次傳習經術，家世與家學皆顯赫於當時的士人來說，這份考驗讓他看到了來自兩漢經術主流的典範交替所產生的變化，而且可能遠遠超出過去「儒林傳」寫作的規格架構，甚至其他「後漢書」作者們對漢代學術的認識。易言之，范曄必須在他的「後漢儒者敘事」中處理兩漢經術的典範轉移。

秉持今文經學為主體的學術概念，這是創立自前漢由來已久的意識形態，目的在復興古老的智慧以作為當代進行政治判斷的參照準則。然而伴隨前漢中葉以來陸續擴大的官方講學規模，累積數個世代的經學傳習及其解說卻面臨分裂危機，從典範主體的競逐角力演變為醜惡人事的針鋒相對，繼而捲入政治動盪及社會秩序的毀滅與重啓。〔註128〕自前漢宣帝到王莽執政，《左氏》、《周禮》等古文經說逐漸得到保護，反對與質疑的聲音雖然遭到壓抑，卻並未消滅，後來今文經說雖然重新取回主流，卻僅僅是調整了彼此位置，不僅未能消除對手的主張與質疑，更逐步失去其經說應用於政治判斷的實效性。從武帝開始提倡官方儒學以來，這種對於民間的、非主流經學的再發現、保護與懷疑，就彷彿潮汐般，不曾間斷與重返，隨著政治變化反覆出現在兩漢時代。

對於清流士人來說，經學義理的歧見與政治風向的轉向，或許都不是導致衝突的根源，倒是應該將目光放在運用各種經典教訓來調整施政手腕，方得究極古聖先賢及其受命流裔欲臻太平治世的崇高理想。但在某些聰明人眼中，任何危機往往意味著轉機，若能填補經典義理所不足的空隙，個人乃至群體皆有

〔註127〕《後漢書》，卷七十九上，〈儒林列傳第六十九上〉，頁 2548。
〔註128〕在近世構築的經學史論述中，指向將劉歆所撰的〈讓太常博士書〉作為發動兩漢經今古文之爭的檄文，其攻擊反撲回劉歆自身。其實朝議經說、決於御前的分判結果下，職官遷轉本身就是一種必然發生的人事改動。參見：《漢書》，卷三十六，〈楚元王傳第六〉，頁 1967～1972。

可能從中得利。讀《春秋公羊解詁》序文，何休說到「致使賈逵緣隙奮筆，以為《公羊》可奪，《左氏》可興」處〔註129〕，雖然批判二家《公羊》先師守文持論之過誤，也幽晦底指出了「黨同伐異，守文之徒」爭執經說之餘，卻未能當聖人經世濟民之志。〔註130〕此處質疑了賈逵據《左氏》攻擊《公羊》的動機與目的，未必在廣聖教、扶微學。范曄進入身為史家的立場，其撰述何休對賈逵的否定，並未遵從〈序〉文的說法，而是寫成「與其師博士羊弼追述李育意以難二傳」〔註131〕，將何休塑造成挑撥近世《春秋》三傳之爭的發難者，迴護了「身懷五家《穀梁》師說」的賈逵以圖讖緣飾經義、毀棄古學師說專研詁訓的背叛。〔註132〕范曄扮演史家角色有著絕佳的視野，去觀察到各種可能發生的問題，並透過唾手可得的文本線索來尋求解答。但他選擇把何休當成「猥眾」的學者之一，此舉暴露了他內心深藏的恐慌與焦慮不安。

范曄的家學淵源或許是當代最紮實純粹的鄭氏學，但是當范曄意識到鄭玄身處黨錮「文網中」、無意仕進的消極態度〔註133〕，卻對照出依舊對經世懷抱熱情、仍企圖透過著書立言去挽救頹喪沉淪政治的何休。何氏對抗佞臣亂政的行為與態度，不僅是孔子身教之所在，且與范曄自身所處的劉宋政壇權力鬥爭氛圍相契。〔註134〕范曄瞭解「不與守文同說」的何休，與源自「黨同伐異，守文之徒」的黨人未可一概而論。反觀其祖范甯甚至認為連「仲尼之門」〔註135〕都無法超越鄭玄及其學術的意見，或許出自他自身對何、鄭答問《穀梁傳》義一事的探究，但歷史背景與現實景況顯然比經說歧見複雜且詭

〔註129〕《春秋公羊注疏》，〈監本附音春秋公羊注疏序〉，頁4a。

〔註130〕《春秋公羊注疏》，〈監本附音春秋公羊注疏序〉，頁3a。

〔註131〕《後漢書》，卷七十九下，〈儒林列傳第六十九下〉，頁2583。

〔註132〕《後漢書》，卷三十六，〈鄭范陳賈張列傳第二十六〉，頁1235。

〔註133〕鄭玄撰〈戒子益恩書〉云「遭閹尹擅埶，坐黨禁錮，十有四年」，參見：《後漢書》，卷三十五，〈張曹鄭列傳第二十五〉，頁1209。據鄭氏弟子所記，鄭玄答弟子張逸問《書說》，曰：「《尚書緯》也，當為《注》時，在文網中，嫌引秘書，故諸所牽圖讖，皆謂之『說』云。」此事可旁證何休、鄭玄二人在黨禁時期「杜門不出」，彼此注解經傳、交相問難之艱困背景，也更見何休迂迴於文網，透過解說《春秋》申言治道之勇氣。參見：皮錫瑞，《鄭志疏證》（臺北：世界書局影清光緒年間刊本，1982年4月再版），卷二，頁七。

〔註134〕《宋書》，卷六十九，〈列傳第二十九〉，頁1821。

〔註135〕范曄於〈鄭玄傳〉末評論處，言曰：「王父豫章君每考先儒經訓，而長於玄，常以為仲尼之門不能過也。及傳授生徒，并專以鄭氏家法云。」參見：《後漢書》，卷三十六，〈鄭范陳賈張列傳第二十六〉，頁1213。

異許多。到了范曄眼中，在何休與鄭玄同受禁錮、不得仕進的時空下，鄭玄為求營生只得聚徒教授，實難當於何氏強調的「孔子撥亂反正之志」。這對於一位自幼承襲家訓、師法鄭學的士人，無疑是理想典型之間的衝突與矛盾。因此，為了鄭玄及其學術的歷史地位，何休的成就必須被貶抑。

前述范曄對《後漢書‧儒林列傳》進行取材一事所產生的困擾，牽引出家學背景對范曄可能具有悠長隱晦，甚至先入為主的影響。這種困擾或許可能只屬於范曄個人獨有，而不見得發生在其他《後漢書》作者身上。即使漢魏六朝至隋唐世家大族子弟鮮少不標榜家學，卻未必人人都在自己的撰述中如此抬高其家學源流之歷史地位。考慮到鄭玄傳記在今見多家後漢書輯本與佚文中缺席的現象，鄭玄在後漢晚期的能見度恐怕猶待其他史傳作者來發掘。尤其在後世王肅、王弼等人公開挑戰鄭氏學以後，如司馬彪等後漢歷史作者對鄭玄及其學術所可能採用的描述，當未必會更接近范曄採取的作法。在深受長輩傳授「鄭氏家法」薰陶而建構的意識形態下〔註136〕，這些最終令范曄成為一位既懷有鄭氏學意識，又深恥與文士同伍、不甘在當代政治無所作為的狂涓者。不過，當范曄面對後漢經學歷史、經今古文學的書寫問題時，以往各家後漢書所未能、所難以談論的爭論與糾紛，他的鄭氏學意識卻是最方便且簡單明瞭的現成框架。因此，理解鄭玄其人與鄭氏學如何對范曄具有何等重要意義，方能進一步領會范曄在《後漢書》處理經學敘事的種種策略與手段，范書〈儒林列傳〉徹底與「集漢學大成」的鄭氏學切割，亦是可以想見的結果。

既然范曄對當代文士形象感到厭倦，而決定從史學領域來做自我提昇，並從眾說紛紜的後漢時代著手。他將司馬彪寫下的「鄭玄之夢」〔註137〕留在自己的〈鄭玄傳〉中，讓年邁的鄭玄在睡眠中也可以像孔子夢見周公一樣，去遇見孔子。〔註138〕這個敘事筆法，讓「鄭玄」在自己的《後漢書》中，無形等同於前書裡的儒者宗、群儒首，使往昔仲尼與董仲舒失意於政治而有所成就於授經、講學，都可以是他對鄭玄其人生平的註解。在這裡，范曄博採各種後漢史傳以修撰其《後漢書》，正呼應著其祖范甯留下的教誨，以眾家後

〔註136〕不妨想像一下「支持王肅、師承王學」之史家會如何書寫「鄭玄傳」。
〔註137〕《太平御覽》，卷400，〈人事部四十一〉，「兇夢」，頁1847a。孔子夢周公事，參見：黃懷信主撰，周海生、孔德立參撰，《論語彙校集釋》（上海：上海古籍出版社，2008年第1版第1次印刷），卷七，〈述而第七〉，頁569。
〔註138〕《後漢書》，卷三十六，〈鄭范陳賈張列傳第二十六〉，頁1211。

漢史當今古文門戶經說，經學新意成爲史學創舉，前人混淆今古文家法所給出的啓示，讓范曄在「猥眾的」各種後漢歷史作者們以外，扮演著「史學中的」鄭玄。

對於何休與鄭玄答問三闕一事，范曄讓何休在〈鄭玄傳〉中亮相，但在〈儒林列傳〉卻不同意鄭玄登場。在這段情節中，有一段非常重要的評論是留在〈鄭玄傳〉末，作爲鄭玄的歷史定位來提出。范曄認爲鄭玄「括囊大典，網羅眾家，刪裁繁誣，刊改漏失，自是學者略知所歸」。〔註139〕使後世各守專門、不知所歸之學者能夠因鄭玄闡覽其奧、通於群經，「鄭學」在後世取代兩漢今古文經說，但這麼重要的歷史詮釋卻不見於《後漢書・儒林列傳》，不僅是因爲它實際上並非發生於後漢時代，而可能是范曄更欲在此處評論經師各守專門之流弊，進一步主張通儒與通學方有益於世事，從評議後漢經師來取得鄭玄及其學術的高度。范曄強調經師「所傳者仁義，所傳者聖法」，教「人識君臣父子之綱，家知違邪歸正之路」的價值，雖然傳授經說是經師的義務，卻不應該「分爭王庭，樹朋私里，繁其章條，穿求崖穴，以合一家之說」。〔註140〕范曄以此標準批判了〈儒林列傳〉中登載的儒者，然而兩漢經師皆專門教授，「各守專門」才是當代的普遍觀念。在歷史敘事中「夾敘夾議」，無形中犧牲了史實的陳述，又或許遮掩了對史實語焉不詳且難以釐清矛盾的尷尬。范曄直承范甯對鄭玄的崇敬，已無法去質疑後漢時代是否有其他意圖衝破家法之先鋒，而所謂鄭玄混淆今古文家法之舉，是否並非鄭氏本人之創造，或應另有故事？基於先入爲主的家學意識，范曄懷抱著承續而來的信念，一方面敘述何休懷有深厚的學術素養，卻忽視他對二家《公羊》博士說的攻擊與排拒，特意標舉何休撰三闕「以難二傳」而具備「黨同伐異」之形象，暗示他確實對何休和其學術有所警戒，以及有意的蔑視。

經過以上陳述，現在或許可以稍微瞭解范曄如何處理後漢學術歷史中的何休。同時必須指出，范曄在《後漢書・儒林列傳》中沒有列入任何一位《穀梁》家，正符合其祖范甯對近世《穀梁》家「膚淺末學」、「不經師匠」〔註141〕的評論，亦即范甯對《春秋》三傳的見解也同時被范曄接受與重申於其《後漢書》中。鄭玄曾在其《六藝論》表示「《左氏》善於禮，《公羊》善於讖，《穀

〔註139〕《後漢書》，卷三十六，〈鄭范陳賈張列傳第二十六〉，頁1213。
〔註140〕《後漢書》，卷七十九下，〈儒林列傳第六十九下〉，頁2588～2589。
〔註141〕《春秋穀梁注疏》，〈監本附音春秋穀梁注疏序〉，頁7b。

梁》善於經」〔註142〕，范甯以自己的話語重複並延伸鄭氏之意，轉變成為「《左傳》豔而富，其失也巫；《公羊》辯而裁，其失也俗；《穀梁》清而婉，其失也短」。〔註143〕此意之下，即便後漢《春秋》名家雖多，卻是善於讖、禮之《春秋》，唯一足堪當於「經」之「清、婉」《春秋》者，則有待於祖父范甯及其《春秋穀梁傳集解》。范曄在〈何休傳〉、〈鄭玄傳〉分別述及何休撰寫《穀梁廢疾》，並經由鄭玄加以駁斥的學術脈絡，正由范甯在《春秋穀梁傳集解》一同繼承下來。易言之，後漢《穀梁》經師在范曄《後漢書‧儒林列傳》中留下的空缺或說是暗示，此一留白處不僅與范甯《春秋穀梁傳集解》共同覆蓋了此前與當代其他《穀梁》學者，也同時預留了作者祖父及其家學之學術史定位。

　　綜上所論，糾紛不斷、屢屢牽動政治鬥爭的經今古文問題，揭露後漢士大夫與經師各守專門的缺陷，亦是生在漢末以後二百餘年的范曄所認定之事實。范曄將鄭玄詮釋為解決此一長期困局的終結者，令其《後漢書》中散見於各處的歷史評論，成為最有價值的部份。然而在學術與歷史的範疇裡，由於站在「鄭玄」的對立面，又被鄭氏撰文駁斥，企望治世、撥亂反正的何休及其學術、理念，則被禁錮在范曄的《後漢書‧儒林列傳》中。在這層幽微的意識底下，范曄之史筆與其家學交相融會，隱藏於其筆下後漢學術問題之立場，實不言而喻。

〔註142〕　《穀梁疏》引鄭玄《六藝論》，參見：《春秋穀梁注疏》，〈監本附音春秋穀梁注疏序〉，頁 3a。
〔註143〕　《春秋穀梁注疏》，〈監本附音春秋穀梁注疏序〉，頁 7a。

第五章　范曄對於鄭玄及其學術之書寫與重申

　　鄭玄既懷名士宿儒之姿，卻列在范曄《後漢書・儒林列傳》以外，此一敘寫體現范氏的尊鄭立場。但遠在范曄傳寫鄭玄之前，鄭學崛起並流行於自漢末迄於兩晉、劉宋之間近三百年經學的流變中，而在范曄筆下敘說經今古文學潮流的轉向裡，被後世學者標誌爲兩漢經學之終結。

　　本章將繼續延伸范曄〈鄭玄傳〉的一些書寫問題，這包括了此傳記的可能形成脈絡，以及傳文本身的重新詮釋。前者將試圖藉由今日見存文獻，勾勒范傳以前各種關於鄭玄的傳聞，後者則是觀察范傳在後世如何被重新閱讀與再度建構。在此列舉各種鄭玄死因，先一步探討傳聞形諸范傳的關聯，再接著討論鄭玄其人及其學術如何反應在范曄筆下的〈鄭玄傳〉中。

第一節　「鄭玄之死」矛盾異說與論定

　　今人葛兆光嘗將去世於後漢靈帝光和五年的何休、獻帝初平三年的蔡邕、建安五年的鄭玄三人，譽爲「象徵著一個舊的思想時代的徹底結束與一個新的思想時代的眞正開端」。〔註 1〕葛氏前此論及漢末黨錮對士人「思想」

〔註 1〕葛兆光，《中國思想史》（上海：復旦大學出版社，2007 年 7 月第 1 版第 1 次印刷），第一卷，「玄意幽遠：三世紀思想史的轉折」，頁 318。另一種意見則是金春峰以「許愼、鄭玄、虞翻」三人作爲兩漢經學的終結，參見：金春峰，《漢代思想史（增補第三版）》（北京：中國社會科學出版社，2006 年 2 月修訂第 3 版），第二十一章，頁 534。

的影響與經學之變化，筆者以為此思想史脈絡若聚焦在何、鄭之爭身上，將令何、鄭二人不僅止於經學史論述中之歷史意義，且在具有當代普世性的文化語境觀察中進一步發掘漢代經學的豐富內涵，其研究價值尚難估量。即使退一步說，葛兆光的意見已顯示出近期中國哲學史論述開始注意到何休與鄭玄等人的研究潛力。縱然尚在萌芽階段，何休與鄭玄身在知識文本的位置已自冷僻之經學史論述連結至通俗性哲學史讀物中，並且已在兩漢哲學史中開始佔有一席之地。〔註2〕在鄭玄去世後，其學術在官方位階除了遭遇王肅等人的挑戰外，後世思想潮流於釋、老講義迭興之趨勢底下，僅能依靠鄭氏學門徒努力延續，這些都不是鄭玄本人生前可預見之事，但是卻在范曄於鄭玄身故後近二百年所產生的個人詮釋下，才形成了今日較為熟悉的「鄭玄」形象。易言之，吾等讀者完全處於范曄形諸文字之鄭玄傳記，以及透過范氏〈鄭玄傳〉之窺視所建構出的認知。

在各種記載中，鄭玄的死因自始就不是只有固定的說法，反而出現一種微妙的取擇與迴避，甚至針鋒相對的態勢。與范曄同時代的史臣裴松之（372～451）在為陳壽《三國志》進行註解時，引用了王粲（177～217）所撰《英雄記》〔註3〕提及之曹操所作詩文：

> 德行不虧缺，
>
> 變故自難常，

〔註2〕例如：江心力，《一本就通：中國哲學史》（臺北：聯經出版公司，2011 年 6 月），「『經神』與『學海』」，頁 121～122。

〔註3〕王粲，字仲宣，山陽高平人。據說少年時即受到蔡邕賞識，說他「此王公孫也，有異才，吾不如也。吾家書籍文章，盡當與之。」徵辟皆不就，先歸劉表，丞相曹操拜為掾，賜爵關內侯。「魏國既建，拜侍中」，以此推測，王粲實為曹氏人馬而安排在獻帝身邊，其言論、思想與情志應多少反映了曹氏的想法。史志見載之《英雄記》，《隋書·經籍志》錄有「《漢末英雄記》八卷，王粲撰，殘缺。梁有十卷。」而《唐書·經籍志》則言「《漢末英雄記》十卷，王粲等撰。」似作者不僅一人，而其題名亦見疑。王粲辛於獻帝建安二十二年，此書當不至於有「漢末」二字，或在身後乃出此帙。今見王謨《漢魏叢書》、黃奭《黃氏逸書攷》皆有輯本，所錄內容卻不盡相同，如此條出自曹氏之〈董卓歌詞〉，王謨本未見載，而黃奭本雖有，卻認為「按歌辭不合董卓，疑有誤」。參見：〔清〕黃奭輯，《黃氏佚書攷》（日本京都：中文出版社影民國十四年王鑒據懷荃室藏板修補本，版次不詳），「子史鈎沉」，〈王粲英雄記〉，頁 3115b；〔清〕王謨輯，《增訂漢魏叢書（附遺書鈔）》（臺北：大化書局影清乾隆五十六年金谿王氏刻八十六種本，1995 年 2 月再版），冊二，頁 1451～1467。

　　鄭康成行酒，伏地氣絕，

　　郭景圖命盡於園桑。〔註4〕

王粲與孔融等人「被」並稱爲「建安七子」〔註5〕，既活躍於漢獻帝在位之時，亦附從於相漢之曹氏，被辟爲掾屬。按曹操此詩意旨在於：完滿之德行仍不敵無常之變故，如鄭玄般銳意向學、無意仕進，仍在「行酒」時「伏地氣絕」，不得善終。〔註6〕此詩句在今人論述中，有兩個主要討論要點，一是鄭氏之死因，二是曹氏爲詩之動機及目的。〔註7〕按范曄在〈鄭玄傳〉所交待之說法：

　　董卓遷都長安，公卿舉玄爲趙相，道斷不至。會黃巾寇青部，乃避
　　地徐州，徐州牧陶謙接以師友之禮。建安元年，自徐州還高密，道
　　遇黃巾賊數萬人，見玄皆拜，相約不敢入縣境。玄後嘗疾篤，自慮，
　　以書戒子益恩曰：「……而黃巾爲害，萍浮南北，復歸邦鄉。入此歲
　　來，已七十矣。」〔註8〕

是以鄭玄重病且歷顛沛道途、作客他鄉之後，既慮其壽不久，故爲書託言昭戒其子鄭益恩。按鄭益恩赴黃巾軍圍攻孔融之難而卒逝，即建安元年（196）事。范氏續云：

　　五年春，夢孔子告之曰：「起！起！今年歲在辰，來年歲在巳。」既
　　寤，以讖合之，知命當終，有頃寢疾。時袁紹與曹操相拒於官渡，
　　令其子譚遣使逼玄隨軍。不得已，載病到元城縣，疾篤不進，其年

〔註4〕　《三國志》，卷六，〈魏書・董二袁劉傳第六〉，頁156。另見《曹操集》（北京：
　　　　中華書局，1974年12月第1版第1次印刷），〈詩集〉，「董卓歌詞」，頁22。

〔註5〕　此論定出自魏文帝曹丕，云：「今之文人，魯國孔融文舉，廣陵陳琳孔璋，山
　　　　陽王粲仲宣，北海徐幹偉長，陳留阮瑀元瑜，汝南應瑒德璉，東平劉楨公幹。
　　　　斯七子者，於學無所遺，於辭無所假，咸以自騁驥騄於千里，仰齊足而並馳。
　　　　以此相服，亦良難矣。」參見：〔南朝・梁〕蕭統編，〔唐〕李善注，《文選》
　　　　（上海：上海古籍出版社，1986年8月第1版第1次印刷），卷五十二，〈論
　　　　二・典論論文〉，頁2270。

〔註6〕　詩詞另見之「郭景圖」未詳何人，然當世有同樣從屬袁氏帳下之「郭圖」，於
　　　　袁譚兵敗之後爲曹氏所斬，「戮其妻子」。參見：《後漢書》，卷七十四下，〈袁
　　　　紹劉表列傳第六十四下〉，頁2417。

〔註7〕　參見：徐克謙，〈曹操爲什麼寫詩譏諷鄭玄之死？〉，《古典文學知識》，2012
　　　　年第2期。徐文以「園桑」考「郭景圖」其人，而以《詩經》中描寫男女私
　　　　會事之〈桑中〉詩，認爲「命盡於園桑」意味「郭景圖」此人之死並不光彩。
　　　　今按前引曹操詩文稱鄭玄之字「康成」，則「景圖」亦應爲字號、別號。若對
　　　　照前註，袁譚兵敗殃及部下及其無辜妻子，則郭圖可能即爲「郭景圖」其人。

〔註8〕　《後漢書》，卷三十五，〈張曹鄭列傳第二十五〉，頁1209。

六月卒，年七十四。〔註9〕

已屆昏耄之年的鄭氏於憩眠有夢，「以讖合之」，自知其命當終，「有頃寢疾」，雖抱病隨軍而以疾篤亡故。是知范曄不以「行酒」、「伏地氣絕」爲據。論者或以范氏信史，斥魏武帝因鄭玄投軍袁紹而爲詩譏刺，深斥曹操其實爲一氣度狹隘之君主。

上述兩種說法雖然不一樣，卻有一個共同特徵，那就是其說明確。范曄既根據前人舊作重新撰寫其《後漢書》，對照《太平御覽》引西晉宗室司馬彪所撰《續漢書》載鄭玄之死：

> 鄭玄夢孔子造曰：「起，今年歲在辰，來年歲在巳。」既寤，以讖占之，知命當終。有頃，寢疾而卒。〔註10〕

此說尚未提及曹操與袁紹會戰於官渡一事，不僅未見鄭玄被強徵在袁紹軍中，亦且未有「鄭康成行酒伏地氣絕」的情節，僅范傳所言「鄭玄之夢」已見司馬彪書載引。後漢、曹魏、兩晉之正統相繼，公卿群臣背後的世族卻不見得一起改朝換代，對於維繫士人關係的學術淵源更是如此。據晉人孫盛（302～373）撰《魏氏春秋》：

> 小同，高貴鄉公時爲侍中。嘗詣司馬文王，文王有密疏，未之屏也，如廁還，問之曰：「卿見吾疏乎？」答曰：「不。」文王曰：「寧我負卿，無卿負我。」遂酖之。〔註11〕

這則故事顯示鄭玄之孫鄭小同（193～258？）成爲司馬昭（211～265）某個目的之犧牲品，雖然時間不甚確切，但司馬昭在魏明帝太和五年（231）娶了王肅（195～256）之女，站在鄭氏學及其門人之對立面。世人面對鄭玄身後遺留下來的事物，無論是其經注、裔嗣，以及弟子，也都必須有一共同態度。

〔註9〕 《後漢書》，卷三十五，〈張曹鄭列傳第二十五〉，頁 1211。

〔註10〕 《太平御覽》，卷四百，〈人事部四十一〉，「兇夢」，頁 1847a。

〔註11〕 李賢注《後漢書・鄭玄傳》引，參見：《後漢書》，卷三十五，〈張曹鄭列傳第二十五〉，頁 1212。孫盛（302～373），字安國。原籍太原中都，後歸東晉。著有《魏氏春秋》二十卷、《魏氏春秋異同》八卷、《晉陽秋》三十二卷等。唐人稱他「詞直而理正」，恰好反應在這一則直斥「開國主君」的敘事。參見：《晉書斠注》，卷八十二，〈列傳第五十二〉，頁 1416a～1418a。這則故事在晚出的版本中被認爲是「司馬師」，蘇軾（1037～1101）云：「吾讀史得隱公、里克、李斯、鄭小同、王允之五人，感其所遇禍福如此，故特書其事，後之君子可以覽觀焉。」將此五位人臣遭受主君殘害事一併述之。參見：〔宋〕蘇軾撰，趙學智校注，《東坡志林》（西安：三秦出版社，2003 年 1 月第 1 版，2004 年 5 月第 2 次印刷），卷五，「隱公不幸」，頁 305。

因此，時人諱言漢末曹、袁爭戰對鄭氏之傷害，創造當代君臣主從、士人群體間之和諧，尤其在鄭小同死於司馬昭之手以後，「闕而弗論」作為迴護司馬氏之史筆，並非沒有可能性。但那些被掩蓋起來的故事與疏略的細節，其實業已反映在「正史」與官方說法之外了。

　　回到鄭玄之死與其飲酒的問題，司馬彪於此「夢」而「卒」事之外，更言云：

　　　　鄭玄飲三百餘杯不醉。〔註12〕

筆者放大此九字之意，在凸顯司馬氏所載此言並不見於范書，但在唐人李氏父子撰寫的《南史》中，透過時人話語存記為「鄭康成一飲三百杯」。〔註13〕也就是說，范曄接納了司馬彪所言「鄭玄之夢」，卻將「鄭氏在袁氏宴上善飲」寫成另一種故事，而間接否定了曹氏「行酒伏地氣絕」的說法。對於一位善飲酒之老者，似不容易因行酒而「伏地氣絕」，故司馬彪所欲言鄭玄之卒既無關杜康玉液，而當在壽考將盡亦且疾篤致善終，此並上述二說又見微異，概見范氏對司馬彪《續漢書》的取捨，以及對曹氏家言的抗拒。

　　略綜前述，可見鄭玄身故一事，似難擺脫政治層面之詮釋。相較卒於後漢靈帝光和五年的何休，雖然迄今仍未見其明確死因，不過藉由范曄《後漢書・靈帝紀》載是年「二月，大疫」，仍有些許想像空間。〔註14〕關於鄭玄死因的異說雖然複雜得多，若除去政治因素，其個人飲酒之習性是否對其痼疾、身故有所關聯，仍可見得史傳彼此間之歧異，甚至於駁斥。且觀范氏對鄭玄飲酒之描寫：

　　　　時大將軍袁紹總兵冀州，遣使要玄，大會賓客，玄最後至，乃延升
　　　　上坐。身長八尺，飲酒一斛，秀眉明目，容儀溫偉。〔註15〕

〔註12〕　《太平御覽》，卷七百五十九，〈器物部四・杯〉，頁3370a。
〔註13〕　此事出自陳秀，為令其叔父陳暄減少飲酒，陳秀乃請託叔父友人何胥諷諫，孰料「學不師受，文才俊逸」的陳暄聞此事後，書報其姪曰：「昔周伯仁度江，唯三日醒，吾不以為少；鄭康成一飲三百盃，吾不以為多。……爾無多言，非爾所及。」談論飲酒一事互有利弊，拒絕了陳秀的規勸。參見：〔唐〕李延壽撰，《南史》（北京：中華書局，1975年6月第1版第1次印刷），卷六十一，〈列傳第五十一〉，頁1502～1503。
〔註14〕　《後漢書》，卷八，〈孝靈帝紀第八〉，頁346。筆者以為，遭疫而卒或得作為何休死因的一種可能性。蔡邕雖曾為何休寫過墓誌，可惜迄今留存文字未得詳其死因。關於光和五年大疫、蔡邕〈何休碑〉的討論，請參見附錄〈范曄《後漢書・何休傳》再釋〉。
〔註15〕　《後漢書》，卷三十五，〈張曹鄭列傳第二十五〉，頁1211。據《漢書・律曆志》：

席間出現袁紹門客輕視鄭玄，多相訐難，且見應奉之子應劭與鄭玄之間的尖銳對話：

> 紹客多豪俊，並有才說，見玄儒者，未以通人許之，競設異端，百家互起。玄依方辯對，咸出問表，皆得所未聞，莫不嗟服。時汝南應劭亦歸於紹，因自贊曰：「故太山太守應中遠，北面稱弟子何如？」玄笑曰：「仲尼之門考以四科，回、賜之徒不稱官閥。」劭有慚色。〔註16〕

應氏在稍晚於范曄的時代裡，被梁人劉勰稱譽「漢世善駁，則應劭爲首」〔註17〕，以應劭答覆議論「銓貫有敘」，言其長處在於透過重新解釋，來解消對手之主張。曾任二千石地方首長的應劭此刻正淪落爲大將軍袁紹幕下賓客，理應出面慰留鄭玄，以答袁氏之恩。但在此時，已「飲酒一斛」的長者鄭玄仍在筵席間機智底酬答了應劭的追捧，竟令這位「漢世善駁者」「有慚色」。范氏言外之意，大量飲酒並不會對此時的鄭玄造成影響，而且通過鄭玄自己的發言，展現了鄭氏心中對當時士人以及學術的態度。不過，雖然范曄此處史筆精妙，其說似本於不著撰人之《鄭玄別傳》。按《太平御覽》徵引此事即據《鄭玄別傳》而非范曄的〈鄭玄傳〉，其文見：

> 《鄭玄傳》曰：玄在袁紹坐，汝南應邵〔劭〕因自贊曰：「故太山太守應仲遠，北面稱弟子何如？」玄笑曰：「仲尼之門，考以四科，回、賜之徒，不稱官閥。」邵〔劭〕有慚色。〔註18〕

按《太平御覽》文例，引述范曄《後漢書》處都會標出「後漢書」，此文既與范傳略有不同，於其言「鄭玄傳」實闕一「別」字，符合《太平御覽》引述《鄭玄別傳》之例。《鄭玄別傳》特重應劭聞言後之身心反應，爲范氏所留意，錄在其〈鄭玄傳〉中。《別傳》與范〈傳〉此處敘事亦深論主、客、賓三者間之微妙關係：袁紹欲折服鄭玄就己麾下，雖然經過酒精的刺激，眾門客憑其

「量者，龠、合、升、斗、斛也，所以量多少也。……合龠爲合，十合爲升，十升爲斗，十斗爲斛，而五量嘉矣。」參見：《漢書》，卷二十一上，〈律曆志第一上〉，頁967。今人據1969年在山東濟寧公園出土的「斛」器測量，約有二十公升。成人在一場宴會中喝掉二十公升水酒並不容易，但在范曄筆下，年老又似有痼疾的鄭玄做到了，而且「秀眉明目，容儀溫偉」。

〔註16〕 《後漢書》，卷三十五，〈張曹鄭列傳第二十五〉，頁1211。

〔註17〕 劉氏語曰：「駁者，雜也，雜議不純，故曰駁也。……漢世善駁，則應劭爲首。……然仲瑗博古，而銓貫有敘。」《文心雕龍》，〈議對第二十四〉，頁389。

〔註18〕 《太平御覽》，卷四百九十一，〈人事部一百三十二〉，「慚愧」，頁2247b。

智識學問猶不能勝之。應劭頂著曾任二千石地方官名號離開許都，委身於袁紹，其席次若非門客之首，亦當在諸客前列，故應氏之挫敗即意味著袁紹企圖之結局。

但袁紹尚未達到目的，卻發生一件意外，考驗了鄭玄的智慧，以及袁紹之氣度。見范氏〈鄭玄傳〉續載：

> 紹乃舉玄茂才，表爲左中郎將，皆不就。公車徵爲大司農，給安車一乘，所過長吏送迎。玄乃以病自乞還家。〔註19〕

此處敘事以「公車」接在「袁紹」之下，由曹氏小心擁護的朝廷，也希望鄭玄能擔任公卿，顯見袁、曹二方勢力爭取名儒鄭玄之激烈與急迫。雖然鄭玄也拒絕了公車徵辟，且清楚、堅定表明其不願淌惹政治的態度，但不能不考慮鄭氏婉拒辟舉一事，確實得罪了袁紹，朝廷的舉動也激起袁紹擔心「鄭玄投入曹氏」之憂患意識。是以，東晉袁宏於其《後漢紀》「袁紹嘗遇玄而不禮」的記述，當有所本。〔註20〕據《鄭玄別傳》所述，此前反被鄭玄折服之袁氏門客，極可能出於袁氏授意，企圖在爲鄭玄餞行會上有所反擊。文云：

> 袁紹辟玄，及去，餞之城東。欲玄必醉，會者三百餘人，皆離席奉觴，自旦及暮，度玄飲三百餘桮，而溫克之容，終日無怠。〔註21〕

此一說法與司馬彪、陳暄所言「三百杯」正相合，則與此說相連結之「袁紹門客爲鄭玄餞別」故事，似爲《鄭玄別傳》與司馬彪書所根據。但在范曄筆下的《後漢書‧鄭玄傳》卻不載餞別事，「鄭氏善飲酒」被記述爲在袁氏筵席間，酒量亦被寫爲「一斛」。在范氏筆下，鄭玄年老卻又機智、極爲善飲，袁紹引眾行酒既不能得逞，自無出現曹操說詞的餘地。按劉孝標注解《世說新語》見載之馬融與鄭玄事，曾抨擊馬融心忌鄭氏擅名，乃「轉式逐之」，以追襲弟子之說，爲「委巷之言」，否定「海內大儒、被服仁義」的馬融會對「名列門人、親傳其業」的鄭玄懷有「鴆毒」之心。〔註22〕但他引用此段《鄭玄別傳》所述袁紹與鄭玄間的往來，卻又相對底承認了一部份潛在的心思，即劉孝標並不否定鄭玄在政治態度上確實有遭人忌恨的可能性。

〔註19〕《後漢書》，卷三十五，〈張曹鄭列傳第二十五〉，頁1211。

〔註20〕〔晉〕袁宏撰，《後漢紀》，收入張烈點校，《兩漢紀》（北京：中華書局，2002年6月第1版2005年3月第2次印刷），〈孝獻皇帝紀卷第二十九〉，頁557。

〔註21〕《世說新語》，卷上之下，〈文學第四〉，頁七。

〔註22〕《世說新語》，卷上之下，〈文學第四〉，頁七。

按劉氏所徵引之《鄭玄別傳》，即於此下敘及鄭玄之死：

　　獻帝在許都，徵爲大司農，行至元城，卒。〔註23〕

《鄭玄別傳》作者認爲鄭玄不僅善飲，袁紹設局猶不能令其醉，遑論因酒而卒？此處是范曄承襲的論調。但是《鄭玄別傳》也沒有說鄭玄的死亡與病篤有關，更甚者在於《別傳》此下續言鄭氏卒在「獻帝」徵召爲中二千石大司農卿之道途中，鄭玄已接受徵辟。范曄雖然同意有徵辟大司農卿之事，但爲鄭玄以病辭歸，從未在朝廷述職過。因此范氏認爲「行至元城」應是「袁譚遣使逼玄隨軍」，以致「載病到元城縣，疾篤不進」。〔註24〕按此時依賴曹氏一族擁戴的獻帝已不能自立，故此次徵召之舉完全處於袁、曹兩造勢力爭取名士宿儒所散發的對立氛圍中，這令鄭玄之死亡及其原因，終究難能擺脫政治論述。〔註25〕尤其根據《鄭玄別傳》所述情節，意味鄭玄之死亡與曹操之關聯深切，完全與上述各種說法不同。此下依前文論序，稍加歸納：

一、王粲《英雄記》引曹操〈董卓歌詞〉：「鄭康成行酒，伏地氣絕。」

二、范曄〈鄭玄傳〉：「知命當終，有頃寢疾。隨袁譚軍，載病到元城縣，疾篤不進，卒。」

三、司馬彪〈鄭玄傳〉：「知命當終。有頃，寢疾而卒。」

四、《鄭玄別傳》：「獻帝在許都，徵爲大司農，行至元城，卒。」

以上四種說法都無法離開袁紹、曹操相爭，而且司馬彪之說看似完全迴避政治問題，反倒愈加可疑。《英雄記》所引〈董卓歌詞〉，以及《鄭玄別傳》這二種說法雖文簡意賅，申言以明之，卻幾近顯得處處對立。傳說之虛實，乃至臧否，其實反應後人撰述漢、魏故事各有立場、取擇，僅僅反映史實之應然而非本然。援引《英雄記》的裴松之《三國志注》與承襲《鄭玄別傳》的范曄《後漢書》，其立場與取擇自是各有長處，亦不能不有

〔註23〕《世說新語》，卷上之下，〈文學第四〉，頁七。

〔註24〕《後漢書》，卷三十五，〈張曹鄭列傳第二十五〉，頁1211。

〔註25〕執政者爭取在野名士之現象，非漢末所獨有，例如漢高祖欲行廢立太子故事，留侯張良獻策讓高后請「南山四皓」行走於太子近側，加上「儒宗」叔孫通進言相勸，此事遂寢，終令惠帝得以繼位。下逮光武帝勸勵士節，此風氣不僅通貫兩漢四百年，亦可能出自晚周諸侯國主對出奔者、客卿之任用，認同名士有助於執政者之威信。參見：《史記》，卷五十五，〈留侯世家第二十五〉，頁2044～2045。

矛盾。〔註 26〕經由范曄之筆，《後漢書‧鄭玄傳》提供了一種擺脫人事糾葛（袁、曹相爭）與個人嗜好（善飲）的說法，藉由年老篤疾與「夢見孔子」之事，進一步詮釋范氏心目中的「鄭玄」及其死因，令其形成趨近於神格化的存在。

　　除此之外，是否有其他記載曾經呈現過鄭氏學與政治間之幽微羈絆，以及明確死因？按西晉人皇甫謐（215～282）所撰之《高士傳》：

> 鄭玄字康成，北海高密人也，八世祖崇，漢尚書。玄少好學，長八尺餘，須眉美秀，姿容甚偉。習《孝經》、《論語》，兼通《京氏》、《公羊春秋》、《三正曆》、《九章算術》、《周官》、《禮記》、《左氏春秋》。
> 大將軍何進辟（鄭）玄，州郡迫脅，不得已而詣。進設机杖之禮以待玄，玄以幅巾見進，一宿而逃去。公府前後十餘辟，皆不就。〔註 27〕

此傳與前敘司馬彪之說，除了作者皆為「西晉」時人，另有一相通處，是二說皆不言袁、曹爭取鄭氏支持之事。但在皇甫氏〈鄭玄傳〉，脅迫鄭玄的大將軍變成了何進，文末不僅未交代鄭玄身故，亦未見飲酒事。按《高士傳》通篇文例，傳主身故之敘事，或見或不見，以鄭玄卒後有千人會葬，司馬氏且言鄭氏之死，則皇甫謐恐不見得未嘗聽聞其死因，但《高士傳》終以「闕文」應對此事。〔註 28〕

　　雖然死因眾說紛紜，鄭玄卒葬則是事實，據《隸釋》述「鄭康成碑」：

> 高密縣有礪阜，阜上有漢司農卿鄭康成冢，石碑猶存。〔註 29〕

此碑之故事，說詳下文。此冢之來歷，按北宋人樂史（930～1007）於《太平寰宇記》敘「高密縣」卷載鄭氏墓：

> 鄭康成墓，在縣西北十里。元（即鄭玄，因諱改字），此縣人也。《高

〔註 26〕宋文民認為「江左文士多矜誇門第，比伍才名。以曄之家教、博學與才氣、秉性，當不讓松之」云云，並強調范曄《後漢書》對裴松之《三國志注》篇目多加折衷考訂及取用。參見：宋文民，《後漢書考釋》（上海：上海古籍出版社，1995 年 9 月第 1 版第 1 次印刷），「附錄：范曄繫年」，頁 354。在本文的研究中，裴、范二人徵引有關曹魏史實之內容，已略見異趣。

〔註 27〕〔晉〕皇甫謐，《高士傳》（北京：中華書局影 1936 年版四部備要本，1989年 3 月第 1 版第 1 次印刷），卷下，頁 23a。

〔註 28〕假設皇甫氏《高士傳》確實有「不言」、「闕如」之留白筆法，若以《春秋》之義來附言，或許有不忍言賢者之亡故的意味，當然也有可能是沉默無言之抗議，另有難言之隱？姑備言於此。

〔註 29〕〔宋〕洪適，《隸釋‧隸續》（影洪氏晦木齋刻本，北京：中華書局，1985 年），卷二十，「酈道元水經注」，頁 206。

士傳》曰：袁紹屯兵官渡，謂元隨營不得，帶病至魏郡，元病篤，卒，葬於劇東。後以墓壞歸葬之礪阜，郡守以下縗絰者千餘人。礪阜在高密城西北五十里，唐貞觀十一年，詔去墓面十步，禁樵採焉。〔註30〕

《太平寰宇記》於此所引《高士傳》雖不見於今本，也未言其出自皇甫謐，卻接近范曄之〈鄭玄傳〉。若非皇甫謐《高士傳》佚文，則有可能是樂氏誤植。鄭玄之歸葬事惟於此見之，尚未得分辨虛實，但以范曄爲代表的「鄭玄傳說」逐漸影響後世文本，卻見端倪。鄭玄在初唐獲得朝廷榮崇〔註31〕，同樣反應在其墓葬與碑銘，而見唐人史承節（生卒不詳，約武則天執政中期）主持重新立碑之舉。歸根究底，史傳之形成過程及其傳聞之來源，既不能免除政治層面的考慮，各種對於鄭玄死因的傳聞，與連帶人際關係之糾葛，多元觀點互不相讓，正符合漢末複雜錯綜的情勢。其文脈既有先後，而其說卻相悖又並行，此一眾說紛紜之情態，亦將反映在各種史傳、碑銘對「鄭玄」生平與學思之描繪。當後人日復一日底遠離鄭玄生活過的年代，其眼中所見、心中所思，皆反映著「鄭玄」名號在後世、當代所被型塑的不同意象，范曄在史傳中所神格化的「鄭玄」，即便未曾導引讀者構築其漢末學術史認知，也會在後人的凝視中放大、張揚其地位。〔註32〕

〔註30〕〔宋〕樂史撰，《太平寰宇記・附補闕》（臺北：文海出版社，1993年2月初版），冊一，卷二十四，「高密縣」，頁211b。

〔註31〕《貞觀政要》載唐太宗貞觀二十一年詔：「左丘明、卜子夏、公羊高、穀梁赤、伏勝、高堂生、戴聖、毛萇、孔安國、劉向、鄭眾、杜子春、馬融、盧植、鄭玄、服虔、何休、王肅、王弼、杜預、范甯等二十有一人，並用其書，垂於國胄，既行其道，理合褒崇。自今有事於太學，可並配享尼父廟堂。」參見：《貞觀政要》，卷七，〈崇儒學第二十七〉，頁三至四。又，《唐會要》作「三十一年」，參見：《唐會要》，卷三十五，〈褒崇先聖〉，頁636。

〔註32〕《太平廣記》所引述之《幽明錄》：「王輔嗣注《易》，輒笑鄭玄爲儒，云：『老奴甚無意。』于時夜分，忽然聞門外閣有著屐聲。須臾進，自云鄭玄，責之曰：『君年少，何以輕穿文鑿句，而妄譏誚老子邪？』極有忿色，言竟便退。輔心生畏惡，經少時，遇厲疾卒。」這則志怪故事不僅悄然來到經學領域，而且關乎鄭玄與王弼在《周易》的不同立場，反映了魏晉時代圍繞在鄭玄及其學術的對抗氛圍。參見：〔宋〕李昉等編，《太平廣記》（北京：中華書局，1961年9月第1版，1986年3月第3次印刷），卷三百一十七，頁2512；又《太平御覽》，卷883，〈神鬼部三〉，頁3924b；又見：〔唐〕歐陽詢撰，汪紹楹校，《藝文類聚》（上海：上海古籍出版社，1982年新1版，1985年3月第3次印刷），卷七十九，〈靈異部下〉，頁1349。

第二節　「鄭玄傳」中的「鄭玄」與「鄭學」

　　前文對於范書〈儒林列傳〉的再分析，本文並未放在傳經脈絡來進行，迴避既有典範的同時，也稍免於此架構之匡限。筆者之意，范書〈儒林列傳〉之諸傳主人物並不見得是前後相承，而是范曄在「東京學者猥眾」〔註33〕情況下，憑持家學淵源與個人識見所揀選而成的結果，其標準一如司馬氏、班氏之儒林傳，皆需考慮史家身處當下之學術景況來取捨，故「何休傳」與「鄭玄傳」在范氏《後漢書》之位階，亦當如此考慮。尋范氏意下之「前書」，其「董仲舒傳」之調動，即可供作一例。董仲舒在《史記》與《漢書》之所以各有歸屬，這就是前漢武帝在位未崩時，與後漢章帝在位前後之差異。董氏在司馬遷生前仍是「經師」，而記在〈儒林列傳〉，但在董氏身後，緣於《春秋》學在兩漢政治中大放異彩，不論是體現於人事之議政、決獄，或為闡釋天道之陰陽、五行與災異，董氏其人及其代表之經術，得到後學之認同與讚許，讓董仲舒不再僅僅是一經師角色而已。班氏《漢書》透過「自有傳」的筆法，讓〈董仲舒傳〉獨立於〈儒林傳〉外，成就其榮辱不再與諸儒相涉的「儒宗」地位。司馬遷在其〈儒林列傳〉已強調董氏相較諸儒之特別處，云：

　　　漢興至於五世之間，唯董仲舒名為明於《春秋》，其傳公羊氏也。〔註34〕

司馬氏序〈儒林列傳〉「自孔子卒，京師莫崇庠序，唯建元、元狩之間，文辭粲如也」〔註35〕，僅限於武帝建元（140～135 B.C.）至元狩（122～117 B.C.）年間不墜經術之儒者。逮劉向、劉歆父子盛讚董氏而為班氏之鑒，於其傳末贊論另有折衷之筆：

　　　劉向稱：「董仲舒有王佐之材，雖伊、呂亡以加，管、晏之屬，伯者
　　　之佐，殆不及也。」至向子歆以為：「伊、呂乃聖人之耦，王者不得
　　　則不興。故顏淵死，孔子曰：『噫！天喪余。』唯此一人為能當之，
　　　自宰我、子贛、子游、子夏不與焉。仲舒遭漢承秦滅學之後，《六經》
　　　離析，下帷發憤，潛心大業，令後學者有所統壹，為群儒首。然考
　　　其師友淵源所漸，猶未及乎游、夏，而曰管、晏弗及，伊、呂不加，

〔註33〕　《後漢書》，卷七十九上，〈儒林列傳第六十九上〉，頁2548。
〔註34〕　《史記》，卷一百二十一，〈儒林列傳第六十一〉，頁3128。
〔註35〕　《史記》，卷一百三十，〈太史公自序第七十〉，頁3318。

　　過矣。」至向曾孫龔，篤論君子也，以歆之言爲然。〔註36〕

班氏留下劉向、歆父子兩種對董仲舒的看法，雖說劉歆並不認同劉向對董氏直抵「聖人之耦」的強烈褒美，否定其父論列董氏在伊尹、呂尚、管仲、晏嬰之上，但以董氏「承秦滅學之後，《六經》離析，下帷發憤，潛心大業，令後學者有所統壹，爲群儒首」，傳經之功雖未及子游、子夏，仍較〈儒林傳〉中同樣「承秦滅學之後」續傳《尚書》的伏生，更具備「自有傳」之資格，即勸武帝以經術取士、使《春秋》當兩漢治人之典。考慮此特殊的個人因素，經師宿儒得以自有其傳。

　　若將鄭玄在范曄《後漢書》「自有傳」的現象以班氏《漢書・董仲舒傳》來理解，即使不見得完全相容，卻已足夠提供參照。其理由在於紀傳體裁之《史記》、《漢書》皆未完全底定正史「儒林傳」之架構，猶待范氏斟酌其對於「前書」有多少不滿。雖然迄今尚未能夠確認「鄭玄」是否在早出的眾家後漢史述中被列在「儒林傳」，但是鄭玄在范曄《後漢書》被列入〈張曹鄭列傳第二十五〉與張純、曹褒等人合爲一傳的原因，是著眼於張、曹、鄭對古今禮制的嫻熟，而不能概以傳末針對鄭氏的論贊主旨，忽略了張純與曹褒存在此卷之目的，即使張、曹二人作爲〈鄭玄傳〉之先導，亦與鄭玄之學問深具關係。且觀范氏合論張純、曹褒等人曰：

> 漢初天下創定，朝制無文，叔孫通頗采經禮，參酌秦法，雖適物觀時，有救崩敝，然先王之容典蓋多闕矣，是以賈誼、仲舒、王吉、劉向之徒，懷憤歎息所不能已也。資文、宣之遠圖明懿（美），而終莫或用，故知自燕而觀，有不盡矣。孝章永言前王，明發興作，專命禮臣，撰定國憲，洋洋乎盛德之事焉。而業絕天筭，議黜異端，斯道竟復墜矣。夫三王不相襲禮，五帝不相沿樂，所以〈咸〉、〈莖〉異調，中都殊絕。況物運邅回，情數萬化，制則不能隨其流變，品度未足定其滋章，斯固世主所當損益者也。且樂非夔、襄，而新音代起，律謝皋、蘇，而制令亟易，修補舊文，獨何猜焉？禮云禮云，曷其然哉！〔註37〕

此見范書雖斷自莽後，其歷史評論仍不停自「中興」遠紹「漢初」，故〈張曹鄭列傳〉以張、曹諸「禮臣」損益舊文，「撰定國憲」，行跡多與鄭氏不相類，

〔註36〕《漢書》，卷五十七，〈董仲舒傳第二十六〉，頁 2526。
〔註37〕《後漢書》，卷三十五，〈張曹鄭列傳第二十五〉，頁 1205。

卻仍然硬是從兩漢《禮》學之流變，將張純、曹褒、鄭玄三人置於同一篇卷。
范曄於其卷末論鄭玄云：

> 自秦焚《六經》，聖文埃滅。漢興，諸儒頗修蓺文；及東京，學者亦
> 各名家。而守文之徒，滯固所稟，異端紛紜，互相詭激，遂令經有
> 數家，家有數說，章句多者或乃百餘萬言，學徒勞而少功，後生疑
> 而莫正。鄭玄括囊大典，網羅眾家，刪裁繁誣，刊改漏失，自是學
> 者略知所歸。王父豫章君每考先儒經訓，而長於玄，常以為仲尼之
> 門不能過也。及傳授生徒，並專以鄭氏家法云。〔註38〕

范曄《後漢書》「夾敘夾議」之史筆固然令讀者隨文見意，其缺失卻是過度仰
賴經籍「互文」之特性，援入它傳之說卻反而喪失此傳之旨。易言之，〈張曹
鄭列傳第二十五〉雖是「張純、曹褒二人傳記」與「鄭玄傳記」之合卷，其
實是引介出一位「外於儒林傳」的「鄭玄」來彰顯其不朽。在「前書」以「令
後學者有所統壹」而「自有傳」，獨立出「董仲舒傳記」，在范曄筆下亦以「括
囊大典，網羅眾家，刪裁繁誣，刊改漏失，自是學者略知所歸」之意，讓〈鄭
玄傳〉立於〈儒林列傳〉之外，以注解禮經之姿，接續在「國憲禮臣」之後。
班氏在其〈儒林傳〉繼承且又改變了《史記》與《漢書》取擇儒者的標準，
范曄又加以變化，「承其家學所尚」，寓見褒貶之意於《後漢書》中。

　　在見存文獻所規範出的侷限中，雖未能盡知范書以前之史傳作者如何去
面對「撰作鄭玄傳記」一事，單就范曄留下的線索去對照何休與鄭玄二人尚
存的聚焦論述，可以察覺何、鄭俱出入三傳而不受限於家法，亦可見到漢末
《穀梁》與《左氏》義例尚且不完備的缺陷，這對不時感到語塞的其祖父范
甯而言，鄭玄強釋何休〈穀梁廢疾〉，反倒暴露了《穀梁》學中久未解決的問
題，彼謂：

> 釋《穀梁傳》者雖近十家，皆膚淺末學、不經師匠，辭理典據既無
> 可觀，又引《左氏》、《公羊》以解此《傳》，文遇斯反，斯害也已。
>
> 〔註39〕

此言固然有一近世《穀梁》師承的針對性〔註40〕，亦恐范氏意有所指而不願

〔註38〕　《後漢書》，卷三十五，〈張曹鄭列傳第二十五〉，頁 1212～1213。
〔註39〕　《春秋穀梁注疏》，〈監本附音春秋穀梁注疏序〉，頁 7b。
〔註40〕　謝明憲，〈論《穀梁傳》「膚淺」〉，《第一屆世界漢學中的春秋學學術研討會論
　　　　　文集》（宜蘭：佛光大學歷史學系，2004 年），頁 64。

實說：鄭玄雖「釋」〈穀梁廢疾〉，但仍是一不經《穀梁》師匠之膚淺末學。
〔註41〕對讀史傳存記之鄭玄師承的空缺處，有跡可循。在范甯的文字裡，何、鄭爭論《穀梁傳》的意義，似乎僅是何休與鄭玄之間的學術問題，面對鄭氏「臆說」，坦言「未詳」。但在范曄身上，則是提供一則簡要說明後漢降至魏晉經學風氣丕變的象徵，是誰開始認為何、鄭之學足以說明這層轉變？除了范曄，恐怕還有其先祖范汪所帶領的家族讀經班，復藉由范甯傳授鄭氏家法之舉，對范曄的影響，這在《後漢書》諸儒的位次上，略可窺見。范甯在《春秋穀梁傳集解》雖未放大他認同何休義勝鄭玄之處，不過面對鄭玄三《禮》學在近世的盛況，即使他再怎麼對《春秋》「鄭義」感到無言，當不至於令讀者誤認「古學遂明」等於今文學「江河日下」，或許可能會聚焦於他人，出現別種新穎觀點。〔註42〕

范曄的〈鄭玄傳〉並未提到鄭玄所受諸經、注中包括《穀梁傳》，這在何休身上也一樣。反映在范氏《後漢書》中，《穀梁傳》在後漢的傳習敘事或許應當趨近范甯的體認，但也不是毫無疑點。首先，鄭玄之學術及其師承間的薄弱關聯，一直是鄭氏學中令人頗感困惑的問題，尤其鄭氏本人「最真實的自傳」〔註43〕對於此事也語焉不詳。據范氏〈鄭玄傳〉：

> 鄭玄……造太學受業，師事京兆第五元先，始通《京氏易》、《公羊春秋》、《三統曆》、《九章筭術》。又從東郡張恭祖受《周官》、《禮記》、《左氏春秋》、《韓詩》、古文《尚書》。以山東無足問者，乃西入關，因涿郡盧植，事扶風馬融。〔註44〕

可見范氏對於鄭氏師承脈絡，有一定的瞭解。但對照范氏徵引之〈戒子益恩書〉：

> 吾……游學周、秦之都，往來幽、并、兗、豫之域，獲覲乎在位通

〔註41〕倒是在更晚的年代裏，近世自劉逢祿下逮廖平在《釋穀梁廢疾》輯本中面向鄭玄的態度及企圖，從二人分頭另手重釐「《公羊》何氏釋例」、「《穀梁》古義」的策略即見權衡不同，這也各自反映著何休、鄭玄對應於《公》、《穀》之學所詔示的長短處。

〔註42〕擱置范意，如果「後漢書」不存在尊宗鄭學的意見，在《隋書・經籍志》中列為「雜史」的王嘉《拾遺記》對何、鄭論《春秋》學平分秋色的說法就值得進一步重視，其敘事呼應了六朝至隋唐史志作者們的理解。

〔註43〕指〈戒子益恩書〉。參見：張舜徽，《鄭學叢著》（武漢：華中師範大學出版社，2005年12月第1版第1次印刷），〈鄭學敘錄〉，頁5。

〔註44〕《後漢書》，卷三十五，〈張曹鄭列傳第二十五〉，頁1209～1210。

人，處逸大儒，得意者咸從捧手，有所受焉。〔註45〕

鄭玄在這篇「最眞實的自傳」中並未說出自己的師承，反而是二百餘年後的范曄〈鄭玄傳〉來對鄭氏師承給出回答。然而，無論上溯或追查細節反而出現更多缺乏線索的疑問，例如授業者之師承何來？又例如《穀梁》師說與鄭玄的關係，鄭玄是否從學過《穀梁傳》？如果有，爲何從學其祖的范曄會不清楚呢？如果沒有，先不談鄭玄釋〈穀梁廢疾〉的根底何在，其祖范甯研習《穀梁》，又教授鄭氏家法之舉，該如何理解？同樣寫到師承，范曄在〈何休傳〉所援入的「其師博士羊弼」同樣難以究明。

第二，除了關東經師，應如何看待馬融與鄭玄的關係？馬、鄭之間有幾則在范曄當世流傳開來的故事，於今且得聞一二。首先是成書於東晉的袁宏所撰《後漢紀》：

> 玄字康成，北海高密人也。爲嗇夫，隱恤孤苦，閭里安之。家貧，雖得休假，常詣校官誦經。太守杜密異之，爲除吏錄，使得極學。玄之右扶風，事南郡太守馬融。融門徒甚盛，弟子以次相授，至三年不得見。玄講習彌篤，晝夜不倦。融見奇之，引與相見，自篇籍之奧，無不精研，歎曰：「《詩》、《書》、《禮》、《樂》，皆以東矣！」

〔註46〕

袁氏說鄭玄西進來到馬融門下受學，經過三年才發現並接見這位「講習彌篤，晝夜不倦」，「精研」篇籍奧秘之門徒。相見未幾，馬融即認爲鄭玄已足堪傳授經術。這個故事傳到了南朝劉宋的劉義慶編《世說新語・文學》，有了續說：

> 鄭玄在馬融門下，三年不得相見，高足弟子傳授而已。嘗算渾天不合，諸弟子莫能解；或言玄能者，融召令算，一轉便決，眾咸駭服。及玄業成辭歸，既而融有「《禮》、《樂》皆東」之歎，恐玄擅名而心忌焉。玄亦疑有追，乃坐橋下，在水上據屐。融果轉式逐之，告左右曰：「玄在土下水上而據木，此必死矣。」遂罷追。玄竟以得免。

〔註47〕

此處與袁說不同處有二：第一，鄭玄「業成辭歸」，馬融乃歎「禮樂皆東」，而非馬、鄭相見；第二，馬融「恐玄擅名而心忌」，故「轉式逐之」，前去追

〔註45〕　《後漢書》，卷三十五，〈張曹鄭列傳第二十五〉，頁1209～1210。

〔註46〕　《後漢紀》，收入張烈點校，《兩漢紀》，〈孝獻皇帝紀卷第二十九〉，頁557。

〔註47〕　《世說新語》，卷上之下，〈文學第四〉，頁七。

趨鄭玄。宋人於《太平御覽》二度徵引同樣出自六朝劉宋時期的劉敬叔所撰
《異苑》，合其文觀之：

> 鄭玄〔康成〕師馬融，三載無聞，融鄙而遣還，玄過樹陰下假寐，
> 夢見一父老，以刀〔刃〕開其心，謂曰：「子可學矣。」於是寤而即
> 〔遂〕反，遂精洞典籍。融歎曰：「《詩》、《書》、《禮》、《易》，皆以
> 東矣！」〔註48〕

《太平廣記》所引《異苑》續上文：

> 融歎曰：「《詩》、《書》、《禮》、《樂》，皆已東矣！」潛欲殺玄，玄知
> 而竊去。融推式以算玄，玄當在土木上，躬騎馬襲之。玄入一橋下，
> 俯伏柱上。融跰躚橋側，曰：「土木之間，此則當矣，有水非也。」
> 從此而歸，玄用免焉。〔註49〕

劉氏《異苑》雖然述說的是神怪情節，但其基礎則建立在馬融追殺鄭玄之軼
聞，不僅接納馬融對鄭玄懷有鄙視之說，也承認鄭玄才智足以藉由其妙算，
免除殺身之禍。雖然相對於以上幾種說法，顯得有些神奇、不可思議，卻沒
有改變「鄭玄之才學識遠高於馬融」的共通認知。但是，南朝蕭梁時代的劉
孝標《世說新語注》引述《鄭玄別傳》，已有意糾正《新語》、《異苑》此類「委
巷之言」與神怪敘事：

> （鄭玄）年二十一，博極群書，精歷數圖緯之言，兼精算術。……
> 時涿郡盧子幹（盧植之字）為門人冠首。季長（馬融之字）又不解
> 剖裂七事，玄思得五，子幹得三。季長謂子幹曰：「吾與汝皆弗如也。」
> 季長臨別執玄手曰：「大道東矣，子勉之。」〔註50〕

比之前文，《鄭玄別傳》中所剖裂的是「馬融不解七事」，而非鄭玄的「心」，
還附帶盧植來見證馬融對「博極群書，精歷數圖緯之言，兼精算術」之弟子
鄭玄的讚許，認為此時年高德劭的馬融並非心胸險惡、道貌岸然之學者。

從范曄對馬融行事的諒解來看，他似乎很能理解馬融遭受摒棄、禁錮的

〔註48〕《太平御覽》，卷三百七十六、三百九十八，頁1736b、1839b。二處文句小異，
　　　　於引文中略加別之。此文又見：王利器，《鄭康成年譜》（濟南：齊魯書社，
　　　　1983年3月第1版第1次印刷），〈年譜〉，頁54。王氏引文未善，文字亦與
　　　　刊本有別，茲不俱出，僅參考其句讀。
〔註49〕《太平廣記》，卷二百一十五，「算術」，頁1645。
〔註50〕《世說新語》，卷上之下，〈文學第四〉，頁7。所謂剖裂，指的是算數中的分
　　　　數問題。

苦處，乃評論曰：

> （馬融）既而羞曲士之節，惜不贊之軀，終以奢樂恣性，黨附成譏，
> 固知識能匡欲者鮮矣。夫事苦，則矜全之情薄；生厚，故安存之慮
> 深。登高不懼者，胥靡之人也；坐不垂堂者，千金之子也。原其大
> 略，歸於所安而已矣。物我異觀，亦更相笑也。〔註51〕

既言「物我異觀，亦更相笑也」，可知眾人與自己對世情的見解，各自本於不
同人生經歷與思索。因此，范曄認為諸般「奢樂恣性」之舉，其實是馬融在
匡正時局、諫言失敗，遭權政治挫折之後，近乎有些自暴自棄的外在表現。「原
其大略，歸於所安」，退縮自守的馬氏在此消極態度下，難有動機去追殺遠慕
而來歸之學徒，倒應該是在追尋經術奧義的道路上提攜並鼓勵後進。至此，
馬融與鄭玄之間的問題，在范曄筆下亦同鄭氏死因之曲折，敘事有所折衷：

> 融門徒四百餘人，升堂進者五十餘生。融素驕貴，玄在門下，三年
> 不得見，乃使高業弟子傳授於玄。玄日夜尋誦，未嘗怠倦。會融集
> 諸生考論圖緯，聞玄善算，乃召見於樓上，玄因從質諸疑義，問畢
> 辭歸。融喟然謂門人曰：「鄭生今去，吾道東矣。」〔註52〕

綜合上述諸種敘事，可以從范氏〈鄭玄傳〉大略觀察出范曄折衷各種流傳說
法，而在〈馬融傳〉諒解馬氏處，否定了「轉式逐之」、「騎馬襲之」等說。
至於馬融對鄭玄所「歎」言之各種「道東」話語，甚至「臨別執玄手」之戲
劇般情節，亦在范氏筆下轉向為「融喟然謂門人曰」之敘事。范曄在〈鄭玄
傳〉排除了馬融與鄭玄之各種「相見」細節中之言行舉止，無形中將兩人關
係隔得更遠，但在經術的承襲脈絡卻顯得十分清楚明確。反映在其《後漢書》
諸傳序次中，記載鄭玄的〈張曹鄭列傳第二十五〉與馬氏所在的〈馬融列傳
第五十〉，標定著「鄭玄」與「馬融」兩種「自有傳」儒者之間的先後距離及
其高下，但在〈鄭玄傳〉中透過馬融之歎語，仍讓鄭玄承續了馬融學術之「道」。
易言之，皆未列入「後漢儒林」中的〈鄭玄傳〉與〈馬融傳〉，其敘事與評論
正反映著范曄對鄭氏學術脈絡的理解。

　　筆者徵引上述諸說之順序，其實意圖呈現一種改寫趨向，姑毋論今人如
何繼承舊說斥論《世說新語》、《異苑》等稗官小說之謬誤與矛盾〔註53〕，來

〔註51〕《後漢書》，卷六十，〈馬融列傳第五十〉，頁1973。
〔註52〕《後漢書》，卷三十五，〈張曹鄭列傳第二十五〉，頁1207。
〔註53〕參見：陳金木，〈經學家傳記的文化意涵：《後漢書‧鄭玄傳》析論〉，《興大

到前人所深信的范氏《後漢書・鄭玄傳》，可領會到鄭玄向西入關深造馬融門下，是有著「山東無足問者」的胸懷，但是三年不得見其面，而以高弟相傳的隔閡，對於從學以來只見過一面的師徒關係，范氏應如何下筆？相對當世流傳的諸種話語故事，范曄僅僅論列馬融於後漢諸儒之外，顯得既含蓄，又隱晦，襲取前書而來的「自有傳」筆法，在此退縮到不失爲一種適宜或說權宜的解決之道。

再看時人對鄭氏及其學術的意見，初任北海相的孔融（153～208）對於境內宿儒長者屢加褒崇，據袁宏之《後漢紀》：

> （孔融）年二十八，爲北海太守。先是黃巾破青州，融收合〔吏〕（夷）民，起兵自守。……稱詔誘吏民，復置城邑，崇學校庠序，舉賢貢士，表顯耆儒。以彭璆爲方正，邴原〔爲〕有道，王修爲孝廉，告高密縣爲鄭玄特立鄉名曰鄭公鄉，又國人無後及四方遊士有死亡，皆爲棺木而殯葬之，使甄子然臨配食縣社，其禮賢如此。〔註54〕

范曄亦言孔融在北海相任內優遇鄭玄，既更名「鄭公鄉」，又廣「通德門」。〔註55〕按《鄭玄別傳》載「國相孔文舉教高密縣曰」：

> 昔齊置「士鄉」，越有「君子軍」，皆異賢之意也。鄭君好學，實懷明德。昔太史公、廷尉吳公、謁者僕射鄧公，皆漢之名臣。又南山四皓有園公、夏黃公，潛光隱耀，世加其高，皆悉稱「公」。然則「公」者，仁德之正號，不必三事大夫也，今鄭君鄉宜曰「鄭公鄉」。昔東海于公，僅有一節，猶或戒鄉，侈其門閭。矧乃鄭公之德，而無駟牡之路，可廣開衢，令容高車，號爲「通德門」。〔註56〕

中文學報》，第十九期，2006年6月，頁131。

〔註54〕〔晉〕袁宏撰，周天游校注，《後漢紀校注》（天津：天津古籍出版社，1987年12月第1版第1次印刷），卷三十，頁835。

〔註55〕其傳載此事則爲：「稍復鳩集吏民爲黃巾所誤者男女四萬餘人，更置城邑，立學校，表顯儒術，薦舉賢良鄭玄、彭璆、邴原等。郡人甄子然、臨孝存知名早卒，融恨不及之，乃命配食縣社。其餘雖一介之善，莫不加禮焉。郡人無後及四方遊士有死亡者，皆爲棺具而斂葬之。」參見：《後漢書》，卷七十，〈鄭孔荀列傳第六十〉，頁2263。

〔註56〕《鄭玄別傳》文字較少，「仁德」作「人德」字，改從范氏〈鄭玄傳〉。參見：《太平御覽》，卷一百五十七，〈州郡部三・鄉〉，頁764a；《後漢書》，卷三十五，〈張曹鄭列傳第二十五〉，頁1208。又〈孔融教高密令〉云：「高密令侯國牋言，鄭國增門之崇，令容高車。結駟之路，出麥五斛，以酬執事者之勞。」此見《太平御覽》，卷八百三十八，〈百穀部二・麥〉頁3746a。

藉由易名鄉里以見尊鄭氏為「賢」之意，又以「好學」為「明德」，雖「潛光隱耀，世加其高」仍合當稱「公」。今雖不知鄭氏意願，孔融由「鄭君」而稱「鄭公」之舉，進一步令其鄉里門閭必須改建，擴大衢幅，使長者所乘之大車可通行無礙。因一人有德而澤及四鄰，概見孔融優遇鄭玄之手段，實較何進、袁紹、曹操等人高明不少。且在鄭玄為避黃巾之難而南下，其子鄭益恩赴難身故之後，孔融教令修繕其宅以勸來歸：

> 鄭公久游南夏，今艱難稍平，儻有歸來之思，無寓人于我室毀傷，
>
> 其藩桓林木，必繕治牆宇以俟還。〔註57〕

姑毋論二人是否有私交、交游如何，鄭玄對孔融勸學興教的方向不應有矛盾。然而一說孔氏私下卻對鄭氏之學的態度極為不同，且有所憑。據《太平御覽》引孔融〈與諸卿書〉，其語曰：

> 鄭康成多臆說，人見其名學，謂有所出也。證案大較，要在五經四
>
> 部書，如非此文，近為妄矣。若子所執，以為郊天鼓必當騏驎〔麒
>
> 麟〕之皮，寫《孝經》本當曾子家策乎？〔註58〕

此說自來令不少學者感到困惑，主因在於，史傳既已明言孔融公開敬重鄭玄，怎麼可能又會譏笑其學呢？按鄭玄避難於南城山注《孝經》事，此於其〈孝經序〉已言：

> 僕被難於南城山，棲遲巖石之下。念昔先人之餘暇，述夫子之志，
>
> 而注《孝經》。〔註59〕

此說與其〈戒子益恩書〉言禁錮以後，「但念述先聖之元意，思整百家之不齊」相合，以「念昔先人之餘暇，述夫子之志」在南城山注解《孝經》，又與「志在《春秋》，行在《孝經》」的脈絡相對。鄭玄弟子並未述及其師注解《孝經》

〔註57〕 《太平廣記》，卷一百六十四，〈名賢〉，頁1190。

〔註58〕 《太平御覽》，卷六百八，〈學部二·敘經典〉，頁2736b。鄭氏「臆説」，又見顏師古《明堂制度議》曰：「旌旗冠冕，古今不同，律度權衡，前後不一，隨時之義，斷可知矣。假如周公舊章，猶當擇其可否；宣尼彝則，尚或補其闕漏。況鄭氏臆説，淳于謏聞，匪異守株，何殊膠柱？」參見：《舊唐書》，卷，〈禮儀志二〉，頁。《孝經》與曾子之關係，據《史記》載：「曾參，南武城人，字子輿。少孔子四十六歲。孔子以為能通孝道，故授之業。作《孝經》。」參見：《史記》，卷六十七，〈仲尼弟子列傳第七〉，頁751。

〔註59〕 劉肅於〈孝經序〉下云：「今驗《孝經注》，與康成所注五經體並不同。」支持劉知幾，否定《孝經鄭注》出自鄭玄。參見：〔唐〕劉肅撰，許德楠、李鼎霞點校，《大唐新語》（北京：中華書局，1984年8月第1版第1次印刷），卷之九，頁135。

事於合撰之《鄭志》中〔註 60〕，但據唐人言「南城山，曾子父所葬」〔註 61〕
之說，即可解釋其淵源在於鄭玄避難於南城山，藉「念昔先人之餘暇」注解
《孝經》之意，進而重新聚焦了「曾參與《孝經》」間之關係。〔註 62〕逮鄭玄
歸家，孔融聞知緣由如此，如何能不憤怒呢？

〔註 60〕 「《鄭志目錄》記鄭之所注，五經之外，有《中侯》、《大傳》、《七政論》、《乾
象曆》、《六藝論》、《毛詩譜》、《答臨碩難禮》、《許慎異義駁》、《釋廢疾》、《發
墨守》、《箴膏肓》、《答甄守然》等書。」參見：《鄭志疏證》，卷八，葉九。《鄭
志》未言鄭玄有《孝經注》，此說爲劉知幾於開元七年議《孝經鄭注》事所本，
且言趙商《鄭先生碑銘》、《晉中經簿》皆未著錄。更有趣處是劉氏別考「後
漢史書存於代者，有謝承、薛瑩、司馬彪、袁山松等，其爲《鄭玄傳》者，
載其所注，皆無《孝經》。」參見：《唐會要》，卷七十七，〈論經義〉，頁 1406
～1407。對照范曄〈鄭玄傳〉記載的《孝經注》，范氏肩負其家學淵源來動手
修撰《後漢書》與〈鄭玄傳〉，其立場與史筆既然難有可能違背范氏學，卻能
遠一步在鄭玄親授業的弟子之外，確認《孝經鄭注》的存在。清人初得金人
重修「唐鄭公祠碑」，以碑文見鄭氏注解《孝經》，遂信以爲眞，其實這仍是
唐人基於范書與鄭學背景下之認知。就孔融的強烈反應來看，鄭注《孝經》
一事無論眞僞，其意義並不在於鄭注文字本身，而在於鄭氏進行注解的動機
與自我意識，實際上已動搖了孔子之地位，違逆了兩漢時人對「孔子撰定群
經」的認知。

〔註 61〕 《後漢書》，卷四十九，〈王充王符仲長統列傳第三十九〉，頁 1637。

〔註 62〕 《孝經》與孔氏之關係，據《漢書・藝文志》載：「武帝末，魯恭王壞孔子宅，
欲以廣其官，而得《古文尚書》及《禮記》、《論語》、《孝經》凡數十篇，皆
古字也。」則此本自家壁出而以孔壁本稱之。然世有長孫氏、江氏、后氏、
翼氏等名家，「經文皆同，唯孔氏壁中古文爲異」，「諸家說不安處，古文字讀
皆異」。參見：《漢書》，卷三十，〈藝文志第十〉，頁 1706、1719。《史記》、《漢
書》皆未言孔安國爲《孝經》作傳，而今存之《古文孝經孔氏傳》遂有王肅
僞作之說。若孔氏原有家傳之《古文孝經孔氏傳》，則鄭氏注釋《孝經》一事
與家傳之《古文孝經孔氏傳》相對立的情形，並非孔氏所樂見。黃懷信引述
胡平生的主張，認爲王肅之解別有所本，不僅非僞作，甚至即可能就是來自
孔安國《傳》，意味王氏對孔傳的繼承。黃氏主張孔安國雖未整理、隸古定古
文《孝經》，但確曾爲之作過傳注，並傳授之。今傳《古文孝經孔氏傳》有可
能原出孔安國，只是在傳承過程中，被後世子孫有所加工。參見：黃懷信等
著，《漢晉孔氏家學與『僞書』公案》（廈門：廈門大學出版社，2011 年 4 月
第 1 版第 1 次印刷），「孔安國與古文孝經」，頁 90、93。在本文的思維中，筆
者以爲前人若欲對抗鄭學之徒、爲孔氏洗冤，沒有比證明孔氏家傳《孝經》
更重要、有力的方式。本文無法質疑《古文孝經》及其《孔氏傳》之虛實，
也不否定王肅「僞作」或後人加工之說，但經由前漢所出土《古文孝經》及
其《孔氏傳》去「回應」鄭氏之《孝經》注，這個動機在孔融死亡之後已顯
得更具可能性。無論《古文孝經》與《孔氏傳》的來歷如何，當它與「王肅」
相連結時，儼然形成了一個對抗「鄭學」的學術戰線，而且可能是由敵方的
鄭學繼承者所團結出來的微妙合體。

按《隸釋》載「泰山都尉孔宙碑」條，其載孔融之父孔宙解褐之前事：

> 有漢泰山都尉孔君之銘
>
> 君諱宙，字季將，孔子十九世之孫也。天姿醇嘏，齊聖達道。少習家訓，治《嚴氏春秋》。緝熙之業既就，而閨閫之行允恭。德音孔昭，遂舉孝廉。……會遭篤病，告困致仕，得從所好。年六十一，延熹六年正月乙未，□□□疾。〔註63〕

此碑陽銘文敘孔宙所學唯「少習家訓，治《嚴氏春秋》」，未載它經，另依門生四十二人、門童一人、故吏八人、故民一人、弟子十人之順序，錄名於碑陰之上。此碑刻在漢桓帝延熹七年（164），總內外敘意，孔宙之弟子及門人亦當習《嚴氏春秋》。又按范曄《後漢書》之〈孔融傳〉：

> （孔）融幼有異才。年十歲，隨父詣京師。……年十三，喪父，哀悴過毀，扶而後起，州里歸其孝。性好學，博涉多該覽。〔註64〕

孔融雖未冠而喪父，亦未能推知是否傳習父業，但《公羊傳》載言「孔父」〔註65〕事蹟，又專主孔子「所見、所聞、所傳聞」之三世論，亦足設想孔門對《春秋》經傳之取捨，其實本於孔門之「家訓」。范曄僅言其「性好學博涉，多該覽」，若非不詳孔融所學所承，未免過於輕描淡寫。據《隸釋》所錄〈孔廟置守廟百石孔龢碑〉，其載奏疏：

> 司徒臣雄、司空臣戒稽首言：「魯前相瑛書言，詔書崇聖道，勉……藝，孔子作《春秋》，制《孝經》，□□演《易‧系辭》，經緯天地，幽讚神明，故特立廟，襃成侯四時來祠，事已即去。廟有禮器，無常人掌領，請置百石卒史一人，典主守廟。……」
>
> 制曰：「可。」
>
> 元嘉三年三月廿十日……〔註66〕

司徒吳雄、司空趙戒〔註67〕呈報魯相乙瑛所上奏書，其文重申「孔子制作《春

〔註63〕　《隸釋‧隸續》，「隸續」，卷十四，「天下碑錄」，頁417a。

〔註64〕　《後漢書》，卷七十，〈鄭孔荀列傳第六十〉，頁2261～2262。據此推算，孔融當延熹七年方為十三歲。司馬彪撰《續漢書》之〈孔融傳〉，此處敘事與范傳相近，惟不詳孔融年歲。

〔註65〕　例如《公羊傳》：「孔父正色而立于朝，則人莫敢過而致難於其君者，孔父可謂義形於色矣。」

〔註66〕　《隸釋‧隸續》，「隸釋」，卷一，「孔廟置守廟百石孔龢碑」，頁17b～18a。

〔註67〕　此二人任官未久，吳雄於元嘉元年（151）以光祿勳為司徒，趙戒於次年自特

秋》、《孝經》」〔註68〕，並〈繫辭〉所象經天緯地之功，乃特有其廟，並由嫡孫以襲封之褒成侯身份來奉四時常祠。惟事畢之後，無人藏守專設之禮器，恐遇災盜，乃有是議。漢桓帝元嘉三年（153）三月，即以制書允可，將爲常制，碑文自此乃見司徒、司空書下魯相，指示「選其年廿以上，經通一藝，雜試通利，能奉弘先聖之禮，爲宗所歸者」。〔註69〕最後選出孔龢爲孔廟常設之百石卒史，以其人「脩《春秋》嚴氏，經通高第，事親至孝，能奉先聖之禮，爲宗所歸」。〔註70〕既然世人同意《春秋》、《孝經》皆出自孔子，孔氏子弟亦當嫺熟，雖言「經通一藝」即可榮膺此任，但是應此試者以其精熟之《春秋》義中第，亦不令人意外。

孔子後裔第十九世孔宙、孔龢輩熱衷《嚴氏春秋》，正是孔融出生時事，不難想見桓帝時期的孔子後裔謹守「家訓」，熱烈擁抱《嚴氏（公羊）春秋》與《孝經》的立場。〔註71〕相對於當代否定《孝經》不出於孔子的意見〔註72〕，孔融在〈與諸卿書〉中，對同班卿士嚴詞批評鄭玄「寫《孝經》本，當曾子家策乎」一句，十足表現出他對鄭氏之反感，也可能代表孔氏一門對於《孝經》甚至《春秋》的絕對主張，其危險處即體現於時人利用鄭玄、支持鄭學的觀點，形諸鄭玄門人與孔氏之對立。按范曄載孔融之死因：

進爲司空，見《後漢書》，卷七，〈孝桓帝紀第七〉，頁297～298。

〔註68〕 《孝經援神契》載：「孔子制作《孝經》，使七十二弟子向北辰星而磬折，使曾子抱《河》、《洛》事北向。孔子簪縹筆，絳單衣，向北辰而拜。」又：「告備於天曰：《孝經》四卷、《春秋》、《河》、《洛》凡八十一卷，謹已備。天乃虹蔚起，白霧摩地，赤虹自上下化爲黃玉，長三尺，上有刻文。孔子跪而受讀之曰：『寶文出，劉季握，卯金刀，在軫北，字禾子，天下服。』」《孝經鉤命決》：「孔子在庶，德無所施，功無所就，志在《春秋》，行在《孝經》。孔子曰：吾志在《春秋》，行在《孝經》。以《春秋》屬商，以《孝經》屬參。」參見：《七緯（附論語讖）》，頁706～707、723。

〔註69〕 《隸釋·隸續》，「隸釋」，卷一，「孔廟置守廟百石孔龢碑」，頁18b。

〔註70〕 《隸釋·隸續》，「隸釋」，卷一，「孔廟置守廟百石孔龢碑」，頁18b。

〔註71〕 據兩漢文獻，記載孔子生平與卒年的《春秋》與「孔子」有深刻關連，但《孝經》與孔子的關係則曖昧許多，加上孔壁《孝經》之獻書事、孔安國與《古文孝經孔傳》之關聯等，兩漢對《孝經》抱持的懷疑目光，在鄭玄身上達到一波高點。參見：《漢晉孔氏家學與「僞書」公案》，「孔安國與古文孝經」，頁83～93。

〔註72〕 例如司馬遷，其〈孔子世家〉不言孔子作《孝經》事，而在〈仲尼弟子列傳〉寫下「曾參……孔子以爲能通孝道，故授之業。作《孝經》。」此說與前註徵引的二種《孝經緯》完全悖反。參見：《史記》，卷六十七，〈仲尼弟子列傳第七〉，頁2205。

曹操既積嫌忌，而郗慮復搆成其罪，遂令丞相軍謀祭酒路粹枉狀奏
融曰：「少府孔融，昔在北海，見王室不靜，而招合徒眾，欲規不
軌，云『我大聖之後，而見滅於宋，有天下者，何必卯金刀。』……
既而與（禰）衡更相贊揚。衡謂融曰：『仲尼不死。』融答曰：『顏
回復生。』大逆不道，宜極重誅。」書奏，下獄棄市。時年五十六。
妻子皆被誅。〔註73〕

按范說，孔融後歸獻帝而身在許都，卻在朝議屢次觸怒實際上的執政者曹操，
遂令曹氏暗地驅使鄭氏弟子郗慮羅致其罪，乃有路粹誣奏孔融之罪狀。在路
氏的論點中，孔融之叛逆早見於北海相任內，偃文修武而有自立之心，並默
認自己是當代仲尼，是以「大逆不道，宜極重誅」，最後不僅被公開處決，更
殃及妻子。

　　據裴松之注《三國志・魏書・崔琰傳》引司馬彪《九州春秋》，司馬氏對
孔融之評論：

（孔）融在北海，自以智慧優贍，溢才命世，當時豪俊皆不能及。亦
自許大志，且欲舉軍曜甲，與羣賢要功，自於海岱結殖根本，不肯碌
碌如平居郡守，事方伯、赴期會而已。然其所任用，好奇取異，皆輕
剽之才。至於稽古之士，謬爲恭敬，禮之雖備，不與論國事也。高密
鄭玄，稱之鄭公，執子孫禮。及高談教令，盈溢官曹，辭氣溫雅，可
玩而誦。論事考實，難可悉行。但能張磔網羅，其自理甚疏。租賦少
稽，一朝殺五部督郵。奸民汙吏，猾亂朝市，亦不能治。〔註74〕

據司馬彪說，得見孔融於北海相任內治績平平，毀譽參半，但僅顯示其才能
不足，並不構成其罪。反觀范曄於其〈孔融傳〉提及「時袁、曹方盛，而融

〔註73〕　《後漢書》，卷七十，〈鄭孔荀列傳第六十〉，頁2278。孔融之不幸，可參見學
　　　　　者申說：孟祥才，《先秦秦漢史論》（濟南：山東大學出版社，2001年9月第
　　　　　1版，2003年8月第2次印刷），〈論孔融的悲劇〉，頁523～532。
〔註74〕　《三國志》，卷十二，〈魏書・崔毛徐何邢鮑司馬傳第十二〉，頁371。《資治通
　　　　　鑑》敘孝獻皇帝建安元年（丙子、一九六年）九月事，敘孔融傳：「北海太守
　　　　　孔融，負其高氣，志在靖難，而才疏意廣，訖無成功。高談清教，盈溢官曹，
　　　　　辭氣清雅，可玩而誦，論事考實，難可悉行。但能張磔網羅，而自理甚疏；
　　　　　造次能得人心，久久亦不願附也。其所任用，好奇取異，多剽輕小才。至於
　　　　　尊事名儒鄭玄，執子孫禮，易其鄉名曰『鄭公鄉』，及清儁之士左承祖、劉義
　　　　　遜等，皆備在座席而已，不與論政事，曰：『此民望，不可失也！』參見：〔宋〕
　　　　　司馬光編著，〔元〕胡三省音注，《資治通鑑》（北京：中華書局，1956年6
　　　　　月第1版1995年7月第9次印刷），卷六十二，〈漢紀五十四〉，頁1989～1990。

無所協附」，即見路粹在孔融罪狀所說「昔在北海，見王室不靜，而招合徒眾，欲規不軌」之情節，反映了孔融不願涉入袁紹、曹操相爭的意向，反倒得罪了雙方，先是被袁譚所攻擊，而後又成為叛逆王室的話柄。但是對照范曄的評論：

> 若夫文舉之高志直情，其足以動義概而忤雄心。故使移鼎之跡，事隔於人存；代終之規，啓機於身後也。夫嚴氣正性，覆折而已。豈有員圓委屈，可以每其生哉！懍懍焉，皭皭焉，其與琨玉秋霜比質可也。〔註75〕

前見司馬彪以孔融的行事績效來評論其人，范氏立論卻採用抽象的角度去歌頌孔融，二家論述著實異趣。從前述孔融褒崇鄭玄、卻又斥言鄭注《孝經》一事的轉變來說，范曄並未在〈孔融傳〉言及孔融對鄭氏《孝經》學的否定，卻於〈鄭玄傳〉列出鄭玄註解《孝經》為其「百餘萬言」的著作之一，其間之曲折，恐怕出於范氏對鄭玄及其學術之褒美，故排除或忽略了各種不利於鄭玄人格與學術地位的評論。然而，孔氏與鄭氏又對《孝經》與孔子間的關係出現重大分歧，其死因又牽涉他與曹操、鄭氏弟子之政治對立，而被構罪陷害。鄭玄一方面信任緯書，為之作注，認同孔子與緯書之間具有一定的關係，卻又將六經去孔子化，相對降低了孔子與其微言大義之地位。孔融的死亡突顯出鄭氏弟子已接近漢廷、魏國之權力核心，具有不容小覷之政治影響力。曹操在此情景唱出寫有「鄭康成行酒，伏地氣絕」文字的詩歌，儼然表示「鄭康成」已是等同孔融所褒揚的「鄭公」一詞，皆是可以被掌權執政者變更論述、賦予意義的政治符號。建安時期士人對鄭氏及其學術之接納，已難脫離政治脈絡的糾纏，這也讓「鄭玄傳記」之撰寫與閱讀，呈現複雜的詮釋情節。

第三節　漢魏「鄭氏學」與范曄〈鄭玄傳〉之作意

陳壽在《三國志》中已使用「鄭氏學」一詞：

> 許慈字仁篤，南陽人也。師事劉熙，善鄭氏學，治《易》、《尚書》、《三禮》、《毛詩》、《論語》。〔註76〕

〔註75〕　《後漢書》，卷七十，〈鄭孔荀列傳第六十〉，頁2280。
〔註76〕　《三國志》，卷四十二，〈蜀書・杜周杜許孟來尹李譙郤傳第十二〉，頁1022。

又有：

> 姜維字伯約，天水冀人也。少孤，與母居。好鄭氏學。〔註77〕

《三國志》諸傳記中屢次出現的「鄭氏學」一詞，其意涵是范曄〈鄭玄傳〉中必須釐清的核心概念，但是范曄在〈鄭玄傳〉未曾使用這個詞彙，而另於范氏為鄭玄其人進行評論時，從其祖范甯身上帶出「鄭氏家法」，表示自己與鄭玄之學自有一層淵源。這是否是刻意迴避呢？從范氏〈鄭玄傳〉所略言的「鄭氏學」，對照陳壽《三國志》與包括自己在內的各種「後漢書」傳記，其用意即在透過其筆下之「鄭玄傳記」，為學者提供「鄭氏學」一詞的源流脈絡，藉由〈鄭玄傳〉在「經學」、「歷史」之中，奠定鄭玄及其學術之地位。

繼前文提到孔融從袁譚手下逃往許都、歸附漢室之後，孔融與曹操之間的宿怨，甚至與同班列之公卿士人之間發生的政策衝突，多處與鄭玄有直接或間接的關聯。袁紹陣營、曹操把持的朝廷與此前擔任北海相的孔融，都希望借重鄭玄的學術聲望來穩定政治局勢、社會秩序。但在袁紹兵敗官渡之後，政治情勢朝往有利曹操的方向進行，隨著鄭玄弟子透過曹氏拔擢，進入朝廷擔任要職，鄭玄的學術主張逐漸影響建安時期的執政方針。

回頭再據范曄〈鄭玄傳〉所載，鄭氏於其〈戒子益恩書〉言及早年遊學情況：

> 游學周、秦之都，往來幽、并、兗、豫之域，獲觀乎在位通人，處逸大儒，得意者咸從捧手，有所受焉。遂博稽六藝，粗覽傳記，時睹秘書緯術之奧。〔註78〕

范曄在〈鄭玄傳〉已交代鄭玄覓師從學之經過，但對照鄭氏自述師承，卻顯得十分隱晦。此書信寫在其子鄭益恩歿身前後，應非回應孔融對其學術主張之批評，當無退縮不敢坦言師承之可能性，應當考慮鄭玄「略言師承」，並遊走在「得意」與不得意之諸家經師之間的情況。按照《拾遺記》的記載，「京師稱康成為經神」，與「學海」何休連比，何氏因此而有「不遠千里，贏糧而至」之求學者。鄭玄在黨禁之前，已歸鄉里，「客耕東萊，學徒相隨已數百千人」，遭受禁錮之後，鄭氏遂帶領弟子「隱修經業，杜門不出」。此間撰文駁斥何休「三闕」，因而被時人稱為「經神」，享譽京師，應當有如同何休般廣收弟子之可能性。范曄說建安五年鄭氏卒後，「自郡守以下嘗

〔註77〕《三國志》，卷四十四，〈蜀書‧蔣琬費禕姜維傳第十四〉，頁1062。
〔註78〕《後漢書》，卷三十五，〈張曹鄭列傳第二十五〉，頁1209。

受業者，繈緥赴會千餘人」，其中即包括了出仕漢廷、名留今見史傳者。據
《水經》載〈漢太尉陳球碑〉：

> 泗水東南逕下相縣故城東……城之西北有漢太尉陳球墓，墓前有三
> 碑，是弟子管寧、華歆等所造。〔註79〕

陳球弟子管寧、華歆〔註80〕爲師立碑，此數碑之來歷在《太平御覽》所引《述
征記》〔註81〕載有更加詳盡的說法：

> 《述征記》曰：「下相城西北漢太尉陳球墓有三碑，近墓一碑記弟子
> 盧植、鄭玄、管寧、華歆等六十人。」其一碑陳登碑文，並蔡邕所作。
> 〔註82〕

今見陳球於范曄《後漢書》中有其傳記，其間敘述陳球在光和二年解除黨禁
之後與部分士大夫謀誅內侍宦官，不幸事洩而死。〔註83〕此碑據《隸釋》所

〔註79〕 〔北魏〕酈道元注，楊守敬、熊會貞疏，段熙仲點校，陳橋驛復校，《水經注
疏》（南京：江蘇古籍出版社，1989年6月第1版，1999年8月第2次印刷），
頁2154。又見〈太尉陳球碑跋〉：「今碑破蘭、蓋事班班可讀，與〈傳〉皆合，
惟不著誅宦官事。至其卒時，文字摩滅不可識，惟云六十有二，亦與〈傳〉
合，予所集錄古文，與史傳多異，惟此碑所載與〈列傳〉同也。」此碑與傳
文字相合之例甚妙，若非後人重刻碑記，也有可能緣於後漢史臣如蔡邕等人
採錄。事實上，蔡邕不僅修撰國史，也確實爲時人名士撰寫碑記，而有可能
發生傳、碑同文的情形。

〔註80〕 有傳曰：「管寧、華歆嘗同席讀書，有乘軒冕過門者，寧讀如故，歆廢書出看。
寧割席分座，曰：『子非吾友也。』」此即二人最著名的「割蓆斷義」故事，
不無可能正是發生於二人師從陳球期間。參見：《世說新語》，卷上之上，〈德
行第一〉，頁三。

〔註81〕 《述征記》之來歷，《隋書・經籍志》載「《述征記》二卷，郭緣生撰」，《唐
書・經籍志》、《新唐書・藝文志》並同，自來雖未詳明「郭緣生」其人行跡，
仍斷以爲東晉、劉宋時人，此書爲其親自見聞，史志列在地理書類。參見：《隋
書》，卷三十三，〈志第二十八・經籍二〉，頁982。

〔註82〕 《太平御覽》，卷五百八十九，〈文部五・碑〉，頁2654a。

〔註83〕 「（熹平）六年，遷（陳）球司空，以地震免。拜光祿大夫，復爲廷尉、太常。
光和元年，遷太尉，數月，以日食免。復拜光祿大夫。明年，爲永樂少府，
乃潛與司徒河間劉郃謀誅宦官。……（靈）帝大怒，策免郃，郃與球及劉納、
陽球皆下獄死。球時年六十二。」參見：《後漢書》，卷五十六，〈張王種陳列
傳第四十六〉，頁1834。按《隸釋》載：「球有兩碑，皆在下邳，其一已殘缺，
此碑差完可考。前代碑碣與史傳多牴牾，而球碑所載官閥事蹟，與傳合。東
漢之末，政在閹寺，威福下移，其勢蓋可畏也，而一時眾君子猶奮不顧身，
力排其姦，雖遭屠戮而不悔，志雖不就，然亦可謂壯哉，如球是已。使當時
士大夫能屈己以事之，則富貴可長保矣，然君子固未肯以彼易此也。」參見：
《隸釋・隸續》，「隸釋」，卷二十五，〈太尉陳球碑〉，頁269a。

考，宋時已不見在，惟其餘碑文載見「故民」等文字，則盧植、鄭玄不僅曾經相爲學友，亦與管寧、華歆一同師事陳球。〔註84〕鄭玄在〈戒子益恩書〉所提及「比牒併名者早爲宰相」，按諸史傳碑記下逮范曄《後漢書》所載，似指先後進牒，師從於陳球之同輩，即碑記所言盧植與華歆、管寧等人。

按范氏所撰之〈盧植傳〉：

> 盧植……身長八尺二寸，音聲如鍾。少與鄭玄俱事馬融，能通古今學，好研精而不守章句。融外戚豪家，多列女倡歌舞於前。植侍講積年，未嘗轉眄，融以是敬之。學終辭歸，闔門教授。性剛毅有大節，常懷濟世志，不好辭賦，能飲酒一石。〔註85〕

此見盧植與鄭玄二人的交往甚早，鄭玄得以師事馬融，又與盧植的引薦有關。范曄於〈馬融傳〉載云：

> （馬）融才高博洽，爲世通儒，教養諸生，常有千數。涿郡盧植，北海鄭玄，皆其徒也。……常坐高堂，施絳紗帳，前授生徒，後列女樂，弟子以次相傳，鮮有入其室者。〔註86〕

按范氏所述，盧植長年處於得以侍講馬融的場合，而且馬融還能知道盧植聽講期間從未有過倦容，則盧植當爲馬融門下之「入室高弟」，對照前文「三年不得見其師」的鄭玄，二人在馬融門下讀書受學的經驗與感受，可說非常不同。〔註87〕雖然范曄未曾在其《後漢書》交代盧植、鄭玄與陳球之關係，卻契合鄭玄在〈戒子益恩書〉中避而不談其師友網絡的低調作風。〈陳球碑〉著實爲後人勾勒鄭氏師友關係提供了值得參考的線索。

至於華歆與管寧，據陳壽《三國志》載〈華歆傳〉：

> 華歆……拜議郎，參司空軍事，入爲尚書，轉侍中，代荀彧爲尚書令。太祖征孫權，表歆爲軍師。魏國既建，爲御史大夫。文帝即王位，拜相國，封安樂鄉侯。及踐阼，改爲司徒。〔註88〕

〔註84〕 裴松之注引《魏略》曰：「歆與北海邴原、管寧俱游學，三人相善，時人號三人爲『一龍』，歆爲龍頭，原爲龍腹，寧爲龍尾。」此文表述了管寧、華歆與邴原三人之關係。參見：《三國志》，卷十三，〈魏書‧鍾繇華歆王朗傳第十三〉，頁402。

〔註85〕 《後漢書》，卷六十四，〈吳延史盧趙列傳第五十四〉，頁2113。

〔註86〕 《後漢書》，卷六十上，〈馬融列傳第五十上〉，頁1972。

〔註87〕 范曄說盧植能飲一石，鄭玄能飲一斛，「斛」是「石」的俗稱，意味二人酒量相當。

〔註88〕 參見：《三國志》，卷十三，〈魏書‧鍾繇華歆王朗傳第十三〉，頁402。

此傳遍敘華歆任官，仍未言華歆爲陳球弟子。又〈管寧傳〉：

> 管寧字幼安，北海朱虛人也。……長八尺，美須眉。與平原華歆、
> 同縣邴原相友，俱游學於異國，並敬善陳仲弓。〔註89〕

陳壽於此道出管寧、華歆與邴原之間的友誼，「俱游學於異國，並敬善陳仲弓」。「仲弓」爲時人陳寔（104～186）之字，其子陳紀（129～199）後來爲大鴻臚，與鄭玄先後建議朝廷恢復肉刑，隱約有種信念相契的人際網絡。〔註90〕〈陳球碑〉記載的交游網絡雖與范書不盡相符，卻可延伸到陳壽《三國志》與裴松之所引述之諸種文獻，因此〈陳球碑〉對於鄭玄生平師友關係提供的線索，可能正是被范曄有意忽略的情況。

筆者以爲，一旦鄭玄、盧植、華歆等人曾爲陳球弟子之說法得以成立，前述鄭玄經過盧植推薦，入關師從馬融一事，即是基於二人本爲同窗舊識之緣故。是以，此碑之意義不僅是盧植與鄭玄二人相識之實物證據，亦得側面解釋華歆雖在昏耄之年，卻爲何捨棄任用子弟、賢達，倒願意上奏魏文帝進用其孫鄭小同。據《三國志‧三少帝紀》載甘露三年（258）八月詔，以關內侯鄭小同爲五更，裴松之注引《魏名臣奏》：

> 華歆表曰：「臣聞勵俗宣化，莫先於表善，班祿敘爵，莫美於顯能，是以楚人思子文之治，復命其胤，漢室嘉江公之德，用顯其世。伏見故漢大司農北海鄭玄，當時之學，名冠華夏，爲世儒宗。文皇帝旌錄先賢，拜玄適孫小同以爲郎中，長假在家。小同年踰三十，少有令質，學綜六經，行著鄉邑。……臣老病委頓，無益視聽，謹具以聞。」〔註91〕

華歆此議有二處值得觀察，第一是他提到前漢對「瑕丘江公」學術的採納，

〔註89〕《三國志》，卷十一，〈魏書‧袁張涼國田王邴管傳第十一〉，頁354。前人曾見「魏管寧碑」，參見：《隸釋‧隸續》，「隸釋」，卷二十七，「酈天下碑錄」，頁287a。

〔註90〕陳紀，字元方，除了可能與鄭玄相識，也可能還包括劉備。據《華陽國志》載：「丞相諸葛亮，時有言公惜赦，亮答曰：『治世以大德，不以小惠，故匡衡、吳漢不願爲赦。先帝亦言：吾周旋陳元方、鄭康成間，每見啓亂之道悉矣，備曾不語赦也。若劉景升父子歲歲赦宥，何益於治也？』」此見蜀漢執政自昭烈帝劉備至丞相諸葛亮以來，對於嚴格刑罰之主張，正是來自陳紀、鄭玄。參見：〔晉〕常璩撰，《華陽國志》（濟南：齊魯書社，2010年1月），卷七，〈劉後主志〉，頁92～93。

〔註91〕《三國志》，卷四，〈魏書‧三少帝紀第四〉，頁142。

這在前文「瑕丘江生」被後人尊稱為「公」的脈絡，可以藉由論述出「用顯
其世」之「江公」地位，進一步形成「名冠華夏，為世儒宗」的鄭玄，此事
可於前述范曄《後漢書》對鄭玄與諸儒的安排得到認識。第二，華歆在奏議
中為引薦鄭玄之孫鄭小同擔任「天子暫時不臣」之「五更」〔註92〕，其中敘
述的「學綜六經」〔註93〕之鄭小同個人簡傳，並未出現在范曄〈鄭玄傳〉中，
也未出現在唐人對范曄《後漢書》的註解。范氏在裴松之《三國志注》之後
書寫〈鄭玄傳〉，僅陳述出「鄭玄有一孫名為鄭小同」之史筆，雖然沒有像在
其他傳記正面與裴說發生衝突，但實際上讓後人將裴氏博採的文獻，當作〈鄭
玄傳〉此處「鄭小同」空白敘事之註腳，仍舊介入裴松之對「鄭氏學」譜系
的敘事。〔註94〕但是范曄為何不寫清楚呢？范曄在〈鄭玄傳〉迴避說明華歆
對「學綜六經」之鄭小同的薦舉，固然與此事不屬後漢時代有些關係，但范
氏為了鄭玄而新撰傳記，既要彰明「鄭氏學」之源流所在，其實對於附言於
其〈鄭玄傳〉之鄭氏弟子，如郗慮、王基〔註95〕、崔琰、國淵〔註96〕、任嘏〔註
97〕等人，以建安時期之活動為一套選擇標準與時代斷限，仍與陳壽《三國志》
中所提到的「鄭氏學」弟子、門生等人有所不同。〔註98〕范曄經過這般裁斷

〔註92〕「不臣三老五更者，欲率天下為人子弟。禮曰：『父事三老，兄事五更。』」
　　　　參見：《白虎通疏證》，卷七，〈王者不臣〉，頁319～320。魏帝任鄭小同為五
　　　　更，而以兄禮事之，則提昇了鄭小同之聲望，在政治、學術、社會地位各層
　　　　面，皆對士人有所影響。

〔註93〕《隋書・經籍志》載有「《禮義》四卷」、「《鄭志》十一卷」，皆署「魏侍中鄭
　　　　小同撰」。參見：《隋書》，卷三十二，〈志第二十七・經籍一〉，頁922、938。

〔註94〕范曄於此處之敘事出自《鄭玄別傳》，在裴松之的引述中，《魏名臣奏》的華
　　　　歆奏議接在《鄭玄別傳》之下。范曄《後漢書》若如劉知幾所說「簡而且周」
　　　　般的完備，實際上是放棄了許多可再追究的細節，自然造成不少原可避免的
　　　　誤解。

〔註95〕王基曾任曹魏荊州刺史，齊王曹芳嘉平三年率軍攻吳，後任司空。參見：《三
　　　　國志》，卷四，〈魏書・三少帝紀第四〉，頁124。《隋書・經籍志》載有：「《毛
　　　　詩駮》一卷。魏司空王基撰。」參見：《隋書》，卷三十二，〈志第二十七・經
　　　　籍一〉，頁916。

〔註96〕陳壽〈國淵傳〉云：「國淵字子尼，樂安蓋人也。師事鄭玄。後與邴原、管寧
　　　　等避亂遼東。既還舊土，太祖辟為司空掾屬，每於公朝論議，常直言正色，
　　　　退無私焉。」參見：《三國志》，卷十一，〈魏書・袁張涼國田王邴管傳第十一〉，
　　　　頁339。

〔註97〕《隋書・經籍志》載有「《任子道論》十卷，魏河東太守任嘏撰。」參見：《隋
　　　　書》，卷三十四，〈志第二十九・經籍三〉，頁1002。

〔註98〕范曄於〈鄭玄傳〉附言曰：「其門人山陽郗慮至御史大夫，東萊王基、清河崔

與切割，使二書載錄的鄭氏弟子各自形成不同風貌。

鄭玄弟子之中有不少自漢廷改仕曹魏者，易言之，這群鄭氏弟子不僅走出一條異於其師之政治坦途，還見證「魏受漢禪」，更可能如華歆一般實際參與其中，此處顯然被范曄藉朝代受命的時間斷限予以切割。據《三國志》之〈崔琰傳〉：

> 崔琰字季珪，清河東武城人也。少樸訥，好擊劍，尚武事。年二十三，鄉移為正，始感激，讀《論語》、《韓詩》。至年二十九，乃結公孫方等就鄭玄受學。學未期，徐州黃巾賊攻破北海，玄及門人到不其山避難。時谷糴縣乏，玄罷謝諸生。琰既受遣，而寇盜充斥，西道不通。於是周旋青、徐、兗、豫之郊，東下壽春，南望江、湖。自去家四年乃歸，以琴書自娛。〔註99〕

崔琰雖未盡得鄭學，但接著先後受了袁紹與曹操的徵辟而出仕任官，「魏國初建，拜尚書」〔註100〕，據「《春秋》之義，立子以長」支持曹丕為魏國世子，不但進入曹氏之決策圈，對於曹魏之建立亦有貢獻。但是崔琰卒於獻帝建安二十一年（216），即使崔琰長期擔任曹氏幕僚，政統仍未改朝換代，范曄何以不在《後漢書》為崔琰立傳呢？筆者以為，這恐怕與范曄反對曹操的立場不無關係。

鄭氏門下之高弟，除崔琰之外，更有郗慮。據司馬彪書云：

> （郗）慮字鴻豫，山陽高平人。少受業於鄭玄，建安初為侍中。〔註101〕

鄭玄群弟子中，郗慮似為范書所特言者，而且還與孔融之死亡有密切關連，已見前述。〔註102〕據今人考證，絕大多數鄭氏弟子、門人並未見載於范氏《後漢書》〔註103〕，對照郗慮在曹氏執政下的活躍情節，陳壽在《三國志》並未

琰著名於世。又樂安國淵、任嘏，時並童幼，玄稱淵為國器，嘏有道德，其餘亦多所鑒拔，皆如其言。」參見：《後漢書》，卷三十五，〈張曹鄭列傳第二十五〉，頁1212。范曄序郗慮於門人之首，位至三公，最有功名。
〔註99〕《三國志》，卷十二，〈魏書·崔毛徐何邢鮑司馬傳第十二〉，頁367。
〔註100〕《三國志》，卷十二，〈魏書·崔毛徐何邢鮑司馬傳第十二〉，頁368。
〔註101〕《八家後漢書輯注》，〈司馬彪續漢書·卷五〉，「郗慮傳」，頁501。前人曾見「漢御史大夫郗慮碑」，參見：《隸釋·隸續》，「隸釋」，卷二十七，「酈天下碑錄」，頁287a。
〔註102〕《後漢書》，卷七十，〈鄭孔荀列傳第六十〉，頁2278。
〔註103〕王利器考得崔琰、王經、國淵、任嘏、張逸、趙商、田瓊、劉琰、劉德、冷

替郗慮立傳，卻是范曄《後漢書》特舉郗慮，並附名於〈鄭玄傳〉中，在〈孔融傳〉述其事實。據裴松之引虞溥《江表傳》即存載郗慮其人與孔融之間的衝突：

> 獻帝嘗特見（郗）慮及少府孔融，問融曰：「鴻豫何所優長？」融曰：「可與適道，未可與權。」慮舉笏曰：「融昔宰北海，政散民流，其權安在也！」遂與融互相長短，以至不睦。公以書和解之。慮從光祿勳遷爲大夫。〔註104〕

孔融對於獻帝特問，取《論語·子罕》「可與共學，未可與適道；可與適道，未可與立；可與立，未可與權」來評論郗慮只適合讀書，不適合爲官持柄。此語一出，讓郗慮立刻向獻帝奏言孔融在北海相任內的政績，其實也不適合任官掌權。根據司馬彪對郗慮「少受業於鄭玄」的說法，郗慮很可能在其門下求學期間，親身見證孔融的治績。郗慮的觀察與論點，後來透過路粹代筆的孔融罪狀，更加發揮。但在此時，郗慮與孔融之間的衝突、不和，已嚴重到需要曹操立書爲二人調解，讓郗慮自「掌宿衛宮殿門戶」的光祿勳，改任無實際職掌、「坐而論道」的御史大夫，一方面容忍孔融，另方面藉由新職安撫鄭氏弟子郗慮，看似降低雙方衝突，實際上否斥了孔融的氣燄。

　　在范曄的史書筆法與史實取擇中，孔融之死因與曹操有直接關聯，郗慮只是附從此事，因此寫成「山陽郗慮承望風旨，以微法奏免融官」，絲毫不提郗慮與孔融之間的仇怨。也就是說，范曄反對「嘲笑鄭康成行酒，伏地氣絕」的曹操，而將孔融描述、歌頌爲盡心漢室、被權臣謀害的忠良之士，對於裴松之著眼於鄭玄弟子郗慮與孔融的個人仇怨，范曄顯露出不置一詞的沉默。

　　據唐人撰《晉書·刑法志》載，漢獻帝建安元年，鄭玄、陳紀等人認爲現行刑罰無法遏止天下亂象，故呈請朝廷，建議恢復肉刑：

> 是時天下將亂，百姓有土崩之勢，刑罰不足以懲惡，於是名儒大才故遼東太守崔寔、大司農鄭玄、大鴻臚陳紀之徒，咸以爲宜復行肉

剛、孫皓、炅橫、王瓚（王贊）、王權、焦喬（焦氏）、崇精、崇翱、汜閣、陳鑠、陳鏗、任厥、桓翱、鮑遺、公孫方、宋均、劉熙、韓益、程秉、孫乾、韋昭（韋曜）、甄子然、王基、周元明、郗慮等三十四人。除了此輩皆是否爲鄭玄「親受業弟子」的問題外，王利器排出的次序，將范曄首列的郗慮、王基改入在最後，略見王氏摒斥郗慮入列鄭玄弟子的意味，可以見到他否定范曄排列鄭氏弟子之衡量標準。參見：王利器著，《鄭康成年譜》（濟南：齊魯書社，1983 年 3 月第 1 版第 1 次印刷），〈弟子〉，頁 271～311。

〔註104〕《三國志》，卷一，〈魏書·武帝紀第一〉，頁 37。

刑。漢朝既不議其事，故無所用矣。〔註105〕

對照前文所述，應劭既藉由重整刑律文獻來恢復法律〔註106〕，似非主張改採嚴刑峻罰，其議當與鄭氏等人相反。應劭於次年因事畏曹而歸於袁紹，拜軍謀校尉，諸書並載應劭對鄭玄語：「故泰山太守應仲遠北面稱弟子何如？」〔註107〕這句話的背後，多少反應了應劭失意於許都，在刑律理念上與鄭玄等人產生的心結。獻帝建安十三年六月，「罷三公官，置丞相、御史大夫」〔註108〕，曹操在同月擔任丞相之後〔註109〕，為了強化朝廷威權，透過尚書令荀彧（163～212）遊說公卿再興此議，即是著眼於建安十二年已徹底消滅袁氏一門，統一北方之後的政治局勢。當時擔任少府，因職事得與獻帝親近的孔融，對此事提出了反對意見：

> 古者敦厖善否，區別吏端，刑清政簡，一無過失，百姓有罪，皆自取之。末世陵遲，風化壞亂，政撓其俗，法害其教。故曰「上失其道，人散久矣」。而欲繩之以古刑，投之以殘棄，非所謂與時消息也。紂斷朝涉之脛，天下謂為無道。夫九牧之地，千八百君，若各刖一人，是天下常有千八百紂也，求世休和，弗可得已。且被刑之人，慮不念生，志在思死，類多趨惡，莫復歸正。……故明德之君，遠度深惟，棄短就長，不苟革其政者也。〔註110〕

孔融的論點有二：第一，他認為百姓犯罪的原因在於教化不彰，為政者制定不適宜的法律、制度，形同枷鎖，反而更讓人民無所適從，故謂「上失其道」以致風俗敗壞，姦惡紛起。第二，孔融認為即使施用嚴酷的刑罰，加諸於罪犯的身體上，他們「慮不念生，志在思死，類多趨惡，莫復歸正」，不僅無法改變人心，反而會產生更多不珍惜性命的罪犯，讓社會秩序惡化，令施政更加困難，因此說服了獻帝，朝廷遂「不議其事」。比較之下，鄭氏貶低孔子地位、建議恢復肉刑的主張，這與信任經緯皆出自孔子、主張以教化代替刑罰的孔融，歧見甚鉅。

〔註105〕《晉書斠注》，卷三十，〈志第二十・刑法〉，頁653b。
〔註106〕《後漢書》，卷四十八，〈楊李翟應霍爰徐列傳第三十八〉，頁1612～1613。
〔註107〕《後漢書》，卷三十五，〈張曹鄭列傳第二十五〉，頁1211。
〔註108〕《後漢書》，卷九，〈孝獻帝紀第九〉，頁385。
〔註109〕同年八月，鄭玄弟子郗慮自光祿勳升任御史大夫。參見：《後漢書》，卷九，〈孝獻帝紀第九〉，頁385。
〔註110〕《晉書斠注》，卷三十，〈志第二十・刑法〉，頁653b～654a。

　　隨著反對鄭氏學的士大夫逐漸退出政治舞臺，鄭玄弟子、友人擁立其孫
鄭小同入朝居官，鄭氏學及其傳播者對漢末時局、人事造成的影響，雖然未
必可以歸因於鄭玄，但實情仍不符合後人對鄭玄懷抱的美好想像。裴松之注
《三國志・崔琰傳》引《魏氏春秋》曰：

> 袁紹之敗也，（孔）融與太祖書曰：「武王伐紂，以妲己賜周公。」
> 太祖以融學博，謂書傳所紀見。後問之，對曰：「以今度之，想其當
> 然耳！」十三年，融對孫權使，有訕謗之言，坐棄市。……融有高
> 名清才，世多哀之。太祖懼遠近之議也，乃令曰：「太中大夫孔融既
> 伏其罪矣，然世人多採其虛名，少於核實，見融浮豔，好作變異，
> 眩其誑詐，不復察其亂俗也。此州人說平原禰衡受傳融論，以為父
> 母與人無親，譬若瓴器，寄盛其中。又言若遭饑饉，而父不肖，寧
> 贍活餘人。融違天反道，敗倫亂理，雖肆市朝，猶恨其晚。更以此
> 事列上，宣示諸軍將校掾屬，皆使聞見。」〔註111〕

此令被後人稱為〈宣示孔融罪狀令〉〔註112〕，事在建安十三年。其文對孔融
之重點批判，在於透過州人鄉民口中，得知孔融傳授給禰衡一種「違天反道，
敗倫亂理」的論調，這與前引路粹受命羅致孔氏之罪狀中，提到孔、禰二人
對話「仲尼不死」、「顏回復生」的勾結，是不同的脈絡。丞相曹操及其僚屬
直接將孔融論述成一「好作變異，眩其誑詐」之「亂俗」者，等同於孔融所
言「風化壞亂」、「撓俗」、「害教」的惡人。雖然這種手段不免污衊得有些過
分，但是孔融自恃學問博通，虛構「武王以妲己賜周公」去譏嘲其子曹丕納
娶袁熙（？～207）妻甄氏（183～221）一事〔註113〕，這在裴松之的觀感裡，
孔融之罪顯然是咎由自取，但范曄卻不如此認同。

　　既然供職於漢廷與魏國之公卿大夫中有鄭玄弟子，上述孔融連同妻子一起
被殺所留下的政治僵局，即是此輩必需面對之課題。按魏文帝黃初二年（221）
〈魏修孔子廟碑〉文〔註114〕，朝廷大加宣告重修孔子廟的舉動，即見安撫懷柔
之意。但此碑提及孔子與群經之間的關係，並未如前述魯相乙瑛並舉《春秋》、
《孝經》般之特殊地位，而是僅言《春秋》卻不復言《孝經》。〔註115〕這層意

〔註111〕《三國志》，卷十二，〈魏書・崔毛徐何邢鮑司馬傳第十二〉，頁370。
〔註112〕《曹操集》，卷二，頁70。
〔註113〕《三國志》，卷五，〈魏書・后妃傳第五〉，頁160。
〔註114〕《三國志》，卷二，〈魏書・文帝紀第二〉，頁77。
〔註115〕《隸釋・隸續》，「隸釋」，卷一，「孔廟置守廟百石孔龢碑」，頁17b～18a。

義當溯及魏廷對於切割孔子與《孝經》兩者關係之企圖，此事不僅在鄭玄註解《孝經》時漸露端倪，亦為孔融所深切反對。但是孔氏家廟經過曹魏時代的重新整修，落實為鄭氏弟子將《孝經》自孔子身上脫勾的宣言。藉由政治上的運作，君臣關係被再三強調，逐漸改變後漢晚期士大夫對孝道之堅持。當代忠臣不由孝子，後漢國祚轉移之情勢已不可復逆。

　　與鄭氏學相對立的漢末人物中，除了本文所欲專論的何休之外，前述已見孔融其人在曹操秉政之下遭受迫害。何氏早卒，且其異議在《春秋》三傳及《周禮》，至於孔氏除了《孝經》以外，更主張從教化宣導來取代恢復肉刑，而與鄭玄的建議針鋒相對。史傳見載的另一著名異議者，是與華歆、管寧交好的邴原，據裴松之注《三國志》於〈邴原傳〉引《邴原別傳》：

> 邴原……欲遠游學，詣安丘孫崧（范書作嵩字）。崧辭曰：「君鄉里鄭君，君知之乎？」原答曰：「然。」崧曰：「鄭君學覽古今，博聞彊識，鈎深致遠，誠學者之師模也。君乃舍之，躡屣千里，所謂以鄭為東家丘者也。君似不知而曰然者，何？」原曰：「先生之說，誠可謂苦藥良鍼矣；然猶未達僕之微趣也。人各有志，所規不同，故乃有登山而採玉者，有入海而採珠者，豈可謂登山者不知海之深，入海者不知山之高哉！君謂僕以鄭為東家丘，君以僕為西家愚夫邪？」崧辭謝焉。〔註116〕

觀察孫嵩與邴原間的對話，相信不難從「東家丘」、「西家愚夫」二說褒貶鄭玄其人的寓意，去推敲孫嵩、《邴原別傳》作者乃至裴松之對鄭玄學術地位態度，其實頗具貶意，亦可解說「鄭氏學」與諸人不合的緣由。〔註117〕從對話看來，孫嵩對鄭玄其人與其學並不陌生，今日唯一可知的二人關係，則是范曄在〈鄭玄傳〉提到鄭玄與孫嵩等同郡四十餘人一起被禁錮，筆者以為，可

〔註116〕《三國志》，卷十一，〈魏書・袁張涼國田王邴管傳第十一〉，頁351。另據裴松之引司馬彪《續漢書》載：「孔融……承黃巾殘破之後，修復城邑，崇學校，設庠序，舉賢才，顯儒士。以彭璆為方正，邴原為有道，王脩為孝廉。」此與孔融推崇鄭玄事相連，皆為孔氏在北海之治績。參見：《三國志》，卷十二，〈魏書・崔毛徐何邴鮑司馬傳第十二〉，頁 370。前人曾見「魏邴原碑」，參見：《隸釋・隸續》，「隸釋」，卷二十七，「酈天下碑錄」，頁287a。

〔註117〕北齊人顏之推認為「魯人謂孔子為東家丘」事值得給予子孫借鑒，故曰「聖賢難得，當心醉魂迷向慕之」，「世人多蔽，貴耳賤目，重遙輕近」。聖賢既然難得且難親見，又何況耳目聞見皆乃眾人吹捧之「聖賢」？顏說參見：王利器撰，《顏氏家訓集解（增補本）》（北京：中華書局，1993 年 12 月第 1 版，1996 年 9 月第 2 次印刷），卷二，〈慕賢第七〉，頁 127～132。

能是緣於黨人杜密任職北海之時，孫氏與鄭玄先後爲鄉佐、計掾，二人遂爲故舊同事，一起受到牽連。因此孫嵩方能知曉鄭玄對經術的偏好與背景，進而推薦邴原去師從鄭玄。

　　自董卓於中平六年（189）廢黜少帝，改由獻帝即位，袁紹遂以此藉口起兵，欲攻伐董卓。時人鄭泰（150？～190？）上書述及山東形勢，提到鄭玄與邴原之聲譽：

> 東州鄭玄學該古今，北海邴原清高直亮，皆儒生所仰，群士楷式。
> 〔註 118〕

此時已見鄭玄、邴原並稱，二人學問與士節或許旗鼓相當。《邴原別傳》對邴原讀書求學、避難海外、遼東的經過，雖有一些略顯戲劇化的描寫，但仍記載了海外士人歸赴邴原所在，受業從學之事。逮邴原自遼東返鄉，在州郡已與鄭玄齊名：

> 自反國土，（邴）原於是講述禮樂，吟咏詩書，門徒數百，服道數十。
> 時鄭玄博學洽聞，註解典籍，故儒雅之士集焉。原亦自以高遠清白，
> 頤志澹泊，口無擇言，身無擇行，故英偉之士向焉。是時海內清議，
> 云青州有邴、鄭之學。〔註 119〕

邴原與鄭玄二人學問之高下，可以從范曄與《邴原別傳》行文中的先後序次得到一點線索，但邴原與鄭玄二人之間的主張、學問有何不同？屬於何種對立？現下僅能就寥寥數條議論來觀察。今據唐人杜佑《通典》之「皇后敬父母」條諸議，此文根據獻帝皇后在公、私場合與其父採用不同禮儀一事，討論皇后對於至親父母之間，應該以何種形式表述彼此的各種關係。其背景是曹操在建安元年（196）十一月「爲司空，行車騎將軍事，百官總己以聽」之後，爲了防範獻帝結合外戚伏氏來排除自己，因此避免帝后在公、私場合藉由提高外戚的儀節，擴大其威信與影響力，讓外戚勢力把握到競逐權力地位的機會。〔註 120〕鄭玄據三公八座提出的四種論點〔註 121〕，申述己見：

〔註 118〕《後漢書》，卷七十，〈鄭孔荀列傳第六十〉，頁 2259。
〔註 119〕《三國志》，卷十一，〈魏書・袁張涼國田王邴管傳第十一〉，頁 353。
〔註 120〕據《後漢書・孝獻帝紀》載建安元年夏六月「鎮東將軍曹操自領司隸校尉，錄尚書事。曹操殺侍中臺崇、尚書馮碩等。封衛將軍董承爲輔國將軍，伏完等十三人爲列侯……。」此見獻帝欲藉董承、伏完等人來平衡曹操之意。參見：《後漢書》，卷九，〈孝獻帝紀第九〉，頁 380。
〔註 121〕「後漢獻帝皇后父、屯騎校尉不其亭侯伏完朝賀公庭，完拜如眾臣；及皇后在離宮，后拜如子禮。三公八座議：或以爲，皇后天下之母也，完雖后父，

鄭玄議曰：四者不同，抑有由焉。天子所不臣者三，其一，后之父母也。天子尚不臣，況於后乎！《春秋》魯隱公二年，紀裂繻來逆女。冬，伯姬歸於紀。又桓八年，祭公來，遂逆王后於紀。九年，紀季姜歸於京師。或言逆女，或言逆王后，蓋義有所見也。女雖嫁爲鄰國夫人，其尊無以加於父母；嫁於天子者，此雖己女，成言曰「王后」，明當時之尊，得加父母也。紀季姜歸於京師，更稱其「字」者，得行禮而戒之，其尊安可加父母耳。今不其亭侯在京師，禮事出入，宜從臣禮。若后息離宮，及歸寧父母，從子禮。〔註122〕

鄭玄首先提出「天子所不臣」的前提，可見於《白虎通》記載的議論，但是此說出自於緯書《孝經鉤命決》。〔註123〕鄭氏接著根據《春秋》書「王后」例，明示其「尊」，故可加尊於父母，但又書王后之「字」例，亦知有不加尊之意。此處文例之變化，與《公羊傳》解釋隱公二年「九月紀『履綸』來逆女」之用詞有關，易言之，鄭玄採用了後漢朝議的論斷和官學憑據。〔註124〕所以說，鄭玄最後的判斷是不去更動現行的作法，讓伏后在公庭接受其父朝拜，維護尊嚴，輿駕在離宮與返回父母家等私人場合則行子禮，不失父子之親。鄭玄藉由《孝經鉤命決》與《公羊傳》義所作的解釋，意圖兼顧尊尊、親親之道。以官方支持的《孝經緯》與《春秋》經來看，鄭玄確實提供了正解，但在當下的政治現實則被視爲內外矛盾的權宜妥協，而被時任「丞相徵事／司空掾」〔註125〕的郗

不可令后獨拜於朝。或以爲，當交拜，令后存人子之道，完不廢人臣之義，又子尊不加於父母，『雖爲天王后，猶曰吾季姜』，欲令完猶行父法，后專奉子禮，公私之朝，后當獨拜。或以爲，皇后至尊，父亦至親，交拜則父子無別，完拜則傷子道，后拜則損至尊，欲令公朝者完拜如眾臣，於公宮后拜如子。不知四者，何是正禮？」參見：《通典》，卷六十七，〈禮二十七・沿革二十七・嘉禮十二〉，頁1859～1860。

〔註122〕《通典》，卷六十七，〈禮二十七・沿革二十七・嘉禮十二〉，頁1860。

〔註123〕「王者所以不臣三，何也？謂二王之後，妻之父母，夷狄也。……不臣妻父母何？妻者，與己一體，恭承宗廟，欲得其歡心，上承先祖，下繼萬世，傳於無窮，故不臣也。《春秋》曰：『紀季姜歸於京師。』父母之於子，雖爲王后，尊不加於父母，加王何？王者不臣也。又譏宋三世內娶於國中，謂無臣也。」參見：《白虎通疏證》，卷七，〈王者不臣〉，頁316～317。「天子常所不臣者三，唯二王之後、妻之父母、夷狄之君。……不臣妻之父母者，親與其妻共事先祖，欲其歡心。」參見：《七緯（附論語讖）》，卷三十七，〈孝經緯之二・孝經鉤命決〉，頁729。

〔註124〕《公羊傳》：「女何爲或稱女？或稱婦？或稱夫人？女在其國稱女，在塗稱婦，入國稱夫人。」

〔註125〕據《後漢書・孝獻帝紀》，建安十三年「夏六月，罷三公官，置丞相、御史大

原根據《孝經》與《左氏傳》逐一反駁：

> 丞相徵事邴原駁曰：「《孝經》云：『父子之道，天性也。』明王之章，先陳事父之孝。女子子出，降其父母，婦人外成，不能二統耳。《春秋左氏傳》曰：『紀裂繻來逆女。』列國尊同，逆者謙不敢自成，故以在父母之辭言之，禮敵必三讓之義也。『祭公逆王后於紀』者，至尊以無外，辭無所屈，成言曰『王后』。『紀季姜歸於京師』，尊已成，稱『季姜』，從紀，子尊不加於父母之明文也。如皇后於公庭官僚之中，令父獨拜，違古之道，斯義何施。漢高五日一朝太上皇，家令識子道不盡，欲微感之，令太上皇擁篲卻行稱臣。雖去聖久遠，禮文闕然，父子之義，五品之常，不易之道，寧爲公私易節？公庭則爲臣，在家則爲父，是違禮而無常也。言子事父無貴賤，又云子不爵父。」〔註126〕

邴原根據《左氏》的論述，認爲《春秋》稱「王后」、「女」、「季姜」的文例旨趣，也是其中是否具有「尊」義。但是邴原立論於《孝經》本文對「父子之道爲天性」〔註127〕的前提，而否定鄭玄藉《孝經鉤命決》「天子不臣后父母」所進行之解說。在邴原的主張中，父子之「親」不論公、私場合都不會改變，會改變的關係卻是君臣之「尊」，當據不易之「親」以見其「尊」，因此，邴原認爲伏后在公、私場合皆應對皇后父親伏完施行爲人子之禮。

　　在於後世學者眼中，學貫三禮、彰明古今制度，並在當代傾向古學的鄭玄，其實對《公羊傳》、《孝經緯》的援引並不少見，此爲後漢學術講究博通之特徵。至於個性「清高直亮」的邴原所給出的批判與論點卻顯得更加純粹，不僅未參照緯書，也沒有依據門戶家言來助成己說。在漢末政局由曹氏輔政的情勢下，與何休同樣經緯典謨的鄭玄根據經典詮釋所得到的學術意見，開始進入朝議，但是當時在學術上與鄭玄齊名的邴原，卻認爲鄭玄的議論並未

　　夫。癸巳，曹操自爲丞相。」此年以前之「丞相徵事」即三公僚屬，故爲司空曹操所辟，《三國志·邴原傳》載「太祖辟爲司空掾」。因曹操改變了三公之名，故其掾屬職稱也隨之更動。參見：《後漢書》，卷九，〈孝獻帝紀第九〉，頁385；《三國志》，卷十一，〈魏書·袁張涼國田王邴管傳第十一〉，頁351。

〔註126〕《通典》，卷六十七，〈禮二十七沿革二十七嘉禮十二〉，頁1860～1861。

〔註127〕今見《孝經》作「父子之道，天性也，君臣之義也。父母生之，續莫大焉；君親臨之，厚莫重焉。」參見：〔唐〕李隆基注，〔宋〕邢昺疏，金良年整理，《孝經注疏》（上海：上海古籍出版社，2009年4月第1版第1次印刷），卷五，〈聖治章第九〉，頁50。

回歸經典本意，反而像是折衷妥協的畸形產物。邴原結合《孝經》本文與《左氏傳》來反駁鄭玄，亦可推測鄭玄對《左氏傳》的理解程度，恐怕與後人對鄭玄的盲目推崇不成正比。筆者以爲，站在鄭玄對立面的何休、孔融、邴原等人，在回溯經典、面向政治的立場來看，反而顯得有相通處，亦即經世原則與道義理想。

　　鄭玄對伏后是否應禮敬父母的問題，其妥協論調固然可能不合司空曹操的心思，但是邴原對鄭玄的反駁更可能與上意相違。雖然仍獲曹操禮敬，邴原最終仍自「丞相徵事／司空掾」職事改任它官，形同被逐出顧問團。〔註 128〕在長子曹丕就任五官中郎將後，曹操以「子弱不才，懼其難正，貪欲相屈，以匡勵之」爲理由，讓邴原擔任其長史，希望借重其學識去輔佐、教導曹丕，孰料邴原「閉門自守，非公事不出」，進一步與曹氏切割。如此看來，漢末學者邴原亦不失爲一忠良之士，但卻跟崔琰一樣，范曄竟然沒有在《後漢書》中爲他立傳。

　　從裴松之引述《邴原別傳》敘曹丕宴請賓客事，得再次見到邴原其人學問的核心價值：

　　　　太子（曹丕）燕會，眾賓百數十人，太子建議曰：「君、父各有篤疾，有藥一丸，可救一人，當救君邪，父邪？」眾人紛紜，或父或君。
　　　　時（邴）原在坐，不與此論。太子諮之於原，原悖然對曰：「父也！」
　　　　太子亦不復難之。〔註 129〕

按邴原的回答，親父比主君更爲重要。其背後之原因，即前議「父子之道，天性也」，父子關係是天地間之至親，也是不會改變的自然之性。君臣關係尊尊之道，必須出自父子關係親親之道，非孝子則不能作忠臣。曹丕在私人宴會提出這個倫理問題，雖然不能直接聯繫曹氏謀篡漢室之意圖，但可視爲曹氏對在朝士大夫的思想檢查。按照兩漢主張孝道的教化原則，由地方拔舉孝子、廉吏來任用官員，爲朝廷行政之基礎。因此，對於嫻熟《孝經》、忠實漢

〔註 128〕《邴原別傳》即提到曹操對邴原學問與品行，有所排拒：「河內張範，名公之子也，其志行有與原符，甚相親敬。（曹操）令曰：『邴原名高德大，清規邈世，魁然而峙，不爲孤用。聞張子頗欲學之，吾恐造之者富，隨之者貧也。』」可見曹操辟任邴原爲幕僚，主要在利用邴原享譽在士人之間的名望，而邴原之主張亦與曹氏不同。參見：《三國志》，卷十一，〈魏書·袁張涼國田王邴管傳第十一〉，頁 351。《曹操集》收錄〈爲張范下令〉，參見：《曹操集》，卷二，頁 71。
〔註 129〕《三國志》，卷十一，〈魏書·袁張涼國田王邴管傳第十一〉，頁 351。

室的士人來說，曹丕的提問屬於基本常識，但在曹氏把持朝廷的當下，此一問題顯得十分敏感，也難怪邴原「悖然」，憤怒底回答曹丕，不改其貫徹孝道之主張。

在裴松之《三國志注》的引述中，站在鄭玄及其學術對立面的邴原，突出了鄭氏學的缺陷。同時代的范曄在《後漢書》中，則在〈鄭玄傳〉加以迴護，從來不曾明言「鄭玄將其未完成的《左傳注》送給服虔」一事，迴避了「註釋經典百餘萬言」的鄭玄在《春秋》學未有訓解的質疑，也對駁斥鄭玄、危害鄭學的言論〔註130〕加以淡化、排除，甚至另作解讀，以重新伸張「鄭氏學」。〔註131〕其所謂駁何休三闕「義據深通，由是古學遂明」之評論底下，將何休、鄭玄就《春秋》異傳之問答，迴避漢末朝議的義理轉向事實，擴大爲今古學消長的歷史解釋。范氏由此掩蓋當代「通人」不以鄭學爲意，尤其在淡化孔子與《孝經》之關係、《春秋左氏》學之疏闊等種種情節，更是如此。范氏之個人評論因此在學術史中輾轉相承，直到今日仍影響著後人對漢末學術的認識。

最後再讀一則事件，據陳壽《三國志・武帝紀》：

> （建安）十九年……十一月，漢皇后伏氏坐昔與父故屯騎校尉完書，云帝以董承被誅怨恨（曹）公，辭甚醜惡，發聞，后廢黜死，兄弟皆伏法。〔註132〕

前述朝議企圖壓抑外戚伏氏的策略失敗之後，丞相曹操藉由伏后給其父之私人書信，終於以廢黜皇后、誅殺其兄弟來達到目的。對照范曄的〈孝獻帝紀〉：

> （建安）十九年……十一月丁卯，曹操殺皇后伏氏，滅其族及二皇子。〔註133〕

雖然范曄言語因爲此處史書體例而顯得清淡，但陳述此事出於曹操之意，略其爵號而直書名諱，貶意與范氏諸傳合。既然如此，按裴松之對此事之說明：

〔註130〕例如何休語「康成入吾室，操吾矛，以伐我乎」一句，對照的就是范曄評論鄭玄「義據深通，由是古學遂明」。

〔註131〕另一種論述形式即是鄭氏弟子、門人參照《論語》所撰成的《鄭志》。此書失傳已久，清人致力蒐羅，輯本甚多，頗有意據此「重建鄭學」。參見：劉欣怡，《清代「鄭志」輯本及其「鄭學」之研究》（臺北：臺北大學文獻研究所，碩士論文，2010年7月），〈緒論〉，頁1～24；《鄭志》輯本下的「鄭學」思維〉，頁98～115。

〔註132〕《三國志》，卷一，〈魏書・武帝紀第一〉，頁44。

〔註133〕《後漢書》，卷九，〈孝獻帝紀第九〉，頁388。

《曹瞞傳》曰：（曹）公遣華歆勒兵入宮收后，后閉戶匿壁中。歆壞戶發壁，牽后出。帝時與御史大夫郗慮坐，后被髮徒跣過，執帝手曰：「不能復相活邪？」帝曰：「我亦不自知命在何時也。」帝謂慮曰：「郗公，天下寧有是乎！」遂將后殺之，完及宗族死者數百人。〔註134〕

在上述場景中，丞相曹操派遣尚書令華歆帶兵進宮，收押皇后伏氏，此時御史大夫郗慮正在一旁與獻帝相坐談話。鄭玄友人及其弟子在此間扮演的角色，無論是服從或是委屈，都象徵著此時曹氏政權與鄭氏學及其傳承者之間的緊密關係。對照近世學者將鄭玄及其學術置於「漢學」論述的核心地位，有別於漢人師法家法傳授的「鄭氏學」在曹魏崛起的背景中獲得採納，應該說是集兩漢經學大成之進化，還是依附於政治上與時俱進的背叛？援入歷史背景的觀照，後漢晚期政局中的何休、鄭玄與二人的學術傾向，似乎與後人論述出來的樣貌不大一樣。

〔註134〕《三國志》，卷一，〈魏書・武帝紀第一〉，頁 44。裴注所引《曹瞞傳》以華歆勒兵入宮，郗慮未預其事。此書於《太平御覽》作《曹瞞別傳》，並引謝承《後漢書》：「曹操逼獻帝廢伏后，以尚書令華歆、郗慮副，勒兵入宮收后。后閉戶藏壁中，歆就牽后出。時帝在外殿，后被髮徒跣行泣過，訣曰：『不能復相活耶！』帝曰：『我亦不知命在何時！』」又引張璠《後漢紀》：「曹操入其二女於宮，貴人誣伏氏，氏為亂，使御史大夫郗慮（伏）〔仗〕節收后。后被髮徒跣走而執上手曰：『不能復相活耶！』上大驚號哭曰：『我亦不知命在何時！』顧謂慮曰：『郗公，天下暴虐，豈有此乎？』左右莫不流涕。遂殺后也。」參見：《太平御覽》，卷三百七十三，〈人事部一四・髮〉，頁 1720b、卷一百三十七，〈皇親部三・孝獻伏皇后〉，頁 669b。張說無華歆，而專主「御史大夫郗慮（伏）〔仗〕節收后」之敘事，為范曄等人否定。范曄將此事細節列入《後漢書・伏后紀》：「曹操……大怒，遂逼帝廢后，假為策……以尚書令華歆為郗慮副，勒兵入宮收后。閉戶藏壁中，歆就牽后出。時帝在外殿，引慮於坐。后被髮徒跣行泣過訣曰：『不能復相活邪？』帝曰：『我亦不知命在何時！』顧謂慮曰：『郗公，天下寧有是邪？』遂將后下暴室，以幽崩。所生二皇子，皆酖殺之。」參見：《後漢書》，卷十，〈皇后紀第十〉，頁 454。以目前可見資料來說，范氏敘事與謝承說相近，但需留意其《後漢書》文字與〈后妃紀〉體例則參照自「華歆之孫」華嶠的《漢後書》。現存史料尚無法回答，但令筆者好奇的一個問題是：范曄既然參照華嶠《漢後書》論點、記載與體例，但華嶠是否在此透過其設計的后妃傳記來迴護《曹瞞傳》所載其祖華歆收殺伏后的事實呢？

第六章　清人眼中的漢末經學史：
「何鄭塑型」與「何鄭之爭」

　　在今日通行的《春秋公羊解詁》文本中，標記作者「何休」之身份爲「漢司空掾任城樊何休」〔註1〕，但在史志著錄中，則曾經被記載爲「漢諫議大夫何休」。〔註2〕此間差異在讀者看來似乎微不足道，但如前文所申說，史傳作者於同一詞彙、圖像，在其上下文背景中各有意涵，其間的差別正顯示後人面對何休的觀感已有不同。從范曄整理的〈何休傳〉來看，「漢司空掾」很可能是何休寫定《春秋公羊解詁》時的身份〔註3〕，「漢諫議大夫」則是何休身故時之職銜，爲後人所題。可見作者於其個人著作中的內外形象與意識，往往存在落差。

　　題名之微異，這在鄭玄的脈絡亦是如此。自禁錮以來未嘗居任一官半職的鄭氏，曾經藉由孔融的褒揚，被尊稱爲「鄭君」、「鄭公」，爾後數見徵辟，博士、趙相等，皆未就官。前人基於對鄭玄及其學術的推崇，將「漢大司農」職銜冠在「未曾至京師赴任大司農卿」的鄭玄著作上，回顧鄭氏在〈戒子益恩書〉自度無任於王臣，「但念述先聖之元意，思整百家之不齊，亦庶幾以竭吾才」之情志，顯得有些突兀。〔註4〕但這也表示，後人如何論述何休與鄭玄之學術、歷史地位，正反映著時代風氣的變化，並非世世不移的定論。

〔註1〕　《春秋公羊注疏》，卷一，頁3a。

〔註2〕　《隋書》，卷三十二，〈志第二十七・經籍一〉，頁930。同樣以此職致仕的《春秋》名家，另見劉向、尹更始。

〔註3〕　其傳言「黨禁解，再辟司徒」，當是司徒掾，而《解詁》則題稱「司空掾」，雖所屬不同，皆爲公府掾。參見：《後漢書》，卷七十九下，〈儒林列傳第六十九下〉，頁2583。

〔註4〕　孟祥才著，《先秦秦漢史論》（濟南：山東大學出版社，2001年9月第1版，2003年8月第2次印刷），〈論鄭玄的「官」意識〉，頁483～492。

　　隨著後世官學內容的改變，兩漢經學中的今古文問題逐漸移出後人的目光之外，成爲學術歷史的一部份，但何休、鄭玄及其創新的部份學說，仍出現在許多學者的書笈中。歷經唐、宋帝王對孔門先儒的褒崇，何休與鄭玄都與其他兩漢魏晉以來有功於傳經的先師，成爲「孔廟」的一部份，也在國家層級的祭祀中佔有屬於自己的一席之地，廣受世人尊敬。降至理學盛興的時代，從《論語》、《孟子》、〈大學〉、〈中庸〉發掘之義理，重新解釋了儒者入世之道，《四書》之地位竟凌駕於《五經》之上，經典意義的轉移過程，造成漢、晉先師／先儒地位的浮動，連帶改變了後人對何休與鄭玄的觀感。從學術以外的典範遷異來著手觀察，漸得發現失落已久的細節，從而瞭解今日自史傳中獲悉的許多評論，不僅對於經典文獻，也對於人物傳記，其實它們在過去的時代中，僅是諸多觀點的一種反映。

第一節　唐宋以降的失衡

　　後漢晚期孔氏家學對《孝經》、《春秋》的熱烈情懷，隨著鄭玄強化曾子在《孝經》學中的地位，而相對減低了後漢士人對「孔子作《孝經》」的信仰。曹操在漢獻帝建安十三年（208）藉故殺害孔融，到了曹丕受禪，正式轉移漢祚，遂改元黃初。針對以往「孔子爲漢制法」的常識，朝廷必須在當代重新論述一次孔子與經典的關係，於是便出現了重修孔子家廟之舉，藉以籠絡孔氏一族，並爭取士人的支持。按《三國志》載魏文帝曹丕即位後之翌年，於黃初二年（221）春正月下詔：

> 詔曰：「昔仲尼資大聖之才，懷帝王之器，當衰周之末，無受命之運，在魯、衛之朝，教化乎洙、泗之上，悽悽焉，遑遑焉，欲屈己以存道，貶身以救世。于時王公終莫能用之，乃退考五代之禮，脩素王之事，因魯史而制《春秋》，就太師而正〈雅〉、〈頌〉，俾千載之後，莫不宗其文以述作，仰其聖以成謀，咨！可謂命世之大聖，億載之師表者也。遭天下大亂，百祀墮壞，舊居之廟，毀而不脩，褒成之後，絕而莫繼，闕里不聞講頌之聲，四時不覩蒸嘗之位，斯豈所謂崇禮報功，盛德百世必祀者哉！其以議郎孔羨爲宗聖侯，邑百戶，奉孔子祀。」令魯郡脩起舊廟，置百戶吏卒以守衛之，又於其外廣爲室屋以居學者。〔註5〕

〔註5〕　《三國志》，卷二，〈魏書・文帝紀第二〉，頁77。

被魏文帝同時稱爲「大聖」、「師表」的孔子，以「懷帝王之器，當衰周之末，無受命之運」的「素王」形象，雖然有其德而無其位，仍屈身施行教化，故「退考五代之禮，脩素王之事」。兩漢以來對孔子的正面觀感，在此詔書中，凝結爲一簡明扼要的敘述。但是，相對後漢晚期士大夫對孔子「志在《春秋》、行在《孝經》」的觀念，曹丕詔書僅提到孔子「因魯史而制《春秋》」，忽視《孝經》在經典中的地位，改爲提倡「就太師而正〈雅〉、〈頌〉」之《詩》。〔註6〕這個轉變有兩項政治意涵，一是持續降低孔子及其經典對政治的影響力，二是接受了孔融受誅前主張的教化論。對照鄭玄前議「伏后敬父母」之主張，意味著鄭氏學及其弟子之地位將在重視君臣倫理的曹魏時代中，開始受到挑戰。事實上，在曹丕說出「舜、禹之事，吾知之矣」〔註7〕這句話的場合中，日後反對鄭氏學的王肅之父王朗（？～228），以漢御史大夫的身份，和魏相國華歆見證此一國祚轉移的重要時刻。以前述的論點來說，此前支持鄭氏學與此後反對鄭氏學的士大夫，都在此時從「同心戴舜」的時代，轉向下一個階段。

　　經學歷史中的「鄭王之爭」正是醞釀在曹魏時期，史傳說王肅「善賈、

〔註6〕 以孔子與《詩》的關係來說，《史記・孔子世家》云：「孔子語魯大師……『吾自衛反魯，然後樂正，〈雅〉、〈頌〉各得其所。』……三百五篇，孔子皆弦歌之，以求合〈韶〉、〈武〉、〈雅〉、〈頌〉之音。禮樂自此可得而述，以備王道，成六藝。」此說見孔子合《詩》寓「樂」之中，乃得述「禮」以成王道。然《詩推度災》言：「庚者，更也。子者，茲也。聖人制法，天下治平。」以孔子生辰干支的雙關義，強調孔子將制作治平之法寓於《詩》的觀念。按《毛詩序》於諸詩〈小序〉所言，〈魯頌〉之〈駉〉詩爲「季孫行父請命于周，而史克作是頌」；〈商頌〉之〈那〉詩言「得〈商頌〉十二篇于周之太師」，〈小序〉的說法直接影響了鄭玄，《史記》所載言之述作形式，亦形諸其《毛詩譜》。但據王先謙（1842～1917）撰《詩三家義集疏》所考見，「三家《詩》說皆以〈魯頌〉爲奚斯所作」，並據魏源（1794～1856）考，以《國語》載「正考父校商名〈頌〉十二篇於周太師，以〈那〉爲首」，認爲是「正考父」編定〈商頌〉序次，並非魯、周「太師」、「史」克等王官。以上參見：《史記》，卷四十七，〈孔子世家第十七〉，頁1936；《七緯（附論語讖）》，卷十四，〈詩緯之一・詩推度災〉，頁237；陳讚華，《鄭玄《毛詩譜》考索》（宜蘭：佛光大學歷史研究所，碩士論文，2008年6月），頁38、94～100；王先謙，《詩三家義集疏》（北京：中華書局，1987年2月第1版第1次印刷），卷二十七，〈魯頌・駉〉，頁1062；卷二十八，〈商頌・那〉，頁1090。撰寫《文心雕龍》的劉勰，亦是接受了這個說法，其行文連綴成「就太師以正〈雅〉、〈頌〉，因魯史以修《春秋》」，此與曹丕詔書所言之經典次序，互有先後。參見：《文心雕龍》，〈史傳第十六〉，頁247。

〔註7〕 裴松之引《魏氏春秋》曰：「帝升壇禮畢，顧謂群臣曰：『舜、禹之事，吾知之矣。』」參見：《三國志》，卷二，〈魏書・文帝紀第二〉，頁75。

馬之學，而不好鄭氏」〔註8〕，根據近代經學史家的說法，「王肅出而鄭學亦衰」，「王肅之學，亦兼通今古文」〔註9〕，且認為：

> 肅欲攻鄭，正宜分別家法，各還其舊，而辨鄭之非；則漢學復明，鄭學自廢矣。乃肅不惟不知分別，反效鄭君而尤甚焉。偽造孔安國《尚書傳》、《論語》、《孝經注》、《孔子家語》、《孔叢子》，共五書，以互相證明。……。後漢末生一王肅，為經學之大蠹。……肅父朗，漢會稽太守，為孫策虜，復歸曹操，為魏三公。肅女適司馬昭，黨司馬氏篡魏，但早死不見篡事耳。二人黨附篡逆，何足以知聖經！……肅偽作孔氏諸書，並鄭氏學亦為所亂。〔註10〕

按前文所言，鄭玄「囊括大典」、徧注群經的結果之一，即是改變了「孔子撰作羣經」的兩漢經學之基本前提。除了《孝經》與曾參以外，從魏文帝黃初二年詔修孔子家廟一事，更可以看到《春秋》出於「魯史」、《詩》之〈雅〉、〈頌〉源於「太師」，以及此詔書內容以外的「周公」。對於反抗鄭氏學的後世學者來說，重申經典之中的「孔子」，可以作為一種反制策略，「不好鄭氏，采會同異」的王肅，在其《聖證論》中對鄭氏學的譏短〔註11〕，使自己從此成為尊鄭與反鄭勢力的攻伐焦點，偽作諸書之嫌疑也難被釐清。

在清代學者的回溯中，王肅對鄭氏學的攻擊與偽作諸書的情節，不斷被學者批判，不勝枚舉。然而站在鄭玄對立面的王肅雖然寫過《左傳注》〔註12〕，卻沒有從《春秋》學的方向去批評鄭玄，此事固然與鄭玄未曾註解《春秋》與三傳有關，但根據今人研究，王肅的《左傳注》有一部份註釋與服虔之《左氏注》同語、同義。〔註13〕因此，王肅及其反鄭立場對於肩負鄭氏家法的范曄來講，既然不能違背其祖范甯在《春秋穀梁傳集解》中對杜預《左氏》學

〔註8〕 《三國志》，卷十三，〈魏書·鍾繇華歆王朗傳第十三〉，頁419。
〔註9〕 《經學歷史》，〈經學中衰時代〉，頁161。
〔註10〕 《經學歷史》，〈經學中衰時代〉，頁162～167。文中之「二人」，另一人指「劉歆」，皮氏接納的是劉逢祿、康有為等人的辨偽史觀。參見：朱浩毅，《辨偽與詮釋：劉歆學史中的漢代劉歆與劉歆學》（臺北：中國文化大學史學研究所，博士論文，2011年12月），〈近代劉歆學的辨偽建構與劉歆學問之形象〉，頁28～56。
〔註11〕 《三國志》，卷十三，〈魏書·鍾繇華歆王朗傳第十三〉，頁419。
〔註12〕 《隋書·經籍志》載「《春秋左氏傳》三十卷。王肅注」。參見：《隋書》，卷三十二，〈志第二十七·經籍一〉，頁928。
〔註13〕 李振興，《王肅之經學》（臺北：嘉新水泥文化基金會，1980年），〈王肅之春秋左傳學〉，頁696。

的援引〔註14〕，當代盛傳「鄭玄將其未成之《左氏注》送給服虔」的說法，又必須考慮王肅《左傳注》對服虔說的取用事實，范曄透過〈鄭玄傳〉去澄清與重塑的「鄭氏學」，迴避了「未成的《左氏注》」，而強調鄭玄駁何休「三闕」一事，亦得見有「鄭王之爭」的背景。

　　在近代經學史家的描述中，范曄面對的南朝學術情勢是「尙王輔嗣之玄虛，孔安國之僞撰，杜元凱之臆解，此數家與鄭學枘鑿，亦與漢儒背馳」。〔註15〕雖然范曄企圖藉由史傳敘事與歷史評論去重振「鄭氏學」，但是根據唐貞觀二十一年（647）詔：

> 左丘明、卜子夏、公羊高、穀梁赤、伏勝、高堂生、戴聖、毛萇、
> 孔安國、劉向、鄭眾、杜子春、馬融、盧植、鄭玄、服虔、何休、
> 王肅、王弼、杜預、范甯等二十一人，並用其書，垂於國胄。既行
> 其道，理合褒崇，自今有事於太學，可並配享尼父廟堂。〔註16〕

在這自先秦排列到魏晉的時代序次中，除了鄭玄以外，范曄〈鄭玄傳〉直接與間接相關的經師儒者有馬融、盧植、服虔、何休、王肅、杜預、范甯等七人，因其傳注仍在國家典藏、官學教授，並流傳於世，所以「既行其道，理合褒崇」遂一同配享於孔廟中，是依據「當代」學術的觀點來進行配享奉祀與地位排序。從初唐「統一」南北學、折衷五經義疏的政策來說，配享此七位漢晉儒者並非反映漢晉經學之消長，而是承認當代經學之傳授現實。因此，即使鄭氏學貶低了孔子地位，唐人亦在貞觀二年（628）停祀周公、改昇孔子爲「先聖」〔註17〕，鄭玄仍與其他接受「孔子撰作群經」說的經師，在國家祭祀中佔有一席之地。據唐人元行沖（653～729）答客問《禮記》章句，以小戴《禮》受到守鄭學者「條例支分，箋石間起」，而且「雅達通博，不代而生；浮學守株，比肩皆是。眾非難正，自古而然」〔註18〕之困境，有感眼下

〔註14〕　王熙元，《穀梁范注發微》（臺北：嘉新水泥文化基金會，1972年），〈采左氏杜預說〉，頁292～334。

〔註15〕　《經學歷史》，〈經學分立時代〉，頁179。

〔註16〕　《貞觀政要》，卷七，頁三至四。

〔註17〕　《唐書・禮樂志》：「貞觀二年，左僕射房元齡、博士朱子奢建言：『周公、尼父，俱聖人。然釋奠於學，以夫子也。大業以前，皆孔丘爲先聖，顏回爲先師。』乃罷周公，升孔子爲先聖，以顏回配。」參見：〔宋〕歐陽修、宋祁撰，《新唐書》（北京：中華書局，1975年2月第1版第1次印刷），卷十五，〈志第五・禮樂五〉，頁373。

〔註18〕　此爲孔安國兄書，元行沖引此文喻其勢之難。

已積習難反，遂引隋人王邵所撰《史論》以答：

> 魏、晉浮華，古道夷替，洎王肅、杜預，更開門戶。歷載三百，士
> 大夫恥為章句。唯草野生以專經自許，不能究覽異義，擇從其善。
> 徒欲父康成，兄子慎，寧道孔聖誤，諱聞鄭、服非。然於鄭、服甚
> 憒憒，鄭、服之外皆讎也。〔註19〕

隋人王邵對魏晉時代風氣的批評中，除了王肅、杜預，也包括了此時代的范
甯、范曄等人在內，即基於孔子地位之不同立場，六朝鄭、王之徒相互攻伐
之事。王邵認為，此輩學者追隨名家、專其經解，而不去察考異說，擇其善
者而信從，其實也仍是專守門戶之徒。在王邵看來，習鄭玄、服虔學者，比
王肅、杜預之後繼者更不能容人，不僅聞先儒之聲名而不知所學之義，更將
異己之學視為仇敵，彷彿漢儒「黨同伐異又不能守文」之弊。

　　元行沖引用王邵「史論」所欲談論的經學趨勢與流弊，即自魏、晉至於
初唐，傳習鄭玄、服虔、王肅、杜預等先儒經說之後繼者不容異己的情況，
當下另有現實背景。在貞觀十二年（638）唐太宗開始藉由《氏族志》開始調
和士族門第、壓抑山東高門的計畫下〔註20〕，士族門第之間針鋒相對的累世
家學〔註21〕，則在貞觀二十一年以「一同配享」的形式重新排列在「先聖」
名義的「尼父廟堂」，作為初唐門閥政治底下的學術現象之一。太宗詔書所謂
「用其書」、「行其道」而得配享廟堂，文字間所反映的現實面，除了國家教
授儒學的成份，也包括了士族身上的家學傳統。自唐貞觀年間共同配享於孔
廟以來，「何休」與「鄭玄」雖然各自從屬於不同經典，但地位都是歸屬在相
同的類別，只是「何休」在釋奠禮被安排的順序，卻隔開了「鄭玄、服虔」
以及「王肅、杜預」，以同列中最後一位漢人經師的姿態，介於漢、魏儒者之

〔註19〕《舊唐書》，卷一百二，〈列傳第五十二〉，頁3181。

〔註20〕南北士族間之對立已久，僅就李唐開國以來之政治現實而論，請參見：王吉
　　　　林，《唐代宰相與政治》（臺北：文津出版社，1999年6月初版1刷），〈唐代
　　　　初年政治集團的運用與限制〉，頁5～7、16；黃永年，《六至九世紀中國政治
　　　　史》（上海：上海書店出版社，2004年7月第1版第1次印刷），〈所謂關隴山
　　　　東之爭和士族庶族之爭〉，頁152～157；雷家驥，《隋唐中央權力結構及其演
　　　　進》（臺北：東大圖書公司，1995年初版），〈地域性價值觀念的差異及唐太宗
　　　　新士族政策〉，頁22～25。

〔註21〕參見：錢穆〈略論魏晉南北朝學術文化與當時門第之關係〉一文，收入氏著，
　　　　《中國學術思想史論叢（六）》（臺北：東大圖書公司，1993年12月四版），
　　　　頁134～199。

間。從王邵的評論來觀察，廟堂中的「何休」不但與「鄭玄」等人並列，而
且其中介位置使他顯得像是一位壓抑與中立於鄭、王二學矛盾的角色。對照
范曄在《後漢書・儒林列傳》中的「何休、服虔」先後敘事順序，唐人在自
己的視野中重新給予這群漢儒一種新的定位。

　　繼唐人之後，北宋眞宗大中祥符二年（1009）詔令追封先儒爲伯或贈官，
爲何休、鄭玄等先儒「晉爵」。下逮南宋度宗咸淳三年（1267），二人的身份
在兩宋孔廟中因其里貫被再次註解爲「任城伯」與「高密伯」。〔註22〕「先儒」
自唐代配享至宋代晉爵的三百多年中，已是處於眾家「後漢書」與范氏《後
漢書》勢力消長的情形，時人對《春秋》乃至何、鄭二人的觀感，亦將有所
變化。在北宋太宗太平興國年間，詔由李昉（925～996）等人編撰的《太平
御覽》中，從後漢事蹟與「學部」卷的徵引，可以留意到眾家「後漢書」與
各種人物「別傳」仍是良好的撰述材料，范曄的歷史評論亦未被誇大。在「學
部」《春秋》類諸條中，范曄特筆倡言的「古學遂明」並不見載於其中，何、
鄭駁難三闕一事雖有列入，卻不是根據范氏〈鄭玄傳〉，而是採取了《鄭玄別
傳》敘事：

　　　　《鄭玄別傳》曰：何休字邵公，作《公羊解詁》，妙得公羊本意，作
　　　　《公羊墨守》、《左氏膏肓》、《穀梁廢疾》。玄後乃發《墨守》、鍼《膏
　　　　肓》、起《廢疾》。休見而歎曰：「康成入吾室、操吾矛，以伐我乎？」
　　　　〔註23〕

依范氏所述，似本於《鄭玄別傳》文字，且另見前綴正當「禁錮」之「時」：

　　　　及黨事起，乃與同郡孫嵩等四十餘人俱被禁錮，遂隱修經業，杜門
　　　　不出。時任城何休好《公羊》學，遂著《公羊墨守》、《左氏膏肓》、

〔註22〕「咸淳三年，詔封曾參郕國公，孔伋沂國公，配享先聖。……東廡，……蘭
　　　　陵伯荀況、睢陵伯穀梁赤、萊蕪伯高堂生、樂壽伯毛萇、彭城伯劉向、中牟
　　　　伯鄭眾、緱氏伯杜子春、良鄉伯盧植、滎陽伯服虔、司空王肅、司徒杜預、
　　　　昌黎伯韓愈、河南伯程顥、新安伯邵雍、溫國公司馬光、華陽伯張栻，凡五
　　　　十二人，並西向；西廡，……中都伯左丘明、臨淄伯公羊高、乘氏伯伏勝、
　　　　考城伯戴聖、曲阜伯孔安國、成都伯揚雄、歧陽伯賈逵、扶風伯馬融、高密
　　　　伯鄭玄、任城伯何休、偃師伯王弼、新野伯范甯、汝南伯周敦頤、伊陽伯程
　　　　頤、郿伯張載、徽國公朱熹、開封伯呂祖謙，凡五十二人，並東向。」參見：
　　　　〔元〕脫脫等，《宋史》（北京：中華書局，1977 年），卷一百五，〈志第五十
　　　　八〉，頁 2554～2555。
〔註23〕《太平御覽》，卷六百一十，〈學部四・春秋〉，頁 2745b。此文或可視爲「別
　　　　傳」作者援引某後漢書「何休傳」，但尚欠進一步證據。

《穀梁廢疾》；玄乃發《墨守》、鍼《膏肓》、起《廢疾》。休見而歎
曰：「康成入吾室，操吾矛，以伐我乎？」〔註24〕

對照范書〈鄭玄傳〉的敘述，兩者差異雖然有限，但從李昉等人對范氏〈鄭玄傳〉的取捨來說，不能完全免除李氏等人有否定范說之意，且不認為漢末黨錮與鄭駁何休等事件有所關連。然而范氏〈鄭玄傳〉本非首創，李昉等人既不取范曄對何、鄭之評論，亦不取其他家「後漢書」之「鄭玄傳」，而是選擇摘錄《鄭玄別傳》，似乎宋人可能認為《鄭玄別傳》應是各家鄭玄敘事之共同來源。可以說，在北宋初年猶見《鄭玄別傳》的情形下，范氏〈鄭玄傳〉之「鄭玄敘事」成為後世「鄭玄正傳」的道路，尚有一步之遙。

在何休與鄭玄即將在南宋時代重申晉爵為縣伯身份的前夕，南宋人王應麟（1223～1296）對鄭玄及其學問的偏好，使他重建了一部份鄭玄的傳注作品，讓他在清人眼中被視為「輯鄭」運動之發動者。王氏輯補近數百年來亡佚已久的鄭玄著作，為清人開啟了「鄭學」中的輯佚學視野，並於他的個人作品中，開始論述經學歷史。今見王氏所撰作的《玉海》一書，除了引述范曄《後漢書》的內容偏多，亦將《春秋》三傳義疏中的學術史銜接在范氏的經學史觀。例如《玉海》之〈藝文〉篇「春秋」條目，王氏一開始便藉杜預之言將《春秋》牢籠在《周禮》所載的史官成法底下：

杜預曰：「『春秋』，魯史記之名也。記事者，以事繫日，以日繫月，以月繫時，以時繫年。所以紀遠近、別同異也。故史之所記，必表年以首事，年有四時，故錯舉以為所記之名。《周禮》有史官，掌邦國四方之事，達四方之志，諸侯亦各有國史，大事書之於策，小事簡牘而已。……周德既衰，官失其守，諸所記注，多違舊章，仲尼因魯史成文，考其眞偽而志其典禮，上以遵周公之遺制，下以明將來之法。……蓋周公之志，仲尼從而明之。」〔註25〕

對照北宋初年成書的《太平御覽》，雖然亦言及史官，卻是根據後漢班固的《漢書・藝文志》而非《周禮》：

《漢書・藝文志》曰：「古之王者，世有史官，君舉必書，所以慎言

〔註24〕《後漢書》，卷三十五，〈張曹鄭列傳第二十五〉，頁 1208。
〔註25〕〔宋〕王應麟纂，《玉海》（上海：江蘇古籍出版社、上海書店聯合影清光緒九年浙江書局據四庫全書刊刻本，1987 年 12 月第 1 版第 1 次印刷），卷四十，〈藝文・春秋〉，頁 741b。

行、昭法式也。左史記言,右史記事,其事爲《春秋》,言爲《尚書》,
帝王靡不同之。周室既微,載籍殘缺,仲尼思存前聖之業……魯周
公之國,禮文備物,史官有法,故與左丘明觀其史記,據行事,仍
人道,因興以立功,就敗以成罰,假日月以定曆數,藉朝聘以正禮
樂。有所襃諱貶損,不可書見,口授弟子,退而異言。丘明恐……
失其眞,故論本事而作傳,明夫子不以空言……也。」〔註26〕

李昉等人在《太平御覽》的引文中,刻意刪去了《漢書·藝文志》引述孔子
說「夏禮吾能言之,杞不足徵也;殷禮吾能言之,宋不足徵也。文獻不足故
也,足則吾能徵之矣」的段落,可見彼等否定此義。在如此層層轉引之下,《太
平御覽》忽視了漢代對《春秋》考見「先代二王典禮」之觀念,《玉海》則藉
由杜預對史官成法的解釋,否定了孔子「因魯史以成文的《春秋》」具有襃貶
之意,認爲國史之《春秋》不違史官職任,其筆法當遵《周禮》儀度。被後
人節錄的《漢書·藝文志》原文中,漢人眼中的《春秋》並不直循「周公」,
而是從「孔子觀杞、宋二國」的立場,在《春秋》遠紹夏、殷二王之制,藉
「前聖之業」闡明「將來法度」。易言之,「兩漢時代所認爲的孔子」原欲透
過改寫《春秋》來申述己意,爲後世留下典範,但隨著政治與學術遷異,兩
宋類書《太平御覽》和《玉海》逐漸強調「周公與魯史記」的關係,「後世所
認知的孔子」所欲遵循而闡明的對象,卻成了「周公之志」。王氏續摘引何休
語以支持其說:

何休曰:「夫子之作《春秋》,將以變周之文,從先代之質。」〔註27〕

此語本於何休《春秋公羊解詁》隱公七年及十一年:

《春秋》變周之文,從殷之質……〔註28〕

但有一弔詭之處,是鄭玄也作如是想,案唐人《禮記正義》所言:

鄭康成以爲《春秋》變周之文,從殷之質……〔註29〕

此處之何、鄭「通義」,不妨視爲鄭玄的意見藉何休之「《公羊》注家」身份
登場。由於鄭玄缺乏《春秋》經傳的專門註解,王應麟對何休語的取用,讓
何休形同鄭玄之回聲,而且形成一種《春秋》三傳注家皆有此義的表象。王

〔註26〕 《太平御覽》,卷六百一十,〈學部四·春秋〉,頁2745a。
〔註27〕 《玉海》,卷四十,〈藝文·春秋〉,頁741b。
〔註28〕 《春秋公羊注疏》,卷三,頁38b、41b。
〔註29〕 《禮記注疏》,卷九,〈檀弓下第四〉,頁173a。

氏此下便據范甯之說來補述「孔子與《春秋》間之關係」，以「周室微」呼應杜預所言的「周德衰」，完成王氏對《春秋》之定義：

> 范甯曰：「平王東遷，周室微弱，王道盡矣，夫子傷之，乃作《春秋》。」
> 〔註30〕

藉由摘錄杜預、何休／鄭玄、范甯之《春秋》說，並以「周室衰微」之歷史事實相互連結，王應麟筆下的《春秋》意涵雖然看起來與《漢書・藝文志》沒什麼不同，但文字背後之意旨實已遠離漢人《春秋》學。另外，雖然偏重《左氏》與《春秋》間之關係，王氏卻不認為《公羊》、《穀梁》二傳毫無價值，而見三傳各有擅場之意：

> 胡安國曰：「《春秋》乃史外傳心之要⋯⋯學經以傳為按，則當閱《左氏》；玩辭以義為主，則當習《公》、《穀》。」〔註31〕

王氏引述胡安國（1074～1183）之《春秋傳・序》，卻未回到「魯史記」與「周公」之間的關係，而是承認近世新立的胡氏《春秋傳》在解經上的詮釋地位。此書在紹興六年（1136）已受宋高宗讚許「深得聖人之旨」，胡氏在當代解經說義得到官方褒揚，卻非人人支持。〔註32〕當代之「聖人」自然出於時人之認知與界定，同時代的朱熹即對胡傳頗不以為然。按朱熹弟子所錄之評論：

> 胡文定《春秋》非不好，卻不合這件事聖人意是如何下字，那件事聖人意又如何下字。
>
> 胡《春秋》大義正，但《春秋》自難理會。
>
> 胡《春秋傳》有牽強處，然議論有開合精神。〔註33〕
>
> 胡文定說《春秋》，高而不曉事情。〔註34〕

除了質疑胡氏解說之「聖人意」，朱熹對胡安國《春秋傳》雖然不是大加讚揚，至少還欣賞胡氏在解釋中呈現的大義與評論。在不駁斥胡說「聖人之旨」的情形下，表示自己不能完全接受胡《傳》中對應聖人旨意之文字，其貶義則在說胡氏《春秋》之「事情」較差。推朱熹之意，事實與義理都是《春秋》的重要內容，縱有或缺，不可偏廢，故其對於《春秋》三傳有此評論：

〔註30〕 《玉海》，卷四十，〈藝文・春秋〉，頁 741b。
〔註31〕 《玉海》，〈藝文・春秋〉，頁 741b。
〔註32〕 《宋史》，卷四百三十五，〈列傳第一百九十四・儒林五〉，頁 12914。
〔註33〕 《朱子語類》，卷八十三，〈春秋・綱領〉，頁 2155。
〔註34〕 《朱子語類》，卷八十三，〈春秋・綱領〉，頁 2157。

> 以三傳言之，《左氏》是史學，《公》、《穀》是經學。史學者記得事
> 卻詳，於道理上便差；經學者於義理上有功，然記事多誤。〔註35〕

此意即是，朱熹認爲《左氏》長於事實，《公羊》、《穀梁》二傳善於義理，彼
此各有擅場。比較王應麟與朱熹對《春秋》三傳性質的議論，二人各自出現
融通與分流的態度，也對寫成於漢、晉的三傳注有不同看法。在堆疊資料以
見己意的《玉海》中，王應麟藉著「前序」與「後序」的相互條貫，巧妙底
構成一種觀照漢、晉舊說，卻又不與當代《春秋》學相背的「春秋」意涵。
相形之下，認爲「何休《注》甚謬」〔註36〕、「鄭康成是箇好人」、「康成也可
謂大儒」〔註37〕的朱熹雖然欠缺幾分靈活，但對學術則能呈現較深刻的見解。
至於摘錄原典、節文所形成的類書《太平御覽》，不僅反映了隨時興替的政治
與學術觀點，亦欲改變後世學者對經典意涵的認知。藉由北宋初年李昉等人
對於范曄《後漢書·鄭玄傳》採用的情形，可見范曄對《鄭玄別傳》與各種
「鄭玄傳」的取捨與改撰成果，此時未必受到普遍歡迎與重視。當清人發現
足以檢討范曄《後漢書》的文獻時，范氏歷史敘事與評論的諸多問題與缺陷，
將開始成爲後世學者的焦點。

自南宋咸淳三年重申何休、鄭玄等人爲縣伯，下逮明世宗嘉靖九年（1530）
自孔廟黜祀，不僅南宋晚期至明代中葉對待漢儒之態度已有變化，何、鄭二
人祀典之後續發展亦有不同：

> 嘉靖九年，釐正祀典。始爲木主，題曰「至聖先師孔子神位」。改大
> 成殿爲先師廟、殿門爲廟門。……十哲以下、及門弟子、皆稱「先
> 賢」某子之位。左丘明以下、稱「先儒」某子之位。……公伯寮、
> 秦冉、顏何、荀況、戴聖、劉向、賈逵、馬融、何休、王肅、王弼、
> 杜預、吳澄十三人、俱罷祀。林放、蘧伯玉、鄭眾、盧植、鄭玄、
> 服虔、范甯七人、各祀于其鄉。〔註38〕

在後人將孔子由「大聖」、「師表」、「先聖」論述爲「至聖先師」的移向中，
雖然「何休」與「鄭玄」仍是一同進退，但「高密伯」改祀於其鄉，「任城伯」
卻是罷祀。在宋、明學風的時代背景中，「仲尼之門，考以四科」，先賢、先

〔註35〕《朱子語類》，卷八十三，〈春秋·綱領〉，頁 2152。
〔註36〕《朱子語類》，卷八十三，〈春秋·綱領〉，頁 2153。
〔註37〕《朱子語類》，卷八十七，〈禮四·小戴禮·總論〉，頁 2226。
〔註38〕參見：〔明〕申時行等修，趙用賢等纂，《大明會典》，收入《續修四庫全書》（上
　　　　海：上海古籍出版社，1994 年），卷九十一，〈羣祀一·先師孔子〉，頁 605a。

儒皆被褫奪爵號，二人廡位被迫撤離自孔子廟庭一事，亦反映何氏《春秋》
學與鄭氏三《禮》學地位在當代的衰頹，然而，究竟是後世新興的理學諸子
驅離了他們，還是純粹因爲朝廷「不用其書，未垂於國冑，既不行其道，理
合不褒崇」的緣故，仍有斟酌空間。〔註39〕據《清史稿‧禮志三》：

> （雍正）二年，視學釋奠，世宗以祔饗廟庭諸賢，有先罷宜復，或
> 舊闕宜增，與孰應祔祀崇聖祠者，命廷臣考議。議上，帝曰：「戴聖、
> 何休非純儒，鄭眾、盧植、服虔、范甯守一家言，視鄭康成淳質深
> 通者有間，其他諸儒是否允協，應再確議。」復議上。於是復祀者
> 六人：曰林放、蘧瑗、秦冉、顏何、鄭康成、范甯。〔註40〕

此事之近代淵源在康熙二十四年（1685），陸隴其（1630～1692）撰文主張：

> 漢儒鄭康成，歷代從祀，嘉靖九年，以其學未純，改祀於鄉。所注
> 《詩》、《禮》，現今行世，程、朱大儒，亦多采其言，恐不當與何休、

〔註39〕據明人程敏政（1445～1499）於明孝宗弘治元年（1488 年）上〈考正孔廟從
祀疏〉所議：「臣考歷代正史，馬融初應鄧騭之召，爲秘書，歷官南郡太守，
以貪濁免官，髡徙朔方，自刺不殊，又不拘儒者之節，前授生徒，後列女樂，
爲梁冀草奏殺忠臣李固，作〈西第頌〉以美冀，爲正直所羞，即是觀之，則
眾醜備於一身，五經爲之掃地，後世乃以其空言，目爲經師，使侑坐於孔子
之庭，臣不知其何說也。……賈逵以獻頌爲郎，不脩小節，專一附會圖讖，
以致貴顯，蓋左道亂政之人也。……而范甯追究晉室之亂，以爲王、何之罪，
深於桀、紂。何休則止有《春秋訓詁》一書，黜周王魯，又註《風角》等書，
班之於《孝經》、《論語》，蓋淫端邪說之流也。……王肅在魏，以女適司馬昭，
當是時，昭篡魏之勢已成，肅爲世臣，封蘭陵侯，官至中領軍，乃坐觀成敗。
及毋丘儉起兵討賊，肅又爲司馬師畫策，以濟其惡，若好人佞已，乃其過之
小者。杜預所著亦止有《左氏經傳集解》，其大節亦無可稱，如守襄陽，則數
饋遺洛中貴要，紿人曰：懼其爲害耳，非以求益也。伐吳之際，因斫瘻之譏，
盡殺江陵之人。以吏則不廉，以將則不義。凡此諸人，其於名教，得罪非小，
而議者謂能守其遺經，轉相授受，以待後之學者，不爲無功。臣竊以爲不然……
至於鄭眾、盧植、鄭玄、服虔、范甯五人，雖若無過，然其所行亦未能以窺
聖門，所著亦未能以發聖學，若五人者得預從祀，則漢唐以來當預者尚多。
臣愚乞將戴聖、劉向、賈逵、馬融、何休、王肅、王弼、杜預八人褫爵罷祀，
鄭眾、盧植、鄭玄、服虔、范甯五人各祀於其鄉。」此疏爲張璁（1475～1539）
上奏明世宗之立論根據，最後獲得採納。參見：〔清〕孔繼汾撰，《闕里文獻
考》，收入《續修四庫全書》（上海：上海古籍出版社，1994 年），卷十四，頁
73ab。

〔註40〕趙爾巽等，《清史稿》（北京：中華書局，1977 年 12 月第 1 版第 1 次印刷），
卷八十四，《志五十九‧禮三》，頁 2534。

　　王肅輩同置門牆之外者：若以其小疵而棄之，則孔門弟子亦有不能

　　無疵者，豈可以一眚掩大德乎？〔註41〕

當清世宗雍正皇帝在雍正二年（1724）令臣下復議前代所罷祔饗孔子廟庭之
先賢、先儒之後，初步討論就以「非純儒」的理由，排除了何休、王肅等人，
最後同意讓鄭玄等人重新祔饗。對照初唐配享先儒，猶芥蒂於鄭、王之爭的
漢、晉學術糾紛，但是隨著改朝換代與學術遷異，不僅「助惡篡逆」的王肅
在明嘉靖九年被罷祀，鄭氏學也在經學衰微之情勢下逐漸擺脫王肅的糾纏。
清世宗時期孔子廟庭所陳「列」的先儒經師，再次呈現了一種修正過的漢晉
學術趨勢，以「鄭康成」為漢儒最後一人，「范甯」重返六朝儒者之代表。雍
正帝此舉重新定位鄭玄、何休與王肅等人的位階，映照在當世學者對鄭氏學
的偏好上，無形中成為乾嘉漢學的先聲。

第二節　清人新意與「鄭玄年譜」之侷限

　　經過學術氛圍的感染，一部份清代學者被顧炎武（1613～1682）等人提
倡的漢儒及其學術所感召，在對明代儒學末流之反感下，欲重新回到以三《禮》

〔註41〕　參見：〔清〕衛秦龍修，傅維橒纂，《靈壽縣志》（臺北：成文出版社影清康熙
　　　　十一年修・二十五年刊本，1976年臺一版），卷之三，〈祀典志〉，頁82～83。
　　　　朱彝尊（1629～1709）駁明人鄭學不純之說，且言漢宋同說者，於宋儒則是，
　　　　於漢儒則非，而有議云：「鄭康成出，凡《易》、《書》、《詩》、《周官》、《儀禮》、
　　　　《禮記》、《論語》、《孝經》，無不為之註釋，而又《六藝》、《七政》有論，《毛
　　　　詩》有譜，禘祫有議，許慎《五經異義》有駁，臨孝存《周禮》有難，何休之
　　　　《墨守》、《膏肓》、《廢疾》，或發，或箴，或起，可謂集諸儒之大成，而大有
　　　　功於經學者。……惟其意主博通，故於《三統》、《九章》、《大傳》、《中候》，
　　　　以及《易》、《書》、《禮》緯，靡不有述。然其箋傳，經自為經，緯自為緯，初
　　　　不相雜；第如七曜四遊之晷度，八能九錫之彌文，三雍九室之遺制，經師所未
　　　　詳者，則取諸緯候以明之，蓋緯候亦有醇駁之不同，康成所取，特其醇者耳，
　　　　災祥神異之說，未嘗濫及也。或疑五帝之名近於怪，然此在漢時著之祀典者，
　　　　君子居是邦，不非其大夫，矧朝廷之典禮乎？乃宋儒極口詆之，沿及元朝，隨
　　　　聲附和，至有以此罪之，竟黜其祀者，其亦不仁甚矣。……乃一偏之論，在漢
　　　　儒則有罪，在宋儒則無誅，斯後學之心，竊有未平矣。況鄭氏之功，文公、成
　　　　公未有異議，乃一程敏政罷之，非萬世之公論也。竊謂宜復其從祀孔廟，不當
　　　　罷。」此議專主鄭氏，應該考慮到范曄《後漢書》在此時的「正史」地位，無
　　　　疑對時人認知的後漢經學史觀，多少有所影響。參見：〔清〕朱彝尊撰，朱昆
　　　　田撰附錄，《曝書亭集》（臺北：商務印書館，《四部叢刊初編》影上海涵芬樓
　　　　藏原刊本，1967年臺二版），卷六十，〈鄭康成不當罷從祀議〉，頁3～4。

注爲中心的漢儒舊傳，復古開新。按顧炎武作〈述古〉詩：

> 六經之所傳，訓詁爲之祖。仲尼貴多聞，漢人猶近古。
>
> 禮器與聲容，習之疑可睹。大哉鄭康成，探賾靡不舉。
>
> 六藝既該通，百家亦兼取。至今三禮存，其學非小補。〔註42〕

顧氏明白開示，學子必循訓詁，乃得通經、傳，必藉漢人之學，乃達仲尼之境，而鄭玄不僅「該通」六藝，且「兼取」百家，其所爲三《禮》注更是箇中翹楚，是爲必讀之作。經過顧炎武對鄭玄的崇拜、陸隴其等人的倡議，重返孔子廟庭的「鄭康成」成爲當代學者關注的焦點。接在明人「非純儒」之評論後，學者開始重新梳理當代的《後漢書‧鄭玄傳》，藉由「囊括大典，網羅眾家」的「鄭玄」在宋明儒學之氛圍中，作爲澄清、重建「漢學」之基礎。相較其他篇卷，范曄恐怕沒有料想過自己輯錄文獻而改寫的〈鄭玄傳〉，在後世也被他人輯錄改寫，最後於清人手中透過「年譜」形式，成功樹立鄭玄的學術肖像，成爲現行經學史中惛惛生輝的明星。

關於年譜之定義，筆者以爲年譜本於舊史傳記而加編年，既分析諸事首尾，附於年、時、月、日底下，已非純然敘述人物行事之傳體。此體裁內，諸人事物皆需規範於譜主年歲月日，作法更類於帝王之「紀」。雖然被認爲是傳記體裁之一種，卻主要透過「年」數之序列來附加敘事，其文字經緯年月之目的，在於詳密行事，查察傳主言行舉止之先後關係，並非一般人物可適用。〔註43〕因此，相對於既有的范氏〈鄭玄傳〉來說，清人進行「鄭玄年譜」的修撰活動，其實是一種由「傳」而「紀」的移向。〔註44〕據今人考訂，近世撰作之鄭玄年譜約有下列諸種：

1. 王鳴盛撰，迮鶴壽參校：〈鄭康成〉二卷，收於《蛾術編》；

2. 沈可培撰：《鄭康成年譜》一卷，收於《灤源問答》；

3. 陳鱣撰，袁鈞訂正：《鄭君紀年》一卷，收於《鄭氏佚書》；

〔註42〕〔清〕顧炎武，《亭林詩集》，收入《續修四庫全書》（上海：上海古籍出版社，1994 年），卷四，〈述古〉，頁 21。

〔註43〕來新夏認爲年譜是「敘一人之道德、學問、事業、纖細無遺而繫以年月者」，既列在史籍之中，卻又與一般傳記不同，而是「以年月爲經緯，比較全面細緻地臚述譜主一生事跡的一種傳記體裁。」參見：來新夏，〈清人年譜的初步研究〉，《近三百年人物年譜知見錄》（上海：上海人民出版社，1983 年），頁 1。言下之意，「年譜」既屬「傳記」又不是「一般傳記」，而是經緯年月、詳密敘事的「傳記」。

〔註44〕或可視爲「鄭玄紀」或「漢學歷史」意識下的「鄭玄本紀」。

4. 孫星衍撰，阮元補訂：《鄭司農年譜》一卷，收於《黃氏逸書考》；

5. 侯登岸撰：《漢大司農康成鄭公年譜》一卷，收於《鄭氏大統宗譜》；

6. 丁晏撰：《漢鄭君年譜》一卷，收於《頤志齋叢書》；

7. 鄭珍撰：《鄭學錄》四卷；

8. 胡元儀撰：《北海三攷》六卷，收於《湖南叢書》。〔註45〕

自諸書題目觀察，「鄭康成」、「鄭君」、「鄭司農」、「漢大司農康成鄭公」皆映照出作者對漢儒鄭玄的觀感與敬意，除了稱字「康成」以及時人所稱「君」、「公」，宋人所封的「高密伯」爵號不再出現，卻偶見「司農／大司農」官銜，流露出作者對鄭玄在後漢歷史地位之禮敬。然而，各家撰作「鄭玄年譜」之動機，仍不離作者本人「偏好鄭氏」的學術旨趣，進一步欲在范曄〈鄭玄傳〉與異說間，再加考信，如王鳴盛（1722～1797）：

> 余說經以先師漢鄭氏爲宗，將攷其行蹟，爲作「年譜」。隨所見輒鈔錄，
>
> 積之既多，欲加編敘，而其事之不可以年爲譜者居多……。〔註46〕

王氏習經尊重鄭氏，隨讀書所見抄錄鄭氏行跡，欲積久再考，以爲年譜，卻意外發現鄭玄遺事難定年月者甚多，未能構成嚴密的年譜形式。對照別外諸家「鄭氏年譜」，王鳴盛的觀點格外有趣，其意在於諸家作者似乎勉強將「不可以繫年之事」，依次編年爲譜。從彷若學案的傳記改編成「年譜」形式來重新審視「鄭玄」及其傳記的學術風氣，主要是基於當代的史學撰述方法，夾帶著作者個人的情感好惡與意識型態。因此，另有偏信鄭氏人格，以「鄭玄年譜」之撰作目的是在拱衛范傳而欲駁正異說者，如沈椒惪對沈可培（1737～1799）所撰《鄭康成年譜》的理解即是：

> 据本傳而參稽群籍，實事求是，能劘前人所未有，其引孔融〈與諸卿書〉各條，既加駁正矣，然《拾遺記》以「經神」配「學海」，固出擬倣，而《世說新語》謂曳婢泥中，實有傷于盛德，非實錄也。
>
> 〔註47〕

〔註45〕 陳讚華，〈清儒「鄭玄年譜」的書寫及其學術史意涵〉，收入：胡春惠、唐啓華主編，《兩岸三地歷史學研究生研討會論文選集 2007》（臺北：國立政治大學歷史系，2008 年），頁 125～136。

〔註46〕 《蛾術編》，卷五十八，〈說人八〉，頁 865。

〔註47〕 〔清〕沈可培，《鄭康成年譜》，收入《北京圖書館藏珍本年譜叢刊》（北京：北京圖書館，1998 年），第六冊，頁 621。

沈梦熹說此書「据本傳而參稽群籍」，將沈可培駁斥孔融〈與諸卿書〉謂「實事求是」，而王嘉《拾遺記》、劉義慶《世說新語》諸書所載則為「有傷盛德」之「非實錄」，皆未取採。因此，沈可培詳考范氏〈鄭玄傳〉與辨正雜說所撰成的《鄭康成年譜》，在沈梦熹眼中已見一符合其理想之「鄭康成」形象。如胡元儀（1848～1908）之《鄭君事蹟攷》：

> 遂取范史本傳，立以為綱，網羅舊聞，並存異說，條附於下，俾有
>
> 所考，仿裴松之《三國志注》例，成《鄭君事蹟攷》二卷。〔註48〕

胡氏本於范氏〈鄭玄傳〉，錄異說於逐條傳文之下，所作「鄭玄年譜」皆本於范曄《後漢書》之敘事，其弊病已不難想見。縱然條貫以年月，詳密其行事，實際上仍是范傳之註腳，不過裝扮其面目以為考信之大成。

　　話雖如此，清人自詳密的時間背景切入、重析范氏〈鄭玄傳〉的策略，也並非毫無所得，反而更展現出作者們對范氏〈鄭玄傳〉疏略處的不滿，故欲有所補充，甚至改寫。其中最明顯之一處，即是關於鄭玄生辰之研究。按阮元（1764～1849）序孫星衍（1753～1818）所撰《鄭司農年譜》：

> 孫淵如觀察撰《鄭司農年譜》成，自德州寄浙示元，屬元商訂之。
> 其中，據《太平廣記》、《三國志注》引司農《別傳》，以司農為「丁
> 卯歲七月戊寅生」，為近年言鄭氏學者所未及。上元談階平廣文適在
> 杭州，元屬其以四分術推朔閏，知司農生於「漢順帝永建二年七月
> 五日」，與《別傳》相合無疑。又，海寧孝廉方正陳鱣亦舊撰司農年
> 譜，未及觀察之詳備，然亦有可採擇者，元乃加以補益，并談君所
> 推驗者，訂為一卷，付之梓人，且於七月五日肇祀司農於詁經精舍
> 焉。在德州校字者為台州洪頤煊，在杭州校字者為湖州張鑑，並識
> 之。〔註49〕

孫星衍依據《太平廣記》卷二百十五錄出之《鄭玄別傳》所載「丁卯歲七月戊寅生」推算，認為鄭氏出生於漢順帝永建二年七月五日，於其《鄭司農年譜》「順帝永建二年丁卯一歲」之下，詳細表列其算式。〔註50〕阮元將此說交給談皆平以四分術驗算，結果相合，遂支持孫氏之說，並選在七月五日於詁

〔註48〕　〔清〕胡元儀，《北海三攷》，收入《續修四庫全書》（上海：上海古籍出版社，1994年），頁618。

〔註49〕　〔清〕孫星衍，《鄭司農年譜》，收入《北京圖書館藏珍本年譜叢刊》，頁463。

〔註50〕　《鄭司農年譜》，收入《北京圖書館藏珍本年譜叢刊》，頁465～476。

經精舍開始正式爲鄭玄舉行祀典。清代學人自顧炎武以來相互褒進，崇隆鄭氏以推廣經學，於此達到另一高峰。

不過阮元未嘗料想到的是，他交給洪頤煊（1765～1833）爲孫氏所撰《鄭司農年譜》去校對文字，發生一件意外。洪氏自言：

> 是鄭君以永建二年七月五日生。自余考定，撰《康成年譜》，海內始
> 知有鄭君生日。阮芸臺尚書前撫浙，於西湖許、鄭祠堂列祀典焉。
> 〔註51〕

按洪氏說，則其考定鄭玄生辰之《康成年譜》乃早出於孫氏「年譜」與詁經精舍之祀典，對照孫氏在其《鄭司農年譜》張大篇幅，詳細公開其推算之動作，不僅展現學術功力以自清，亦明白蔑斥洪氏學問必不如己，似洪、孫二人於彼時已然是交惡對立之局。筆者以爲，故毋論此說出自何人，考訂鄭氏生辰以擇日舉行先儒祀典，藉以勸進後輩努力向學，於此細微處已見清人修撰「鄭玄年譜」之初步貢獻。

陳鱣（1753～1817）所撰《鄭君紀年》雖未據《鄭玄別傳》考出七月五日，但接納了《鄭玄別傳》與《拾遺記》及其他文獻存載的軼事，各入鄭玄行年之下，卻未加辨別。例如「建安三年」條下書：

> 是年公七十二歲。〈獻帝紀〉曰：建安三年徵鄭玄爲大司農，不至。
> 〈本傳〉曰：公車徵爲大司農，給安車一乘，所過長吏送迎，元迺
> 以病自乞還家。《別傳》曰：獻帝在許都，徵爲大司農，行至元城，
> 卒。〔註52〕

又「建安五年」條下：

> 是年公七十四歲。〈本傳〉曰：春，夢孔子告之曰：「起，起，今年
> 歲在辰，來年歲在巳。」既寤，以讖合之，知命當終，有頃寢疾。
> 時袁紹與曹操相拒於官渡，令其子譚遣使逼元隨軍。不得已，載病
> 到元城縣，疾篤不進。其年六月卒，年七十四。〔註53〕

《鄭玄別傳》與范氏〈鄭玄傳〉所言「鄭氏死因」之差異處，筆者已於前文論之。孫星衍《鄭司農年譜》採納范曄〈鄭玄傳〉的記載，因此在「建安五年」

〔註51〕據王利器轉引洪頤煊撰《讀書叢錄》卷二十二，參見：《鄭康成年譜》，〈年譜〉，
　　　　頁27。
〔註52〕〔清〕陳鱣，〈鄭君紀年〉，收入《北京圖書館藏珍本年譜叢刊》，頁455～456。
〔註53〕〈鄭君紀年〉，收入《北京圖書館藏珍本年譜叢刊》，頁456。

拒絕《鄭玄別傳》「獻帝在許都，徵爲大司農，行至元城，卒」之說〔註54〕，而陳鱣則對各種說法不再加以辨析，且直接予以編年。細較二人之取擇，孫星衍《鄭司農年譜》折衷異說於范曄〈鄭玄傳〉，既接納《鄭玄別傳》之生辰，卻又否定其言死亡，取擇標準並不一致；而陳鱣《鄭君紀年》則拋下成見，以「年歲」去經緯各家傳記與軼聞來分列異說，呈現出「定論」以外的多元觀點，留白沉默自有其高明之處。

又《鄭君紀年》的另一項特色，是陳氏在開篇列譜之前完整援入唐人史承節撰寫的「鄭公祠碑」文。根據史傳，戴逵（326～396）在鄭氏身故之後，「以雞子汁溲白瓦屑」寫下碑文，並刻碑誌之，除了鄭氏弟子趙商所刻之碑，戴逵所刻碑亦可能存有最早的鄭玄生平回顧。〔註55〕隨著改朝換代，學術潮流跟著變動，唐人史承節立碑肯定鄭玄的地位，也因此再次釐訂其生平，據此以爲勾勒其地位之參考。據此碑文，其敘何、鄭事似以范曄〈鄭玄傳〉爲主，但類似的敘事亦可見於謝承、司馬彪「鄭玄傳」，孰是孰非，尚待清人論斷。

「鄭公祠碑」與范傳敘事不同，甚至異說的現象，在清人尊崇鄭玄的視線中，吸引了學者的目光。出於范曄《後漢書》記事疏略之遺憾，阮元以此碑「與范書可互校正，故急表而錄之，以告同志」〔註56〕，明示阮氏本人對范氏〈鄭玄傳〉的不滿，成爲孫星衍據此碑去校范氏〈鄭玄傳〉之動機。阮元在「金承安重刻唐萬歲通天史承節撰〈後漢大司農鄭公碑〉跋」說：

> 得金承安重刻唐萬歲通天史承節所撰〈碑〉，搨其文讀之，知承節之文，乃兼取謝承諸史，非蔚宗一家之學，補正范《書》，昭雪古賢，心迹非淺也。〔註57〕

在阮元的語彙中，「補正范《書》，昭雪古賢」即是藉由「鄭公祠碑」兼取之「謝承諸史」文字去改正范氏〈鄭玄傳〉中幾項不通之處。第一是范曄敘述鄭玄「歸老疾篤時事」應改在「漢公車徵爲大司農」、「袁紹邀至冀州」諸事之後，以合乎「疾篤而卒」之敘事；第二是在〈鄭玄傳〉所列的著作中，補入鄭玄所撰之《周官注》；第三是改正〈鄭玄傳〉附載之〈戒子益恩書〉，范曄因「父數怒之」而添入「不」字，而在〈鄭玄傳〉成爲「父母群弟所『不』

〔註54〕《鄭司農年譜》，收入《北京圖書館藏珍本年譜叢刊》，頁521。

〔註55〕《晉書・戴逵傳》言戴逵「以雞卵汁溲白瓦屑，作〈鄭玄碑〉，又爲文而自鐫之，詞麗器妙，時人莫不驚歎。」參見：《晉書斠注》，卷九十四，〈列傳第六十四〉，頁1605a。

〔註56〕《鄭司農年譜》，收入《北京圖書館藏珍本年譜叢刊》，頁553。

〔註57〕《鄭司農年譜》，收入《北京圖書館藏珍本年譜叢刊》，頁549。

容」的情節。從孫星衍的寫作成果來看，藉「鄭公祠碑」去校正范氏〈鄭玄傳〉固然是當代鄭氏學的創舉，但仍不盡可通。例如上述《鄭玄別傳》的記載，陳鱣仍加以引用，反而將金人在承安年間（1196～1200）重刻的「鄭公祠碑」文字，以不加任何意見、評論的方式，置於《鄭君紀年》之篇首，留給讀者自行參考。

唐萬歲通天年間（696～697）始修撰的「鄭公祠碑」，經過金人重修、清人推廣而重現於世，對於清代學者撰寫「鄭玄年譜」時去「校正」范曄《後漢書・鄭玄傳》、重建「經神鄭玄」的理想，仍然助益甚多。除了鄭玄師承「第五元」之衍「先」字以外〔註58〕，就阮元心中的困擾來看，此碑糾正范傳所錄〈戒子益恩書〉之衍文，功勞甚大，讓〈鄭玄傳〉中「爲父母群弟所不容」的鄭玄，得以澄清其實「爲父母群弟所容」。此事彰顯出「經神鄭玄」之成就，來自家庭對其不事生產，甚至供給遊學資用之寬容，實爲一大助益，更能詮釋鄭玄勤奮治經所培育出來的人格與學術，著實滿足了清人的想像。

不過在本文關注的「何鄭之爭」問題上，在范曄《後漢書》尚未成爲後世通向「後漢歷史」的主要途徑之前，唐人史承節修建「鄭公祠碑」兼取「謝承諸史」一事的意義，顯示唐代還能出現另一種對於漢末學術轉向的解釋。按碑文:

> 及黨事起，遂杜門不出，隱修經業。於是鍼《左氏》之膏肓、起《穀梁》之廢疾，而又操入室之戈矛，發何休之墨守。陳元、李育校論古今，劉瓛、范升憲章文議。……〔註59〕

此處採取鄭玄立場敘事，先援救《左氏》、《穀梁》之疾病，再「操入室之戈矛，發何休之墨守」，後者與范氏〈鄭玄傳〉所謂「發《公羊墨守》」，文意並非完全相同，而具有一種強烈攻擊何休之意識，即鄭玄否定了何休對《公羊》事義的理解。接下來在何休與鄭玄間的《春秋》學爭議中，二人所上承的源流則是「陳元、李育校證古今，劉瓛、范升憲章文議」，但是對照范曄在《後漢書・鄭玄傳》所作的評論:

> 初，中興之後，范升、陳元、李育、賈逵之徒爭論古今學，後馬融荅北地太守劉瓛及玄荅何休，義據通深，由是古學遂明。

二說最顯著的差異處是賈逵、馬融並不在列，而且諸儒間之對立關係亦有悖

〔註58〕 據《史記集解》引徐廣注:「先即先生。」參見:《史記》，卷一百一，〈袁盎鼂錯列傳第四十一〉，頁2745。

〔註59〕 《鄭君紀年》，收入《北京圖書館藏珍本年譜叢刊》，頁429。

反。以范曄《後漢書》呈現的敘事來看，陳元爲《左氏》爭立學官，故與博士范升〔註60〕在光武帝時代有所爭執，而《公羊》博士李育和賈逵在章帝年間白虎觀會議上，又重複一次《公》、《左》論難。就時間而言，筆者很難理解不同時代的「陳元、李育」如何去「校論古今」，而「與馬融同時代的劉瓌」〔註61〕又是如何與「後漢初年的范升」相互「憲章文議」。尤其最重要的一點是，唐人修撰「鄭公祠碑」的當下，並非不曉得范曄的史論，且引述其語云：

> 范曄作論有曰：王父豫章君每考先儒經訓，長於公，常以爲仲尼之門不能過也。及傳受生徒，專以鄭氏家法云。〔註62〕

據前引范曄所謂「義據通深，由是古學遂明」的學術評論，這在表彰「鄭玄」及其學術的「鄭公祠碑」中，卻未獲得採納，稍晚的《太平御覽》對此也有類似的取捨。考慮到元行沖在不久前對王邵《史論》的引述，此時仍處於鄭、王之爭對峙的六朝隋唐學術景況，無論時人之背景是眾家「後漢書」或是王肅學的繼承者，對於范曄從「鄭玄與鄭氏學」詮釋而成，所謂「義據通深，由是古學遂明」的漢末學術史，時人對此說採取的保留態度，隱約存在著否定之意。

范曄將「鄭玄」論述爲「今古學」轉折關鍵的同時，也需要一併面對「馬融」，至於馬、鄭二人軼聞的相關細節已見前章，不再贅錄。今按清人侯登岸所撰《漢大司農康成鄭公年譜》，正對劉孝標《世說新語注》之解說有所評論：

> 案此條《世說注》駁之，謂「馬融海內名儒，被服仁義，必無此事。」愚謂馬融乃得罪名教之人，安得云「被服仁義」？此事或有之，不必爲之辨。〔註63〕

侯氏可能忽略了劉孝標之說法承自《鄭玄別傳》，雖然不言及馬融人格之優劣

〔註60〕 范升曾於奏議云：「傳曰：聞疑傳疑，聞信傳信，而堯、舜之道存。」據李賢注引《穀梁傳》「信以傳信，疑以傳疑」、《公羊傳》「君子曷爲《春秋》？樂堯、舜之道也」。可見博士范升似通《穀梁》義，頁1228～1229。清人柳興恩（1795～1880）根據這條資料，將范升列爲《穀梁》經師。參見：〔清〕柳興恩，《穀梁大義述》，收入《續經解春秋類彙編（三）》（臺北：藝文印書館，版次不詳），〈穀梁大義述十五・述經師〉，頁3253。

〔註61〕 嚴耕望根據范曄〈鄭玄傳〉將「北地太守劉瓌」定爲馬融同時代人，約在後漢順帝至沖帝年間。參見：嚴耕望《兩漢太守刺史表》（北京：商務印書館，1948年2月初版），〈涼州・北地郡〉，頁246。

〔註62〕 《鄭君紀年》，收入《北京圖書館藏珍本年譜叢刊》，頁434。

〔註63〕 〔清〕侯登岸撰，《漢大司農康成鄭公年譜》（清道光二十一年寫刻本），收入《北京圖書館藏珍本年譜叢刊》，頁660。

是否會動搖鄭玄之學術與歷史地位，但質疑「得罪名教」之人怎麼可能「被服仁義」？此一悖論既然不會實現，各種「心忌高徒」、「追殺弟子」之傳說放在「得罪名教」的馬融身上，侯氏認爲「此事或有之」，在缺乏佐證的推測下否定其人格，認爲沒有必要爲馬融辯解。〔註 64〕相形之下，沈可培在馬融追殺鄭玄事，表現出擁馬立場，亦自馬融行事做出推斷，雖有一疵而無妨其人格，此與劉義慶、侯登岸之意見相對立。〔註 65〕

　　從這種眾說紛紜的故事情節來說，史傳的內容可以被重組與改寫，然後更貼近或遠離傳主所在的位置，以滿足後人心目中的理想與想像。在這層理解下，關於「馬融與鄭玄」的各種軼聞，從「《詩》、《書》、《禮》、《易》，皆以東矣」〔註 66〕、「大道東矣，子勉之」〔註 67〕到「推式以算，騎馬襲之」〔註 68〕的矛盾情節，乃至融合二說如《世說新語》中之故事〔註 69〕，范曄最後以「鄭生今去，吾道東矣」〔註 70〕，從《後漢書》諸傳記來爲馬融、鄭玄間之學術繼承關係定調〔註 71〕，成爲〈儒林列傳〉的論斷：

> 中興，鄭眾傳《周官經》，後馬融作《周官傳》，授鄭玄，玄作《周官注》。玄本習《小戴禮》，後以古經校之，取其義長者，故爲「鄭氏學」。玄又注小戴所傳《禮記》四十九篇，通爲「三禮」焉。〔註 72〕

〔註 64〕 若考慮到范曄對馬融的部份評論：「融懲於鄧氏，不敢復違忤執家，遂爲梁冀草奏李固，又作〈大將軍西第頌〉，以此頗爲正直所羞。」此說或許影響了侯氏對馬融的觀感，也有可能藉此對照出鄭玄品格之高尚不屈。參見：《後漢書》，卷六十上，〈馬融列傳第五十上〉，頁 1972。

〔註 65〕 〔清〕沈可培，《鄭康成年譜》，收入《北京圖書館藏珍本年譜叢刊》，頁 562～564。

〔註 66〕 《太平御覽》，卷三百七十六、三百九十八，頁 1736b、1839b。二處文句小異，於引文中略加別之。此文又見：《鄭康成年譜》，〈年譜〉，頁 54。王氏引文未善，文字亦與刊本有別，茲不俱出，僅參考其句讀。

〔註 67〕 《世說新語》，卷上之下，〈文學第四〉，頁七。

〔註 68〕 《太平廣記》，卷二百一十五，「算術」，頁 1645。

〔註 69〕 《世說新語》，卷上之下，〈文學第四〉，頁七。

〔註 70〕 《後漢書》，卷三十五，〈張曹鄭列傳第二十五〉，頁 1207。

〔註 71〕 「涿郡盧植，北海鄭玄，皆其徒也」；「融授鄭玄，玄作《易注》」；「《古文尚書》……馬融作傳，鄭玄注解」；「後馬融作《毛詩傳》，鄭玄作《毛詩箋》」。參見：《後漢書》，卷六十，〈馬融列傳第五十〉，頁 1972；卷七十九上，〈儒林列傳第六十九上〉，頁 2554、2566；卷七十九下，〈儒林列傳第六十九下〉，頁 2576。另見：李威熊，《馬融之經學》（臺北：政治大學中國學研究所，博士論文，1975 年），〈馬季長與漢末經學〉，頁 26～31。

〔註 72〕 《後漢書》，卷七十九下，〈儒林列傳第六十九下〉，頁 2577。

從馬融與「三禮」重申「鄭氏學」兼通漢人古今學，這對師承「善賈、馬之學，而不好鄭氏」〔註73〕的王肅門徒而言，形同截斷其繼承脈絡的淵源。筆者以為，范曄筆下所謂「吾道東矣」，背後其實是一則隱含鄭、王二學對立意識的學術史敘事。易言之，范氏〈鄭玄傳〉是鄭、王之爭底下的產物，後漢一代的儒者因此未必得到客觀如實的應有評價與歷史地位。

伴隨何休、馬融等人發生的故事，每一種對於「鄭玄」的敘述都不能成為絕對的單向說法，也就不應該被單獨理解與詮釋。但即使如此，事實上的發展卻往往出人意料。范曄融裁眾說的結果已小有可觀，縱屬一家之言，卻逐漸被接受與認同。眾經師共同配享所在的孔子廟堂、遺骨所在之墳冢，以及載入其人其事之史冊，迄今已不時看見范曄史筆在其中的作用。清人透過各種傳記研究出「鄭玄生辰」，至於援引金人重刻唐代「鄭公祠碑」進入「鄭玄年譜」學，雖然令人眼睛一亮，卻仍舊未脫離范曄的史筆及其背後的學術立場。

第三節　劉逢祿之「何休學」

近世重啟「何鄭之爭」的源頭來自清人劉逢祿（1776～1829）。劉氏的身世背景，據劉氏長子劉承寬撰〈先府君行述〉，此文交代了其父成學之源流，並試圖為其學術史地位提供一幅簡明的速寫：

> 字申受，又字申甫，號思誤居士。……十三歲而十三經及周秦古籍皆畢。嘗讀《漢書・董江都傳》而慕之，乃求得《春秋蕃露》，益知為七十子微言大義，遂發憤研《公羊傳》、何氏《解詁》。不數月，盡通其條例。……大抵府君于《詩》、《書》大義及六書、小學多出于外家莊氏；《易》、《禮》多出于皋文張氏。至於《春秋》則獨抱遺經，自發神悟。……為《釋例》三十篇；又析其凝滯，強其守衛，為《箋》一卷、《答難》二卷；又推原《左氏》、《穀梁》之得失，為《申何》、《難鄭》四卷。……至若鉤幽起墜，干城禦侮，張筆削之權于三統之內，續董、胡之薪于二傳之外，擇精語詳，醇乎其醇，則自漢以後，府君一人而已。〔註74〕

〔註73〕《三國志》，卷十三，〈魏書・鍾繇華歆王朗傳第十三〉，頁419。
〔註74〕參見：〔清〕劉承寬撰，〈先府君行述〉，收入〔清〕劉逢祿撰，《劉禮部集》（清道光十年劉氏思誤齋刊本），卷十二。

承寬既爲人子而遵奉先父,雖然其評論不免流於主觀,〈行述〉紀實卻非虛構。
透過劉承寬對其父的近距離觀察,仍可略見劉逢祿之《春秋》學始於他對《漢
書‧董仲舒傳》的閱讀,經由《春秋繁露》的指引,再以《公羊傳》及何休
《春秋公羊解詁》爲研讀方向,是謂「獨抱遺經,自發神悟」,並非得自師友
傳承。劉氏除研撰《春秋公羊條例》去重建義理,並撰作《春秋公羊解詁箋》
以闡明並修正何休之意,尤其「推原《左氏》、《穀梁》之得失,爲《申何》、
《難鄭》」,將其視野從《公羊傳》與何休擴大到漢代《春秋》異傳與何休之
學術對手,儼然將漢末《春秋》學、何休與鄭玄答問三傳之故事重新構成於
當代,無形中推動《春秋》學在清中葉以後的聚焦現象。是以今人多將劉氏
身居清代《公羊》學的中堅,除了作爲清末《公羊》學興起的重要源頭之一,
亦對清代《穀梁》、《左氏》二傳之研究有所刺激。

　　對劉氏而言,振興當代《公羊》學將能成爲後世學術議題的啓發者,這應
當去追問劉氏的學術及其治學方法是否有創意性的結合。據〈行述〉所陳,
筆者以爲劉氏之讀書解經以及面對《春秋》學之態度,其核心在於劉氏所接
受的歷史與經學史。《漢書‧董仲舒傳》刺激了劉逢祿去閱讀董仲舒的學術作
品,史傳既已同時牽繫著讀者對學者及其著作之興趣,則劉氏研讀《春秋》
經傳的同時,他對何休及其學問的興趣也將援入史傳對「何休」的敘述與評
論,並且在自己的學問中反映其見解。緣於這一系列層層轉折,何休與鄭玄
對《春秋》傳義之問答一事,乃成爲劉氏學術的一部份重要內容。〔註75〕

　　〈行述〉所言「《申何》、《難鄭》四卷」,據今人重撰劉氏年譜,寫定於
嘉慶元年(1796)的《穀梁癈疾申何》可能是劉氏較早表達其《春秋》學思
想痕跡的作品,被收入阮元主持編輯的《清經解》。〔註76〕在經解本《穀梁癈
疾申何‧敘》這篇短文中,劉逢祿根據史傳指出《公羊》、《穀梁》二傳在《春
秋》學中早期的位置與相對關係。劉氏首先考察《穀梁》在先秦傳經的譜系,
接著談到《公羊》、《穀梁》二傳在前漢如何交鋒的情形,並指出《穀梁》之
義不比《公羊》完備的原因,揭示此書據《公羊》先師對於《穀梁》的批評
與質疑,以提昇《公羊》的獨特進路。〔註77〕劉逢祿已預設其學術立場,

〔註75〕申屠爐明,〈論劉逢祿春秋公羊學的特色〉,《南京大學學報(哲學‧人文科學‧
　　　　社會科學)》,2000年第2期。
〔註76〕張廣慶,《武進劉逢祿年譜》(臺北:臺灣學生書局,1997年),卷二〈本譜〉,
　　　　頁35～37。
〔註77〕劉氏敘曰:「穀梁氏之世系微矣。漢孝武時,瑕邱江公受之魯申公,上使與董

故而此書之目標主要在根據何休的見解去反駁鄭玄所解釋的《穀梁》傳義，並逐一點出《穀梁》義短處，反向揭示《公羊》所傳的《春秋》大義。〔註78〕

這個切入《春秋》學與經學史的進程，所揭露的是劉逢祿對待《公羊》、《穀梁》二傳的態度。劉氏從《漢書·儒林傳》與《春秋繁露》接納了以《公羊》為《春秋》嫡傳的正統觀，其面對《穀梁》、《左氏》二傳將採取哪種立場？劉氏跨越前儒對杜預及其《左氏》學的批評〔註79〕，進一步主張「《左氏》不傳《春秋》論」，此說非僅影響了民國初年對於古史重新評估之學術運動，更點燃了《左傳》作者以及其為劉歆偽作的學術議題。〔註80〕從何休對《穀梁》所下的「廢疾」一詞，劉氏領會到《穀梁傳》並非完全喪失《春秋》所應具有之微言大義，而是相對同樣源自口授之《公羊》有所殘略，亦有少許勝於《公羊》義處。在劉氏眼中，辨證《穀梁傳》在《春秋》學中的地位，其關鍵便在於鄭玄。鄭玄雖分別三傳，但鄭氏在《六藝論》對於「《穀梁》善於經」的讚揚，成為劉氏自「董仲舒」意識底下去重振何休、《公羊傳》與《春秋》的一種障礙，在《春秋》與「經」的這層關係上，鄭玄與董仲舒對《春秋》的看法有對立的意味。范曄寓於〈鄭玄傳〉史筆下所營造的「何鄭之爭」，正奠基在《公》、《穀》二傳的相互爭鋒，也才得以上溯到「儒林傳」中的「董生、江公」故事。劉氏在當代「鄭玄年譜」學的潮流中，面對時人一再改寫、修正的范氏〈鄭玄傳〉「三闕故事」，大儒學者「宗鄭」的時代風氣在無形之中可能也刺激了劉逢祿。

在以「何休學」為旨趣的前提下，劉氏奮力去研究整理而寫成各式《春秋》學著作。劉氏所欲宣示的理念，在於區辨《春秋》嫡傳的重要性，其意義則在於重新審視《春秋》學講論義理的本質。《公羊》、《穀梁》二傳在兩漢

仲舒議，卒用董黜江；孝宣以衛太子好《穀梁》，恐其學且廢，乃立學官博士。東漢之世，傳者絕少。」收入：《皇清經解春秋類彙編（二）》（臺北：藝文印書館，版次不詳），頁 1927a。

〔註78〕黃開國，〈劉逢祿在《穀梁》上的「申何」「難鄭」〉，《天水師範學院學報》，第 28 卷第 1 期，2008 年，頁 59～62。

〔註79〕參見：謝明憲，《「經傳集解」的形成——杜預春秋左氏學析論》（嘉義：南華大學文學系，碩士論文，2002 年 6 月），〈「集解」一詞的成書問題〉，頁 13～53；黃開國，〈略論劉逢祿對《左傳》的攻毀〉，《現代哲學》，2007 年第 3 期，頁 88～94。

〔註80〕參見：《辨偽與詮釋：劉歆學史中的漢代劉歆與劉歆學》，〈近代劉歆學的辨偽建構與劉歆學問之形象〉，頁 28～37。

《春秋》學史中交錯的傳習紛爭與解經歧義，不僅在他心中形成研經上的首要問題，且經過劉氏的分疏也不得不認為二傳闡述了或異或同的意義，相對於《春秋》的價值也有各自不同的取捨。至於《左傳》並不介入《公羊》、《穀梁》二傳之間，而是進一步欲與《公羊》爭奪對《春秋》的詮釋地位。在劉氏心中，《左氏》傳的文本問題成為另篇著作所開展的寫作核心，故針對《公羊》、《左氏》二傳異義的範疇，據之引為談論何休、鄭玄之爭的線索。

劉氏將「何休」作為切入及突破《春秋》異義之關鍵，根源則來自他對《公羊》的信仰，而在何休身上找到重建《公羊》學以上達《春秋》的道路，這同時也從何氏身上決定了劉逢祿面對《左氏》、《穀梁》二傳之態度：詰難二傳。劉氏從「董生、何氏之書」及其他漢儒舊說，堅信「口授之傳」保有聖人著作《春秋》所未書見之意。此類「口授之傳」中，《公羊》先師在解經所形成的「條例」，能夠自何氏著作中尋得。因此，「公羊條例」幾乎可說是聖人口授之意的化身，成為同屬經師口授的《公羊》、《穀梁》二傳之權衡標準。換言之，漢初經師口授先儒教誨的孔子遺意，形成了文本的《傳》與講義之「條例」，這便是劉逢祿的看法，持此觀點在當代復興「《公羊》為《春秋》嫡傳」之主張，除了透過何休，別無他途。這個觀點繫起口授、條例與《春秋》之義，將何休、《公羊》、《春秋》三者等同起來。劉氏批評同時代學者孔廣森（1752～1786）解說《公羊》擺落漢儒舊傳師說口承的地位而自設條例，極力強調隔開三傳的界線，需當各有門戶與脈絡乃見本意。劉逢祿認為諸傳授受的差異與解經根據的歧見，實乃無可避免之事，他對《左氏》、《穀梁》二傳的批評，也因此從何休為起點，架構出自身之《公羊》學立場與《春秋》學內容。

據漢儒留下的傳注、義例重建《公羊》學，是劉氏研經以來的夢想。其於嘉慶十年（1805）所完成的《春秋公羊經何氏釋例》，所談的正是這專明墨守之學的進路。〔註81〕藉由何休與鄭玄之議去論斷三傳短長，稱為「申何難鄭」。換言之，劉氏將「《春秋》三傳異義之爭」歸於「何休與鄭玄」，雖然極度濃縮了整個兩漢或漢末《春秋》學的問題，卻在當世發明「漢學」、創新議題的氛圍中頗有效果。筆者以為，劉氏或許投注稍多個人情感，貶低《左氏》、《穀梁》二傳在解經上的地位，其於宋學與鄭學前景下，仍不失為一盞照亮《春秋》舊傳，為之掃塵去蔽的舉動。單就《公羊》、《穀梁》二傳之關係觀

〔註81〕　《武進劉逢祿年譜》，卷二，〈本譜〉，頁53～55。

察，劉氏並不否定《穀梁》亦具聖人書作《春秋》所未可見之意，《穀梁》並非不能解經，卻是相對於《公羊》義而顯得有較多遺失，此即劉氏在《春秋公羊解詁箋》接納《穀梁》義、指出何休缺失之緣故。在《公羊》、《穀梁》二種「口授之傳」的交會處，如果劉氏無法尋得漢儒舊傳在口授、條例方面的根據，他的論證便無法成立，而劉氏據此建構其《春秋》學的方法，除了仰賴何氏《春秋公羊解詁》之外，即從何休《公羊墨守》、《穀梁廢疾》、《左氏膏肓》之佚文，與鄭玄對此「三闕」之駁難，進一步延伸其學術視野。

此外，據劉氏於嘉慶十四年（1809）所撰定的《春秋公羊解詁箋》及《論語述何篇》數條，可知劉氏對《穀梁》義有接納的痕跡，而非全盤否定《穀梁傳》之價值。〔註82〕在《公羊》、《穀梁》二傳組成的《春秋》學關係中，這個圖像是二傳相輔相成，惟《公羊》在《春秋》學中的地位相對顯著。在口授、條例的源流上，劉氏認為《穀梁》對《公羊》有所補益，這也是因為《穀梁傳》中有「公羊子」，其源出之端實本《公羊》義的緣故。因此，劉氏進行《公羊》、《穀梁》二傳的分疏與補正，既然是劉氏《春秋》學「演進」的重要觀念之一，其於近代所展開的「何鄭之爭」，卻成為今日漢末經學史敘事中的重要情節與命題。

第四節 「三疾」與「通義」

關係何鄭之爭的「三闕」一詞，雖然作為本文依據，但在劉氏「申何」、「難鄭」之後，近代另出現「三疾」一詞，存在於支偉成（1899～1929？）的《清代樸學大師列傳》中。「三疾」並不是指何休「三闕」，而是特指鄭玄對「三闕」的回應，即鄭氏「箋《左氏膏肓》、發《公羊墨守》、釋《穀梁廢疾》」，甚至可以縮小範圍專指此三篇鄭氏駁難的「輯本」，迄今少見有學者區別其文本意涵，亦少見放在作者「鄭玄」身上去爬梳。按支偉成寫出「三疾」的章節，與皮錫瑞、桂文燦（1823～1884）有關，且在「常州今文經學家」莊述祖（1750～1816）敘其學行，言其有「輯《鄭氏箋膏肓起廢疾發墨守》一卷」〔註83〕，卻未見此表記。至於述「皮錫瑞」條：

〔註82〕 《武進劉逢祿年譜》，卷二，〈本譜〉，頁 60～62。
〔註83〕 支偉成，《清代樸學大師列傳》（湖南：岳麓書社，1998 年第 1 版第 1 次印刷），「常州今文經學家」，頁 130。

初攻《尚書》……中攻鄭學，有《鄭志疏證》若干卷，《三疾疏證》
一卷，《聖證論補評》二卷，《魯禮禘祫義疏證》一卷，《六藝論疏證》
一卷，《孝經鄭注疏》二卷，《駁五經異義疏證》一卷。晚貫群經，
創通大義。……〔註84〕

及「桂文燦」條：

桂文燦字子白，廣東南海人。道光二十九年舉人，揀選知縣，同治
中，獻所著《經著叢書》……「……《叢書》爲：……《三疾評》
三卷……。」光緒九年，選授湖北隕縣知縣。……以積勞卒于官。

〔註85〕

支偉成述「三疾」之名目在皮、桂二氏著作中。惟桂氏於其《經學博采錄》
自述其學：

昔高密黨錮，乃注羣經，臺卿複壁，爰釋《孟子》。古之人讀書有成，
每於顛沛流離之際，天道悠悠，蓋絀於彼者，優於此歟。文燦弱冠
以前，於道光庚子、辛丑、壬寅、癸卯四載，各著《經義記》一卷。
維時英吉利頻年入寇，廣州戒嚴，困處圍城，閉戶獨學。甲辰春，
欲著《毛詩傳假借考》、《毛詩鄭讀考》二書，未成。乙巳之夏，著
《春秋箴膏肓評》、《起廢疾評》、《發墨守評》各一卷。……凡此諸
書雖已屬稿，自慚淺陋，未敢寫定。丁未以後，養疴輟業。咸豐壬
子、癸丑間，以會試留寓京師，博訪通人，每叩是正。……癸丑之
夏，禮闈報罷，驅車南歸。竊以爲國家多故，歲月如流，檢閱舊學，
恐遂亡失，急欲編定，付諸梓人，迄乎甲寅，校除未畢。……〔註86〕

此書自序署「咸豐五年八月」〔註87〕，上推桂氏撰寫「《春秋箴膏肓評》、《起
廢疾評》、《發墨守評》」三卷之「乙巳夏」，則爲道光二十四年（1845）。以此
觀之，此三卷至咸豐五年（1855）猶未校畢，終不能知其下落。桂氏所記「《春
秋箴膏肓評》、《起廢疾評》、《發墨守評》各一卷」，並未以「三疾」稱之，但
在支偉成筆下則直言「《三疾評》三卷」。筆者以爲，這是後人根據范曄〈鄭
玄傳〉所敘述的「發《墨守》、箴《膏肓》、起《廢疾》」一句，將此三書沒去

〔註84〕《清代樸學大師列傳》，「湖南派古今文兼采經學家列傳第八」，頁144。
〔註85〕《清代樸學大師列傳》，「浙粵派漢宋兼采經學家列傳第九」，頁154。
〔註86〕〔清〕桂文燦，《經學博采錄》（臺北：文海出版社影《辛巳叢編》本，1971
　　　　年），卷六，頁262～263。
〔註87〕《經學博采錄》，〈自序〉，頁1。

《春秋》三傳之名，從鄭玄拯救「三種疾病」的角度所新創的合題，今觀皮氏、桂氏皆未自稱其書為「三疾」，姑且暫定為支偉成所創發。

以上推論清人似據范氏〈鄭玄傳〉敘事，另行創建「三疾」一辭，雖然「三闕」從未在近代得到廣泛使用，但出現為早，若盡以「疾病」概念含括何氏「墨守、膏肓、廢疾」，或錯失何氏「求論譽於人」之寓意，猶耽溺於門戶之見。在此轉折上，若清人別有所見，晚近學者是否能進一步承繼或解讀何、鄭之《春秋》學與范氏的經學史觀，將會成為新課題。粗觀范曄對後漢儒者之重視，可見其「儒林傳」之評論語：

> 所談者仁義，所傳者聖法也。……斯豈非學之效乎？〔註88〕

即儒者經由經學宣揚仁義、教授百王之法，以臻太平之治。故范氏以經學盛衰當一代之盛衰，此論為皮氏所承，其於《經學歷史》特言「無識者以為經學無益而欲去之」，乃強調：

> 後漢經學盛於前漢者，有二事。一則前漢多專一經，罕能兼通。……一則前漢篤守遺經，罕有撰述。……風氣益開，性靈漸啟；其過於前人之質樸而更加恢張者在此，其不及前人之質樸而未免雜採者亦在此。至鄭君出而徧注諸經，立言百萬，集漢學之大成。〔註89〕

又云：

> 凡事有見為極盛，實則盛極而衰象見者，如後漢師法之下復分家法，今文之外別立古文，似乎廣學甄微，大有裨益於經義；實則矜奇炫博，大為經義之蠹。……若必各務創獲，苟異先儒；騁怪奇以鈞名，恣穿鑿以標異；是乃決科之法，發策之文；侮慢聖言，乖違經義。……故愚以為明、章極盛之時，不如武、宣昌明之代也。〔註90〕

既憂懼兩漢經學墜緒，恐怕終至不離「以經今古文對壘來看待何、鄭」之觀點。皮氏曰：

> 然今學守今學門戶，古學守古學門戶。今學以古學為變亂師法，古學以今學為「黨同妒真」。相攻若讐，不相混合。杜、鄭、賈、馬注《周禮》、《左傳》，不用今說；何休注《公羊傳》，亦不引《周禮》一字；許慎《五經異義》分今文說、古文說甚晰。〔註91〕

〔註88〕 《後漢書》，卷七十九下，〈儒林列傳第六十九下〉，頁 2589〜2590。
〔註89〕 《經學歷史》，〈經學極盛時代〉，頁 129。
〔註90〕 《經學歷史》，〈經學極盛時代〉，頁 142〜143。
〔註91〕 《經學歷史》，頁 153〜54。

《周禮》、《左傳》俱非今文說,《公羊》以《春秋》爲後王制法,即使《周禮》非戰國陰謀之書,據此先王法欲以明《春秋》教乎?周予同註解且以爲:

> 休爲今文學家,故不引古文學之《周禮》。〔註92〕

若以今古文爲壁壘,兩造水火,則何氏注《公羊》除《周禮》之外,其餘古文經亦不當引入。然而根據今人研究,何休《春秋公羊解詁》除了今文家言,還引用了《左傳》、《穀梁傳》、《爾雅》等這些在後學看來與《公羊》不當有所交集的傳說。而且更有趣的是,若以《公羊》爲「齊學」、《穀梁》爲「魯學」的二傳對立觀點來看,何休引據《魯詩》、《魯詩傳》、《魯論語》等「魯學」著作,一同注解「齊學」屬性之《公羊傳》。〔註93〕何休並非不知《周禮》者,且以爲此《周禮》爲「戰國陰謀之書」,既成於孔子身後,亦非周公原帙,比於《左氏春秋》、《費氏易》,恐怕都不當列在古文經中。

　　相對於清末學者秉持的門戶之見,在清儒陳澧(1810～1882)的《漢儒通義》一書中,得見清人「漢學」竟得臻至何休與鄭玄、《公羊》與《周禮》之融通處,難能可貴。首先按陳澧所撰〈鄭學〉篇,文云:

> 然辨先儒之説,其辭氣當謙恭,不可囂爭求勝也。其《箴膏肓》、《發墨守》、《起廢疾》,則不然。有云「鄉曲之學,甚可忿疾」,此以何邵公三書有害於經學風氣,不得不忿疾。又何之年輩不在鄭之前,不妨正言相非也。〔註94〕

又別注云:

> 讀鄭君〈周禮序〉所謂如入宗廟,但見禮樂器,讀何邵公〈公羊序〉則如觀武庫,但覩矛戟矣。鄭學非何所及,可於兩〈序〉見之。〔註95〕

陳澧由《周禮注》、《春秋公羊解詁》二〈序〉褒美鄭氏爲「宗廟」而何氏爲「武庫」之意,以爲莊隆典雅遠勝鋒刃相向,加以前哲依賴范曄《後漢書》

〔註92〕　《經學歷史》,頁153～54。

〔註93〕　《何休春秋公羊解詁之研究》,〈公羊解詁注經之依據〉,「附公羊解詁引經傳子史注經簡明統計表」,頁149。

〔註94〕　參見:〔清〕陳澧,《東塾讀書記》(上海:中華書局《四部備要》本據原刻本校刊),卷十五,〈鄭學〉,頁130a。袁鈞族孫袁堯年錄陳澧所撰〈鄭學〉,欲刊入袁氏《鄭氏佚書》未果,存此篇在手抄稿本中。參見:〔漢〕鄭玄撰,〔清〕袁鈞輯,《鄭君遺書》(臺北:文海出版社《清代稿本百種彙刊》影手稿本),頁315。

〔註95〕　《東塾讀書記》,頁130a。

甚鉅也久，識見既不能逾越范書之外，又反覆層累造說，去道愈遠。范書實
一家之言，其優點在簡明易通，其失則陋劣難詳。自眾家後漢書散佚，後學
難考，失其眞實，彼時稽古之士，如姚振宗者，猶以爲憾。對照范書與眾家
後漢書輯本，筆者以爲范書或如《公羊》以議論勝，諸家後漢書亦若《左氏》
而事實詳，互有長短得失，毋需事事本於范書。且按陳氏之語，何休《春秋
公羊解詁》既兼錄《左氏》、《穀梁》之義，雖然內容與深度廣度不成比例，
此處所呈現的「武庫」形象，反而應該和杜預當年被輿論同樣稱爲「武庫」〔註
96〕的理由較爲接近，皆在具備「無所不包」之《春秋》義理，而不應只是凸
顯三傳之間的攻伐。由此可略見，陳澧在清代所接受的經學史述、後漢經學
觀，不免影響了他對何休的看法，甚至可以懷疑他將范曄所言「以難二傳」
之「三闕」意涵套入後學所認爲既「恨先師」又「反擊賈逵」之《春秋公羊
解詁》，而以後者〈序〉引爲攻伐二傳之「矛」與「戟」。事實上，陳澧生平
最重視的著作《漢儒通義》〔註 97〕，曾欲藉兩漢經師撰著共見聖賢微旨與宋
儒抗禮。其自序云：

> 漢儒說經，釋訓詁、明義理，無所偏尚。宋儒譏漢儒講訓詁而不及
> 義理，非也。近儒尊崇漢學，發明訓詁，可謂盛矣。澧以爲漢儒義
> 理之說醇實精博，蓋聖賢之微言大義往往而在，不可忽也。謹錄其
> 說，以爲一書。漢儒之書，十不存一，今之所錄，又其一隅，引伸
> 觸類，存乎其人也。節錄其文，隱者以顯，繁者以簡，類聚羣分，
> 義理自明，不必贊一辭也。竊冀後之君子，袪門戶之偏見，誦先儒
> 之遺言，有益於身，有用於世，是區區之志也。若門戶之見不除，
> 或因此而辯同異，爭勝負，則非澧所敢知矣。〔註 98〕

一如其調和漢宋之主張〔註 99〕，其「漢儒」實在「漢學」之大義名分下，令
「武庫」與「宗廟」亦可「通」其義。例如其說「天地」：

> 何氏《公羊解詁》曰：元者，氣也。無形以起，有形以分，造起天

〔註96〕 杜預因內政事功，被稱爲「杜武庫」，比喻其「無所不有」之意。參見：《晉
　　　　書斠注》，卷三十四，〈列傳第四〉，頁 719b。

〔註97〕 〔清〕陳澧，《漢儒通義》，收入《續修四庫全書》（上海：上海古籍出版社，
　　　　1995 年），冊 252，頁 383～447。

〔註98〕 《漢儒通義》，〈漢儒通義序〉，頁 383b。

〔註99〕 陳澧主張漢宋調和之經學觀，但其漢學基礎仍在鄭學，請見：曹秀美，〈陳澧
　　　　《漢儒通義》析論〉，《中國文哲研究集刊》，第 30 期（2007 年 3 月），頁 267
　　　　～306。

地，天地之始也。隱元年《解詁》。〔註100〕

鄭氏《周禮注》曰：天者，羣神之精，日月星辰其著位也。「凡以神

仕者」注。〔註101〕

何休《春秋公羊解詁》與鄭玄《周禮注》所言「天」爲不僅爲「漢學」之「通義」，亦通於宋學。又如「鬼神」：

鄭氏……又《箴左氏膏肓》曰：屬者，陰陽之氣相乘不和之名。《尚

書·五行傳》「六屬」是也。人死，體魄則降，知氣在上，有尚德者，

附和氣而興利。孟夏之月，令雩祀百辟卿士有益于民者，由此也。

爲屬者，因害氣而施災，故謂之屬鬼。〈月令〉「民多屬疾」，〈五行

傳〉有御六屬之禮。禮，天子立七祀，有大屬，諸侯立五祀，有國

屬，欲以安鬼神，弭其害也。《左傳》昭七年《正義》。

何氏《公羊解詁》曰：蓋時衰，多廢人事而好求福於鬼神。成六年

《解詁》。〔註102〕

此例之特別處在於陳澧看到了鄭玄駁何休之《箴左氏膏肓》具有與何氏《春秋公羊解詁》相通之「鬼神」義，從而忽略了何休《左氏膏肓》對《左氏》的非難：

《左傳》（昭七年）：從政有所反之，以取媚也。民不可使知之，故

治政或當反道以求媚于民。

（《正義》：）何休《膏肓》難此，言孔子不語怪力亂神，以鬼神爲

政，必惑眾，故不言也。今《左氏》以此令后世信其然，廢仁義而

祈福于鬼神，此大亂之道也。子產雖立良止，以托繼絕，此以鬼賞

罰，要不免于惑眾，豈當述之以示季末？〔註103〕

何休的意見很清楚，據《論語·述而》所載「子不語怪力亂神」〔註104〕，認爲執政者不應該放絕仁義、假借「鬼神」來「惑眾」，此乃取亂之途，亦非「季末」危亡之秋所可取鑒者。但在鄭玄身上卻提昇爲「古有其禮」，而不是著眼

〔註100〕《漢儒通義》，卷一，「天地」，頁386b。

〔註101〕《漢儒通義》，卷一，「天地」，頁387a。

〔註102〕《漢儒通義》，卷一，「鬼神」，頁390a。

〔註103〕《春秋左傳注疏》，卷四十四，頁763b～764a。

〔註104〕〔清〕劉寶楠、劉恭冕撰，《論語正義》（臺北：世界書局，1992年），卷八，

〈述而第七〉，頁146。

在何休心中「當此季末欲加改革」的企圖。易言之，鄭玄對何休所稱之本義，乃至陳澧對二人語意的解讀，仍有校準的空間。

從清初倡言「經學即理學」的復古呼聲，歷經學術社群對「鄭玄年譜」之集體撰寫活動，以及中葉以降在常州異軍突起之《公羊》學，清人在兩漢經學構建「何鄭之爭」的學術史脈絡，到了陳澧身上，竟然有所轉折，出現了「何鄭通義」。陳氏在《漢儒通義》展示出的調和論調，不僅在於「漢學、宋學」，也在「何休、鄭玄」身上看到「經今古文學」與「《公羊》、《左氏》二傳」得以融通之空隙，對於後世學者應當饒富啟發性。即使陳氏前後兩種排比何休與鄭玄的形式，出自不同觀點而略顯矛盾，但至少支持「禮是鄭學」〔註105〕的陳澧，還很清楚「鄭學」並不能等同於「漢學」，即使未曾徹底擺落門戶之見，陳氏從「喪失歷史背景」的視線中，去呈現他對何、鄭的瞭解，當然也是一種可供學者討論的學術觀點。這也就表明，「何鄭之爭」無論是從「事實」，或從「敘事」，或從「學術」來觀察，當它位於史學領域而開放出各式各樣多元觀點，乃得揭示其複雜原貌，而非「蓋棺論定」般偏狹之見。

錢穆（1895～1990）曾在收錄於《兩漢經學今古文平議》之〈兩漢博士家法考〉（民國三十二年，1943）提到何休與何休之學的歸屬問題，與時學所見頗有不同：

> 李育之後有何休，亦治《公羊》而不為章句。史稱其「精研六經，世儒無及。作《春秋公羊解詁》，覃思不闚門十有七年，又注訓《孝經》、《論語》，皆經緯典謨，不與守文同說」。又稱何休「與其師博士羊弼，追述李育意以難二傳，作《公羊墨守》、《左氏膏肓》、《穀梁廢疾》」。是何休雖治《公羊》，然論其學派，實亦古學家也。故其書亦曰「解詁」，不曰「章句」。史稱其「不與守文同說」，此明其不拘拘一師家法，如今學之所為爾。〔註106〕

斯論初發以來，未曾得到足夠之理會與重視。經學史家暨研究者迄今猶以何休為今文家、《公羊》家之中堅、殿軍反覆發論，而未能查考何氏實為「通古文經之議郎」，又緣其與鄭玄「對壘」之故，乃多為鄭氏學者譏刺非難，往往維護鄭氏而委屈之。對於「歷史背景」的反響，錢穆續云：

〔註105〕楊天宇，〈略論「禮是鄭學」〉，《齊魯學刊》，2002年，第3期，頁92～93。
〔註106〕錢穆著，《兩漢經學今古文平議》（臺北：東大圖書公司，2003年），〈兩漢博士家法考〉，頁215～216。

　　史稱：「中興之後，范升、陳元、李育、賈逵之徒爭論古今學，後馬
　　融答北地太守劉瓌，及玄答何休，義據通深，由是古學遂明。」今
　　觀康成注經，亦幾似於今學之章句矣。〈鄭玄傳〉謂：「玄注經凡百
　　餘萬言，質於辭訓，通人頗譏其繁。」此之「通人」，猶如夏侯勝之
　　譏夏侯建，所謂「章句小儒，破碎大道」也。范氏論鄭學，頗得其
　　宗要，……然鄭氏之學實已近似章句。僅不守家法，又能刪裁省減，
　　使不煩黷爾。〔註107〕

錢穆透過班氏〈睦兩夏侯京翼李傳〉「章句小儒，破碎大道」語詮釋「鄭玄」，
且不以范說爲然，以鄭學特色其實在於「僅不守家法，又能刪裁省減，使不
煩黷」，斯論當爲鄭氏學者所不喜。然錢穆之論點仍受限在清人分立今學、古
學門戶之二元觀，故雖以何氏治《公羊》而取徑初學者之「解詁」乃爲「古
學」，試圖在清儒漢學的對立觀之中別出新意，然其未能思及范曄《後漢書》
與鄭王之爭的學術背景，其眼中之何休與鄭玄仍在范曄筆下的學術歷史裡。

〔註107〕《兩漢經學今古文平議》，頁 217～218。

第七章　結　論

　　當何休察覺當代《公羊》學的失敗，而且構思了一種突破師「門」之見的補救策略，後人在推崇鄭玄「雜揉今古」、混同家法之餘，往往忽略何、鄭問答《春秋》異傳一事，以及《春秋公羊解詁》一書所可能給予鄭玄的震撼與啓示。經學既然先是作爲濟世良方，再能作爲人生歸宿，透過時人對《春秋》學的理解與活用，體現於政治層面的爭執與議論，呼應著學理取擇的變化。在這層意義上，複雜且綿長不絕的學術、政治問題都體現在學者個人蜿蜒曲折的生命之中，但是否能爲後人所知，仍仰賴弟子之繼承與史家之歌頌。

　　何休同鄭玄皆在黨錮文網中，其研治《公羊》之終極目的無論是「三闕」或《春秋公羊解詁》，都指向政治層面，欲合三傳之義以治人。故於《公羊》藉胡毋生《條例》糾正先師家法守文之失，於二傳則許事義有益治世者，存見於其《春秋公羊解詁》，以初學者所習「解詁」之名，融合《左氏》、《穀梁》之長義於《公羊》，齊全孔子深寓於《春秋》之奧旨大義。其書所以題名《春秋公羊解詁》者，自其「解詁」援引二傳，上達《公羊》至於《春秋》，實取折衷之徑，一以貫之。

　　放諸《春秋》三傳，何氏引申「闕」義，尋求世儒糾正，終援引二傳義理，浸入於其《公羊》解說，故所謂「何氏學」者，既「不與守文同說」，且爲援引《左氏》、《穀梁》傳義之《公羊》學。反觀鄭玄駁難何休「三闕」，殊分三傳、彼此不容，鄭氏於《春秋》三傳既主分離，其經傳訓注猶見當時通人譏訕若章句繁辭，而後人反以鄭氏爲通儒。〔註1〕故何、鄭於《春秋》學，

〔註1〕　「鄭康成漢末之通儒，後學所取正。」參見：《北史》，卷三十三，〈列傳第二十一〉，頁 1227。又有作「後學所宗正」者，請見：《魏書》，卷九十，《列傳第七十八》，頁 1934。

志趣殊絕，鄭玄專意注經，不欲治人，且不欲爲人所治，遑論「治世之要務」。自漢末以降，迄於初唐，學者對待孔子的態度，或許與漢儒差異不大，但是鄭氏學可能逐漸改變漢初以來孔子與經典之間的作者地位，替之以曾參與周公等人，形同否定兩漢經學的基礎。鄭玄晚年繼前儒之業，再注《周禮》，擱置的不僅是他對何休三闕的駁難，或是他對《左氏》的訓注，而是前人對孔子的看法。無論服虔是否繼承鄭玄之《左氏》學，鄭氏對於《春秋》及三傳的見解，只能從《六藝論》、《駁五經異義》與駁何休三闕佚文來索求答案，而不應該是所謂的《春秋傳服氏注》。〔註2〕但在范曄的立場上，「鄭氏學」既然屬於其祖范甯教授之家法，當范甯引述杜預《左氏》義，而王肅《左傳注》有部份又與服虔同說的情形下，在范曄筆下的〈鄭玄傳〉中，必須對此有所釐清。藉由論述鄭玄答何休「義據通深」，二人論學得臻至「『古今』之變」的關鍵地位，范曄刻意讓〈儒林列傳〉中的「何休」在〈張曹鄭列傳〉中的現身發言，使范曄得以詮釋出「鄭玄」在漢末經學史中「囊括大典」的位置，以闡明其心目中的「鄭氏學」。

前人解說何休「康成入吾室、操吾矛，以伐我乎」之歎語，很少回顧〈儒林列傳〉與〈黨錮列傳〉曾交待過的背景。黨錮事件既獨立於諸儒論爭經今古文學的轉折之外，則兩漢論爭今古學之終局不僅無關利祿，亦失去了《春秋》異傳在政論奏議中屢屢發揮義理的各種表現，也就無法得知「遭罹黨錮後」的何休在「精研六經」之餘，又特別「好《公羊》學」之情節。緣父蔭自郎中解褐起家，非博士弟子出身，又未詳師承是否出自《公羊》博士的何休，其研治《公羊》之舉，在後世學者的理解上，從隱晦於黨錮文網中的「治世」意向，被更替爲「今文學之殿軍」，變成范曄〈鄭玄傳〉與近人在漢末學術歷史的註解。

相對於何休的處境，范曄藉由何休來抬高鄭玄的地位，以面對曹魏以降對鄭氏學的否定，同時小心安排何休、馬融與鄭玄之間的相對關係，重申了三禮學的馬、鄭師承關係，避免暴露鄭玄在《春秋》學中的缺陷，並以「夢見孔子」一事來彌補鄭玄降低孔子地位所失去的學術正當性。范氏《後漢書》

〔註2〕 〔漢〕服虔撰，〔清〕袁鈞輯，《春秋傳服氏注》（清光緒十四年浙江書局刻《鄭氏佚書》本），收入《續修四庫全書》（上海：上海古籍出版社，1995年），冊117，頁1～68。袁氏接受《世說新語》的記載，故懷「存服（虔）所以存鄭（玄）」之意而爲斯編，見是書頁1a。

在歷史評論的成功，對於鄭玄及其學術的浮沈與廢興，更是後人聚焦之所在。近世經學史家認爲「鄭學出而漢學衰」，論意以「桓、靈之間，黨禍兩見」，「士氣頹喪而儒風寂寥」，漢末政治勢如江河，降及曹魏時代文人學士「趨勢游利」而不「孝悌清脩」〔註3〕，荒怠學業，故謂「鄭學雖盛，而漢學終衰」。〔註4〕此「漢學」謂本於利祿，專門家法林立的漢人之學，與「雜糅古今」〔註5〕、「徧注諸經，立言百萬，集漢學之大成」〔註6〕的「鄭學」相較，其前提、主張、形式、方法與內容皆存在差異。但由於鄭玄「生當漢末」，其學「囊括大典」之特質，即使「後世不得見鄭學之完全，並不得存漢學之什一」，前人仍然認爲「欲治『漢學』，捨鄭莫由」〔註7〕，形成了一種「漢學非鄭學，但鄭學中可見漢學」的學術史論，彷彿「白馬非馬」之名實詭辯。

鄭玄糅合漢代今古文經師的專門家法，從師承角度截斷了漢人章句守文不得會通的弊害，這個論斷出自范氏祖孫對何休治學方法的忽視與刻意的壓抑。何休承接黨錮前後《春秋》議政的轉向，從《公羊》義理之空隙處去容納《左氏》、《穀梁》二傳之長義，形諸於何氏《春秋公羊解詁》中。然而，何休之《公羊》學既非出於利祿，又非區別官學與民間分流之家法，以此條件去面對上述經學史家的標準，何休對待《春秋》異傳的寬容態度與統合策略，倒顯得比較接近「後起」、「雜揉古今」之「鄭學」。范甯從鄭玄承襲了《春秋》三傳各有短長的見解，藉由鄭玄對何休的批評而成立《穀梁傳》的義例。從這層脈絡來看，范曄在〈鄭玄傳〉中認同其祖范甯對「鄭玄家法」的回溯，必須將鄭玄與《春秋》學的關係放在范氏《春秋穀梁傳集解》的視野中。當范甯採納了杜預之《左氏》學，認同周公與《春秋》筆法有直接關係，范曄在其《後漢書》中也就不會接受當代「鄭玄提供《左傳注》給服虔」的流行說法。范曄《後漢書》因此呈現出一幅以范氏家學與個人意見爲思考點的圖像，其撰作不但不能背棄鄭玄及其學術，面對近世各種「後漢歷史」對鄭玄及其學術的論述，更在許多方面掩飾、迴護與伸張，從後漢晚期學術紛爭之相互關聯，重新塑造鄭玄其人其學，並淡化黨錮色彩與政治傾向，讓何休在

〔註3〕 董昭語，曹魏明帝時爲司徒，上書陳此弊。參見:《三國志》，卷十四，〈魏書・程郭董劉蔣劉傳第十四〉，頁442。
〔註4〕 《經學歷史》，〈經學中衰時代〉，頁145。
〔註5〕 《經學歷史》，〈經學中衰時代〉，頁161。
〔註6〕 《經學歷史》，〈經學極盛時代〉，頁129。
〔註7〕 《經學歷史》，〈經學分立時代〉，頁179。

鄭氏學的形成過程中成為眾多環節與註腳之一。藉由此舉，范曄不單彰顯了個人之文筆傑思，其所肩負之家學淵源，亦得透過歷史評論得到肯定。

范曄根據華嶠、司馬彪甚至謝承等眾家後漢書重寫〈何休傳〉，即使唐代注家李賢等人也不認為各家「何休傳」能再為范傳提供進一步解釋。但在唐、宋人所身處的時代，其他後漢書仍被持續引用與閱讀，這意味范曄不論如何去書寫「何休」、「鄭玄」與「何鄭之爭」，眾家書所共有的「後漢歷史」仍可供作後人去認識何休與鄭玄及其時代的線索，未必只能依賴范曄的書寫與學術史觀。事實上，范書〈儒林列傳〉中的《春秋》學史進行到李育、服虔之間擺進了「何休傳」，與「何休」生平「坐廢錮」、「黨禁解」甚多關聯的〈黨錮列傳〉即在此互文來作為註解，乃得見何休在「范曄的」後漢儒者之中的特別地位。何氏身為范氏〈儒林列傳〉筆下後漢《公羊》經師的「最後一人」，不單是時序上，亦是在《春秋》與《公羊》學的轉變上，甚至透過〈黨錮列傳〉述及之黨人思想變化，亦可察覺何氏在後漢「季末」的政局與「文網」中，仍是深具省思與實踐能力之儒者，不唯出入於政治與經術之間，其於窮究群經之儒或是貫徹大義之士，皆不遜其色。

范書〈鄭玄傳〉之外，《鄭玄別傳》與清人年譜對鄭玄生平的描繪，其目的多在建構「鄭氏學／鄭學」的內容，作為其詮釋或註解。傳家與譜家將鄭氏著作先後譜列，加以編年，對於鄭駁何休之敘事，從未超出范曄〈鄭玄傳〉的漢末學術史觀，僅複寫此事而少有省思、深究鄭駁何氏三闕之動機，亦失察鄭氏「在文網中」猶加斥言何氏、旋又對《春秋》傳義緘默再三的歷史背景。擱置唐人「鄭公祠碑」中的後漢學術脈絡，按范氏附言於〈鄭玄傳〉篇末之學術史評論來說，從劉瓛、馬融到何休、鄭玄之時，似不應見到「古學遂明」的經學景況。至少在鄭答何氏三闕之前，《春秋》三傳中的《左氏》義已在光武欲立《左氏》博士、章帝集群儒論議於白虎觀的場合中有所宣揚，此時之「古學未明」，是因為其義理尚未落於議政、決獄之實踐。易言之，《左氏》、《周禮》等經傳尚在未得闡發與驗證的處境下，其義理猶在蒙昧中。下逮楊秉掾屬、應奉牽引《左氏》義以論政，應氏不僅據之以折服桓帝及其宦官近侍，輿論更以《左氏》敘事標榜黨人、取「古學」辭意列出當世之「八元」、「八凱」。清流士大夫尤其信從《公羊》義者或許並不接納《左氏》，但無疑推動了士人對《左氏》傳義的瞭解及其運用，此皆見在范曄〈黨錮列傳〉之史筆，黨人李膺先後取用《春秋》傳義之轉向，亦足為鑒。

　　何休對《公羊》義之修整與二傳義之重探，即在遭受禁錮以後，故其援錄應奉奏議中的《左氏》義入《公羊》，證據昭然。「黨錮」使何休成爲一「好《公羊》學」者，不僅「與其師博士羊弼追述李育意以難二傳」，《左氏》義在後漢季末黨事初起前夕的活躍，亦令何休援其長義以就《公羊》繩墨。《春秋公羊解詁》呈現出何休作爲《春秋》三傳調和論者的面向，得令「倖臣不悅」，未必是回應鄭玄駁難所採取的修正，而是因爲何休精研《春秋》異傳之終極目的即在呼應孔子「撥亂反正」之志。細讀何氏對鄭駁之歎語，鄭玄直斥他對異傳事義之質疑爲「妖問」〔註8〕，何氏猶稱其字「康成」，以「入室」、「操矛」論之。范曄說何休「進退必以禮」，對照前語，可見何休遭此對待，仍不失氣度。下逮〈春秋公羊解詁序〉中公開對先師之恨意，何休否定的對象不是「治古學、貴文章」者，卻是被此輩謂之「俗儒」的先師們，至於註解《公羊》、涉入三傳之爭、遭鄭玄、服虔與穎容等人駁難，也僅是「世之餘事」，遠遠不及藉由《春秋》「撥亂反正」之志向，以當「治世之要務」。清人宗鄭、申何，衍而敷暢，終以「禮堂」比之「武庫」，隱沒了范曄筆下「入室操矛」的鄭玄，放大了質難二傳事義的何休，令後世讀者從未得到適切的認識。

　　按今人評論何休、鄭玄：

> 鄭玄的門戶之見並不是他堅定地站在《左傳》等古文經學的立場上去反對何休，而是他對何休的學術旨趣與學術成就缺乏起碼的同情和理解，換言之，何休更多地是從形而上的立場上討論儒家學術，而鄭玄則是站在儒家學術的立場上去看待何休，因此，鄭玄對何休的不滿就不單單是一個學術問題，而是在學術的基本觀念上的不同。〔註9〕

此論已意識到何、鄭治學之異趣而爲二人之異議有所新解，直抵治學方法與學術宗旨之境。筆者以爲，縱然「何鄭之爭」敘事本於范曄對「鄭氏學」之重新闡明，仍無妨作爲理解漢末《春秋》學史，或是書寫兩漢今古文學轉折

〔註8〕 《春秋》載魯宣公十年「齊崔氏出奔衛」，《穀梁傳》云「氏者，舉族而出之之辭也」，范甯注云：「何休曰：氏者，譏世卿也，即稱氏爲舉族而出，『尹氏卒』，寧可復以爲舉族死乎？鄭君釋之曰：云『舉族死』是何妖問？甚乎！舉族而出之之辭者，固譏世卿也，崔杼以世卿專權，齊人惡其族，今出奔，既不欲其身反，又不欲國立其宗後，故孔子順而書之曰『崔氏出奔衛』，若其舉族盡去之爾。」參見：《春秋穀梁注疏》，卷十二，頁120a。

〔註9〕 龐樸主編，馬勇撰，《中國儒學（一）》（上海：東方出版中心，1997年），〈經學的沉淪與儒家精神的復歸〉，頁148。

的一種簡明觀點，但亦應留意此事對於漢末政治與思想史之意義，故本文不厭其煩，反覆藉由二人傳記的書寫問題來申明其歷史背景。從此處移向豐富多元的研究視野，不單依循二元對立觀的「經今古文之爭」架構，也不是僅存「鄭氏學／鄭學」獨占鰲頭的「漢人之學」，擱置先入爲主的對立或是強作會通、比附之外，還有許多可供發揮的領域。按何休曾在「三闕」質疑一則《穀梁傳》義，並得到鄭玄的回覆，詳下：

> （隱公）五年，傳：苞人民、毆牛馬曰侵；斬樹木、壞宮室曰伐。

> （何休）廢疾：廄焚，孔子曰：「傷人乎？」不問馬。今《穀梁》以苞人民、毆牛馬爲輕，斬樹木、壞宮室爲重，是理道之不通也。

> （鄭玄）釋：苞人民、毆牛馬，兵去則可以歸還，其爲壞宮室、斬樹木，則樹木斷不復生，宮室壞不自成，爲毒害更重也。〔註10〕

何休與鄭玄的對立在於「人民」與「宮室」的衍生義孰輕孰重，雖然《論語·鄉黨》篇中的孔子一度出場助言，重視生命價值的觀點卻不見得就是唯一答案，而有另加衡量之餘地。何氏據「理道」衡量事實而「不與守文同說」，鄭氏雖忽視孔子對人民的關切之情，但其擱置經典教義所作之「臆說」亦非毫無道理，二人所議皆有啓思、開蔽之處。

　　綜上所論，何休與鄭玄二人對於《春秋》異傳事義的問答，其本質不僅爲深奧難解之思想課題，其背景更有複雜的政治因素，遠非寥寥數語之評論文字足以說明。然而，近世所謂漢末經學史中的「何鄭之爭」，此觀點源於范曄在其《後漢書》中的歷史評論，且明確具有作者自身的個人好惡與家學立場。范曄個人的後漢經學史觀，實際上指導了後人的論述，尤其在尊崇鄭玄、壓抑何休等儒者的部份，迄今仍影響後世讀者的認知，容有好學者重新反思之處。

〔註10〕　此條《釋穀梁廢疾》佚文依清人袁鈞輯本，請詳拙文：《何休與三闕之研究》（嘉義：中正大學歷史研究所碩士論文，2003 年 2 月），頁 59～60。

參考書目

史料典籍

1. 〔周〕左丘明傳，〔晉〕杜預集解，〔唐〕孔穎達正義，《春秋左傳注疏》，臺北：藝文印書館，據清嘉慶二十年（1815）江西南昌府學開雕重刻宋《十三經注疏》本影印。

2. 〔漢〕公羊壽傳，〔漢〕何休解詁，〔唐〕徐彥疏，《春秋公羊傳註疏》，臺北：藝文印書館，據清嘉慶二十年（1815）江西南昌府學開雕重刻宋《十三經注疏》本影印。

3. 〔漢〕穀梁赤傳，〔晉〕范甯集解，〔唐〕楊士勛疏，《春秋穀梁傳註疏》，臺北：藝文印書館，據清嘉慶二十年（1815）江西南昌府學開雕重刻宋《十三經注疏》本影印。

4. 〔漢〕毛萇傳，〔漢〕鄭玄箋，〔唐〕孔穎達等疏，《毛詩註疏》，臺北：藝文印書館，據清嘉慶二十年（1815）江西南昌府學開雕重刻宋《十三經注疏》本影印。

5. 〔漢〕孔安國傳，〔唐〕孔穎達正義，《尚書注疏》，臺北：藝文印書館，據清嘉慶二十年（1815）江西南昌府學開雕重刻宋《十三經注疏》本影印。

6. 〔漢〕劉安編，劉文典集解，《淮南鴻烈集解》，北京：中華書局，1989年5月第1版2006年第3次印刷。

7. 〔漢〕桑弘羊撰，王利器校注，《鹽鐵論校注》，北京：中華書局，1992年7月第1版2006年11月第3次印刷。

8. 〔漢〕司馬遷撰，〔南朝・宋〕裴駰集解，〔唐〕司馬貞索隱，〔唐〕張守節正義，《史記》，北京：中華書局，1982年11月第2版，1999年11月第16次印刷。

9. 〔漢〕鄭玄注，〔唐〕孔穎達正義，《禮記註疏》，臺北：藝文印書館，據清嘉慶二十年（1815）江西南昌府學開雕重刻宋《十三經注疏》本影印。

10. 〔漢〕劉向撰，向宗魯校證，《說苑校證》，北京：中華書局，1987年7月第1版，2009年4月第4次印刷。

11. 〔漢〕班固等撰，〔唐〕顏師古注，《漢書》，北京：中華書局，1962年6月第1版，1990年12月第6次印刷。

12. 〔漢〕鄭玄，《箴膏肓起廢疾發墨守一卷》（并提要），收入《文淵閣四庫全書》，臺北：臺灣商務印書館影《文淵閣四庫全書》，1983年。

13. 〔漢〕鄭玄注，〔唐〕賈公彥疏，《周禮注疏》，臺北：藝文印書館，據清嘉慶二十年（1815）江西南昌府學開雕重刻宋《十三經注疏》本影印。

14. 〔漢〕蔡邕撰，〔清〕吳志忠疏證，《校蔡中郎集疏證》，收入《續修四庫全書》，據北京圖書館藏稿本影印。

15. 〔漢〕服虔注，〔清〕袁鈞輯，《春秋傳服氏注》，收入《續修四庫全書》，據清光緒十四年（1888）浙江書局刻《鄭氏佚書》本影印。

16. 〔漢〕荀悅，《漢紀》，收入張烈點校，《兩漢紀》，北京：中華書局，2002年6月第一版第1次印刷。

17. 〔漢〕應劭撰，王利器校注，《風俗通義校注》，北京：中華書局，1981年1月第1版第1次印刷。

18. 〔晉〕陳壽，〔南朝·宋〕裴松之注，《三國志》，北京：中華書局，1971年。

19. 〔晉〕杜預，《春秋釋例》，臺北：臺灣中華書局，1980年11月臺2版。

20. 〔晉〕袁宏撰，周天游校注，《後漢紀校注》，天津：天津古籍出版社，1987年12月第1版第1次印刷。

21. 〔南朝·宋〕范曄撰，〔唐〕李賢等注，《後漢書》，北京：中華書局，1962年第1版，1990年12月第6次印刷。

22. 〔南朝·梁〕蕭統編，〔唐〕李善注，《文選》，上海：上海古籍出版社，1986年8月第1版第1次印刷。

23. 〔南朝·梁〕沈約，《宋書》，北京：中華書局，1974年第1版。

24. 〔南朝·梁〕劉勰撰，周振甫注，《文心雕龍》，臺北：里仁書局，1994年7月再版。

25. 〔晉〕王嘉撰，〔南朝·梁〕蕭綺錄，齊治平校注，《拾遺記》，北京：中華書局，1981年6月第1版，1988年第2次印刷。

26. 〔北魏〕酈道元注，楊守敬、熊會貞疏，段熙仲點校，陳橋驛復校，《水經注疏》，南京：江蘇古籍出版社，1989年6月第1版1999年8月第2次印刷。

27.〔唐〕虞世南,《北堂書鈔》,北京:中國書店影清刻本,1989 年第 1 版。

28.〔唐〕李延壽,《北史》,北京:中華書局,1974 年 10 月第 1 版第 1 刷。

29.〔唐〕吳兢撰,〔元〕戈直集論,《貞觀政要》,臺北:臺灣中華書局據明刊本校刊,1967 年 11 月臺 2 版。

30.〔唐〕魏徵等,《隋書》,北京:中華書局,1973 年。

31.〔唐〕姚思廉,《梁書》,臺北:藝文印書館影清乾隆武英殿本。

32.〔唐〕劉知幾撰,〔清〕蒲起龍釋,(王煦華整理,)《史通通釋》,臺北:里仁書局,1993 年 6 月。

33.〔唐〕李隆基注,〔宋〕邢昺疏,金良年整理,《孝經注疏》,上海:上海古籍出版社,2009 年 4 月第 1 版第 1 次印刷。

34.〔唐〕歐陽詢撰,汪紹楹校,《藝文類聚》,上海:上海古籍出版社,1982 年新 1 版,1985 年 3 月第 3 次印刷。

35.〔唐〕杜佑,《通典》,北京:中華書局,1988 年 12 月第 1 版,1996 年 8 月第 3 次印刷。

36.〔唐〕徐堅等,《初學記》,北京:中華書局,2004 年 2 月第 2 版,2005 年 1 月第 5 次印刷。

37.〔唐〕劉肅撰,許德楠、李鼎霞點校,《大唐新語》,北京:中華書局,1984 年 8 月第 1 版第 1 次印刷。

38.〔後晉〕劉昫等,《舊唐書》,北京:中華書局,1975 年 5 月第 1 版。

39.〔宋〕樂史,《太平寰宇記·附補闕》,臺北:文海出版社,1993 年 2 月初版。

40.〔宋〕李昉等,《太平御覽》,臺北:大化書局影宋蜀本並它本補配,1980 年 3 月第 2 版。

41.〔宋〕李昉等編,《太平廣記》,北京:中華書局,1961 年 9 月第 1 版,1986 年 3 月第 3 次印刷。

42.〔宋〕李昉等編,《文苑英華》,北京:中華書局影北京圖書館藏宋刊本並明刊本補配,1966 年 5 月第 1 版,1982 年 7 月第 2 次印刷。

43.〔宋〕歐陽修、宋祁撰,《新唐書》,北京:中華書局,1975 年 2 月第 1 版第 1 次印刷。

44.〔宋〕司馬光編著,〔元〕胡三省音注,《資治通鑑》,北京:中華書局,1956 年 6 月第 1 版,1995 年 7 月第 9 次印刷。

45.〔宋〕蘇軾撰,趙學智校注,《東坡志林》,西安:三秦出版社,2003 年 1 月第 1 版 2004 年 5 月第 2 次印刷。

46.〔宋〕王應麟纂,《玉海》,上海:江蘇古籍出版社、上海書店聯合影清光緒九年（1883）浙江書局據《四庫全書》刊刻本,1987 年 12 月第 1 版第 1 次印刷。

47. 〔宋〕黎靖德編，王星賢點校，《朱子語類》，北京：中華書局，1986 年 3 月第 1 版第 1 次印刷。

48. 〔宋〕洪适，《隸釋・隸續》，北京：中華書局，1985 年 11 月第 1 版第 1 次印刷。

49. 〔元〕脫脫等撰，《宋史》，北京：中華書局，1977 年，版次不詳。

50. 〔明〕申時行等修，趙用賢等纂，《大明會典》，收入《續修四庫全書》，據明刻本影印。

51. 〔明〕凌稚隆輯，《漢書評林》，收入《漢書研究文獻輯刊》，北京：國家圖書館出版社，據明萬曆十一年刻本影印，2008 年 8 月。

52. 〔清〕丁晏，《漢鄭君年譜》，收入《北京圖書館藏珍本年譜叢刊》，北京：北京圖書館，1998 年 5 月，據《頤志齋叢書》清道光同治間刻本。

53. 〔清〕孔廣林輯，《通德遺書所見錄》，全 7 冊，臺北中央研究院歷史語言研究所藏清光緒十六年（1890）山東書局刊本。

54. 〔清〕孔繼汾，《闕里文獻考》，收入《續修四庫全書》，據清刻本影印。

55. 〔清〕王鳴盛，《十七史商榷》，臺北：樂天出版社影清光緒十九年（1893）秋七月廣雅書局校刊本，1972 年 5 月初版。

56. 〔清〕王鳴盛撰，《蛾術篇》，北京：商務印書館，1958 年 10 月初版第 1 次印刷。

57. 〔清〕王謨輯，武億校，《增訂漢魏叢書（附漢魏遺書鈔)》，臺北：大化書局影清乾隆五十六年（1791）金谿王氏刻八十六種本。

58. 〔清〕朱彝尊撰，朱昆田撰附錄，《曝書亭集》，收入《四部叢刊初編》，臺北：商務印書館影上海涵芬樓藏原刊本，1967 年臺 2 版。

59. 〔清〕沈可培，《鄭康成年譜》，收入《北京圖書館藏珍本年譜叢刊》，北京：北京圖書館，1998 年 5 月，據清道光二十四年（1844）刻本影印。

60. 〔清〕侯登岸，《漢大司農康成鄭公年譜》，收入《北京圖書館藏珍本年譜叢刊》，北京：北京圖書館，1998 年 5 月，據清道光二十一年（1841）寫刻本影印

61. 〔清〕姚之駰輯，《後漢書補逸》，收入吳樹平編，《二十四史外編》，天津：天津古籍出版社影《四庫全書》本，1998 年。

62. 〔清〕柳興恩，《穀梁大義述》，臺北：藝文印書館刊《續經解春秋類彙編》本。

63. 〔清〕胡元儀，《北海三考》，收入《續修四庫全書》，據《湖南叢書》本影印。

64. 〔清〕紀昀編，《欽定四庫全書總目》，臺北：藝文印書館，1997 年。

65. 〔清〕孫星衍等輯，周天游校點，《漢官六種》，北京：中華書局，1990 年 9 月第 1 版，2008 年 5 月第 2 次印刷。

66. 〔清〕孫星衍撰，《鄭司農年譜》，收入《北京圖書館藏珍本年譜叢刊》，北京：北京圖書館，1998 年 5 月，據清嘉慶十四年（1809）刻本影印。

67. 〔清〕桂文燦，《經學博采錄》，臺北：文海出版社影《辛巳叢編》本，1971 年。

68. 〔清〕袁鈞輯，《鄭氏佚書》，清光緒十四年（1888）浙江書局刊本。

69. 〔清〕袁鈞輯，《鄭君遺書》（袁氏手稿本），臺北：文海出版社《清代稿本百種彙刊》影手稿本，1967 年。

70. 〔清〕馬國翰、王仁俊輯，《玉函山房輯佚書及補遺》，日本京都：中文出版社影清同治十年（1871）濟南皇華館書局補刻本、影上海圖書館藏手稿本，1990 年 3 月再版。

71. 〔清〕陳立疏證，吳則虞點校，《白虎通疏證》，北京：中華書局，1994 年 8 月第 1 版第 1 次印刷。

72. 〔清〕陳澧撰，《漢儒通義》，收入《續修四庫全書》，據清咸豐八年（1858）刻本影印。

73. 〔清〕陳鱣，《鄭君紀年》，收入《北京圖書館藏珍本年譜叢刊》，北京：北京圖書館，1998 年 5 月，據清光緒十四年（1888）刻本影印。

74. 〔清〕黃奭輯，《黃奭逸書攷》，日本京都：中文出版社影民國十四（1925）年懷荃室藏版修補本。

75. 〔清〕趙在翰輯，鍾肇鵬、蕭文郁點校，《七緯（附論語讖）》，北京：中華書局，2012 年 9 月第 1 版第 1 次印刷。

76. 〔清〕劉逢祿，《春秋公羊何氏釋例》，收入《續修四庫全書》，據清嘉慶養一齋刻本影印。

77. 〔清〕劉逢祿撰，《劉禮部集》，清道光十年（1830）劉氏思誤齋刊本。

78. 〔清〕劉逢祿撰，《穀梁廢疾申何》，收入《皇清經解春秋類彙編》，臺北：藝文印書館，據《皇清經解》重編影印，1965 年 10 月初版。

79. 〔清〕劉寶楠、劉恭晃撰，《論語正義》，臺北：世界書局，1992 年。

80. 〔清〕衛秦龍修，傅維楳纂，《靈壽縣志》，臺北：成文出版社影清康熙十一年（1672）修・二十五年（1686）刊本，1976 年臺 1 版。

81. 〔清〕蘇輿撰，鍾哲點校，《春秋繁露義證》，北京：中華書局，1992 年 12 月第 1 版，1996 年 9 月第 2 次印刷。

82. 〔清〕顧炎武，《亭林詩集》，收入《續修四庫全書》，據湖北省圖書館藏清刻本影印。

近人論著

1. 支偉成，《清代樸學大師列傳》，長沙：岳麓書社，1998 年第 1 版第 1 次印刷。

2. 尹達主編,《中國史學發展史》,臺北:天山出版社,版次不詳。

3. 王先謙,《後漢書集解》,臺北:藝文印書館,影乙卯(1915)秋中長沙王氏校刊本,版次不詳。

4. 王先謙,《詩三家義集疏》,北京:中華書局,1987年2月第1版第1次印刷。

5. 王吉林,《唐代宰相與政治》,臺北:文津出版社,1999年6月初版1刷。

6. 王利器,《鄭康成年譜》,濟南:齊魯書社,1983年3月第1版第1次印刷。

7. 王利器,《顏氏家訓集解(增補本)》,北京:中華書局,1993年12月第1版,1996年9月第2次印刷。

8. 王振民編,《鄭玄研究文集》,濟南:齊魯書社,1999年。

9. 王熙元,《穀梁范注發微》,臺北:嘉新水泥公司文化基金會,1975年9月。

10. 王國維著,彭林整理,《觀堂集林(外二種)》,全2冊,石家莊:河北教育出版社,2001年。

11. 史應勇,《鄭玄通學及鄭王之爭研究》,成都:巴蜀書社,2007年10月第1版第1次印刷。

12. 田餘慶,《東晉門閥政治》,北京:北京大學出版社,2005年6月第4版,2006年1月第2次印刷。

13. 皮錫瑞,《六藝論疏證》,收入《續修四庫全書》,據光緒二十五年(1899)刻本影印。

14. 皮錫瑞,《經學通論》,臺北:臺灣商務印書館,1989年10月臺5版。

15. 皮錫瑞,周予同增注,《經學歷史》,臺北:藝文印書館,1996年。

16. 皮錫瑞,《鄭志疏證》,臺北:世界書局影清光緒年間刊本,1982年4月再版。

17. 余英時,侯旭東等譯,《東漢生死觀》,上海:上海古籍出版社,2005年。

18. 吳士鑑,《晉書斠注》,臺北:藝文印書館據民國十七年刊本影印,1956年。

19. 吳連堂,《清代穀梁學》,高雄:復文圖書出版社,1998年。

20. 吳雁南、秦學頎、李禹階主編,《中國經學史》,福州:福建人民出版社,2001年。

21. 宋文民,《後漢書考釋》,上海:上海古籍出版社,1995年9月第1版第1次印刷。

22. 李威熊,《中國經學發展史論(上)》,臺北:文史哲出版社,1988年。

23. 李紀祥,《時間‧歷史‧敘事 史學傳統與歷史理論再思》,臺北:麥田出版社,2001 年 9 月初版。

24. 李紀祥著,《史記五論》,臺北:文津出版社,2007 年 9 月初版 1 刷。

25. 李振興,《王肅之經學》,臺北:嘉新水泥文化基金會,1980 年。

26. 杜維運,《中國史學史(第一冊)》,臺北:三民書局,1993 年 11 月初版。

27. 周予同著,朱維錚編,《周予同經學史論著選集(增訂版)》,上海:上海人民出版社,1996 年 7 月第 2 次印刷。

28. 周天游輯注,《八家後漢書輯注》,上海:上海古籍出版社,1986 年。

29. 孟祥才著,《先秦秦漢史論》,濟南:山東大學出版社,2001 年 9 月第 1 版,2003 年 8 月第 2 次印刷。

30. 金春峰,《漢代思想史(增補第三版)》,北京:中國社會科學出版社,2006 年 2 月第 3 版第 1 次印刷。

31. 來新夏,《近三百年人物年譜知見錄》,上海:上海人民出版社,1983 年第 1 版。

32. 唐晏撰,吳東民點校,《兩漢三國學案》,臺北:仰哲出版社,1987 年 11 月。

33. 徐復觀,《中國經學史的基礎》,臺北:臺灣學生書局,2004 年 9 月初版 4 刷。

34. 康有爲,《春秋董氏學》,臺北:臺灣商務印書館,2011 年 10 月初版二刷。

35. 張舜徽,《鄭學叢著》,武漢:華中師範大學出版社,2005 年 12 月第 1 版第 1 次印刷。

36. 張廣慶,《武進劉逢祿年譜》,臺北:臺灣學生書局,1997 年 9 月初版。

37. 章權才,《兩漢經學史》,臺北:萬卷樓圖書公司,1995 年。

38. 陳寅恪著,《隋唐制度淵源略論稿;唐代政治史述論稿》,臺北:里仁書局,1994 年再版。

39. 焦桂美,《南北朝經學史》,上海:上海古籍出版社,2009 年 7 月第 1 版第 1 次印刷。

40. 程元敏,《春秋左氏經傳集解序疏證》,臺北:臺灣學生書局,1991 年 8 月初版。

41. 程樹德,《九朝律考》(北京:中華書局,1963 年 5 月第 1 版 2006 年 11 月第 2 次版。

42. 黃永年,《六至九世紀中國政治史》,上海:上海書店出版社,2004 年 7 月第 1 版第 1 次印刷。

43. 黃樸民,《何休評傳》,南京:南京大學出版社,1998 年 12 月第 1 版第 1 次印刷。

44. 黃彰健，《經今古文學問題新論》，臺北：中央研究院歷史語言研究所，1992 年 9 月。

45. 黃懷信主撰，周海生、孔德立參撰，《論語彙校集釋》，上海：上海古籍出版社，2008 年 8 月第 1 版第 1 次印刷。

46. 黃懷信等著，《漢晉孔氏家學與『偽書』公案》，廈門：廈門大學出版社，2011 年 4 月第 1 版第 1 次印刷。

47. 楊權著，《新五德理論與兩漢政治——「堯後火德」說考論》，北京：中華書局，2006 年 4 月第 1 版第 1 次印刷。

48. 葛兆光，《中國思想史》，第一卷，上海：復旦大學出版社，2007 年 7 月第 1 版第 1 次印刷。

49. 雷家驥，《中古史學觀念史》，臺北：臺灣學生書局，1990 年 10 月初版。

50. 雷家驥，《隋唐中央權力結構及其演進》，臺北：東大圖書公司，1995 年初版。

51. 廖伯源，《簡牘與制度——尹灣漢墓簡牘官文書考證》，臺北：文津出版社，1998 年。

52. 趙伯雄，《春秋學史》，濟南：山東教育出版社，2004 年 4 月第 1 版第 1 次印刷。

53. 趙爾巽等，《清史稿》，北京：中華書局，1977 年 12 月第 1 版第 1 次印刷。

54. 蔡長林，《從文士到經生：考據學風潮下的常州學派》，臺北：中央研究院文哲研究所，2010 年 5 月初版。

55. 劉師培，《劉申叔遺書》，南京：江蘇古籍出版社，1997 年 11 月。

56. 劉黎明，《春秋經傳研究》，成都：巴蜀書社，2008 年第 1 版第 1 次印刷。

57. 錢穆，《中國學術思想史論叢（三）》，臺北：東大圖書公司，1993 年 12 月 4 版。

58. 錢穆，《兩漢經學今古文平議》，臺北：東大圖書公司，1987 年 11 月臺 3 版。

59. 戴維，《春秋學史》，長沙：湖南教育出版社，2004 年 5 月第 1 版第 1 次印刷。

60. 嚴耕望《兩漢太守刺史表》，北京：商務印書館，1948 年 2 月初版。

期刊暨會議論文

1. 王小蘭，〈鄭玄《春秋》學考述〉，《工會論壇》，1999 年第 3 期，頁 52～54。

2. 文廷海、譚銳，〈東漢《春秋》學的傳授及其特點略論〉，《求索》，2010年第3期，頁217～219。

3. 白亞楠，〈簡論兩漢時期公羊學派的歷史背景〉，《文史在線》，2012年7月刊，頁139。

4. 申屠爐明，〈論劉逢祿春秋公羊學的特色〉，《南京大學學報（哲學‧人文科學‧社會科學)》，2000年第2期，頁61～69。

5. 申屠爐明，〈論何休對董仲舒「春秋公羊」學說的繼承與發展〉，《齊魯文化研究》，2011年第10輯，頁115～121。

6. 朱生亦，〈何休三闕及其流傳考〉，《中國古典學（第二卷）：楊向奎先生百年誕辰紀念文集》，長春：吉林大學出版社，2009年11月，頁377～411。

7. 朱浩毅，〈「古史辨」與近代劉歆學的發展〉，《中國古典學（第二卷）：楊向奎先生百年誕辰紀念文集》，長春：吉林大學出版社，2009年11月，頁377～411。

8. 邱鋒，〈何休「公羊三世說」與讖緯之關係辨析〉，《天津社會科學》，2012年第4期，頁130～134。

9. 宋艷萍，〈《何休評傳》介評〉，《管子學刊》，2000年第1期，頁87～88。

10. 曹秀美，〈陳澧《漢儒通義》析論〉，《中國文哲研究集刊》，第30期，2007年3月，頁267～306。

11. 許雪濤，〈何休《左氏膏肓》與公羊、左氏之爭〉，《中國哲學史》，2010年第2期，頁63～72。

12. 許雪濤，〈何休公羊三世說及其解經方法〉，《學術研究》，2011年第4期，頁22～28。

13. 許雪濤，〈何休解讀《公羊傳》敘事的方法〉，《現代哲學》，2011年第5期，頁122～128。

14. 張舒亞，〈論漢代《春秋》三傳的官學之爭〉，《中國史研究》，1988年第2期，頁98～110。

15. 張廣慶，〈從《春秋公羊解詁》論何休對賈逵之反擊〉，收入《經學研究論叢》，第3期，臺北：聖環圖書公司，1995年4月，頁165～216。

16. 陳金木，〈經學家傳記的文化意涵：《後漢書‧鄭玄傳》析論〉，《興大中文學報》，第19期，2006年6月，頁121～144。

17. 陳讚華，〈清儒「鄭玄年譜」的書寫及其學術史意涵〉，收入：胡春惠、唐啟華主編，《兩岸三地歷史學研究生研討會論文選集2007》，臺北：國立政治大學歷史系，2008年。

18. 黃樸民，〈何休著述敘要〉，《文獻季刊》，2002年10月第4期，頁38～43、59。

19. 黃開國，〈略述劉逢祿對《左傳》的攻毀〉，《現代哲學》，2007 年第 3 期，頁 88～94。

20. 黃開國，〈劉逢祿在《穀梁》上的「申何」「難鄭」〉，《天水師範學院學報》，第 28 卷第 1 期，2008 年，頁 59～62。

21. 黃聖修，〈圖表中的學術史——以兩漢公羊學傳承爭論爲中心的探討〉，《中國歷史學會史學集刊》，第 41 期，2009 年 10 月，頁 425～464。

22. 楊天宇，〈略論「禮是鄭學」〉，《齊魯學刊》，2002 年第 3 期，頁 92～93。

23. 趙友林，〈何休對《公羊傳》書法義例的改造與發展〉，《聊城大學學報（社會科學版）》，2010 年第 1 期，頁 12～17。

24. 趙伯雄，〈鄭玄《春秋》學考述〉，《文獻》，1994 年第 1 期，頁 99～107。

25. 葛志毅，〈兩漢的博士與議郎〉，《史學集刊》，1998 年第 3 期，頁 1～6。

26. 葛煥禮，〈《漢書》謂說「古學」說駁證〉，《中國典籍與文化》，2010 年第 4 期（總第 75 期），頁 4～11。

27. 劉家和、李景明、蔣重躍，〈論何休《公羊解詁》的歷史哲學〉，《江海學刊》，2005 年第 3 期，頁 132～138。

28. 謝明憲，〈論《穀梁傳》「膚淺」〉，《第一屆世界漢學中的春秋學學術研討會論文集》，宜蘭：佛光大學歷史學系，2004 年，頁 57～69。

學位論文

1. 安仲全，〈《春秋公羊解詁》研究〉，濟南：山東師範大學，碩士論文，2009 年 4 月。

2. 朱生亦，〈何休與三闕之研究〉，嘉義：中正大學歷史研究所，碩士論文，2004 年 2 月。

3. 朱浩毅，〈辨偽與詮釋：劉歆學史中的漢代劉歆與劉歆學〉，臺北：中國文化大學史學研究所，博士論文，2011 年元月。

4. 李威熊，〈馬融之經學〉，臺北：政治大學中國學研究所，博士論文，1975 年 5 月。

5. 袁佳紅，〈《穀梁》學在西漢的興起及意義〉，重慶：重慶師範大學，碩士學位論文，2003 年 4 月。

6. 郜積意，〈劉歆與兩漢今古文之爭〉，上海：復旦大學歷史系，博士論文，2005 年 4 月。

7. 張廣慶，〈何休春秋公羊解詁之研究〉，臺北：臺灣師範大學國文研究所，碩士論文，1989 年 5 月。

8. 張廣慶，〈劉逢祿及其春秋公羊學研究〉，臺北：臺灣師範大學國文研究所，博士論文，1997 年 6 月。

9. 陳讚華，〈鄭玄《毛詩譜》考索〉，宜蘭：佛光大學歷史研究所，碩士論文，2008 年 6 月。

10. 萬秀梅，〈范寧《春秋穀梁傳集解》研究〉，濟南：山東師範大學，碩士論文，2009 年 4 月。

11. 劉欣怡，〈清代「鄭志」輯本及其「鄭學」之研究〉，臺北：臺北大學古典文獻研究所，碩士論文，2010 年 7 月。

12. 劉偉，〈王魯例：劉逢祿對經學詮釋範式的新創立〉，蘭州：蘭州大學，碩士論文，2008 年 4 月。

13. 鄭任釗，〈何休公羊思想〉，北京：中國社會科學院研究生院，碩士論文，2001 年 5 月。

14. 謝明憲，〈「經傳集解」的形成——杜預春秋左氏學析論〉，嘉義：南華大學文學系，碩士論文，2002 年 6 月。

外文文獻

1. 〔日本〕大久保隆郎，〈書評：田中麻紗巳著『兩漢思想の研究』〉，《集刊東洋學》，昭和六十三年（1988），頁 123～130。

2. 〔日本〕小島祐馬，〈後漢の經學と鄭玄〉，收入氏著《中國思想史》，日本東京：創文社，昭和六十二年 10 月（1987），頁 230～247。

3. 〔日本〕中嶋隆藏，〈何休——政治改革を目指す經書研究〉，收入日原利國編，《中國思想史》（上），日本東京：ぺりかん社，昭和六十二年 3 月（1987），頁 194～202。

4. 〔日本〕中嶋隆藏，〈何休の思想〉，《集刊東洋學》，第 19 卷，日本：東北大學中國文史哲研究會，昭和四十三年（1968），頁 23～36。

5. 〔日本〕日原利國，〈春秋公羊學の漢代的展開〉，《日本中國學會報》，第 12 集，日本：日本中國學會，昭和三十五年（1960），頁 1～16。

6. 〔日本〕本多龍成，〈何休〉，收入日本東京大學中國哲學研究室編，《中國の思想家》，上卷，日本東京：勁草書房，昭和三十八年（1963），頁 338～349。

7. 〔日本〕田中麻紗巳，〈鄭玄「發墨守」等三篇の特色〉，《日本中國學會報》，第 30 卷，日本：日本中國學會，昭和五十三年（1978），頁 59～71。

8. 〔日本〕吉川忠夫，〈黨錮と學問——とくに何休の場合〉，《東洋史研究》，第 35 卷 3 號，日本京都：京都大學東洋史研究會，昭和五十一年 12 月（1976），頁 54～86。

9. 〔日本〕稻葉一郎，〈春秋公羊學の歷史哲學——何休『春秋公羊經傳解詁』の立場〉，《史林》，第 50 卷第 3 號，昭和四十二年（1967）。

附錄一：本文圖解

　　針對本文行文論述之不足處，在此將〈第一章 序論〉、〈第三章 范曄〈黨錮列傳〉映照下的「後漢儒林」〉、〈第四章 范曄〈儒林列傳〉中所描繪的「何休」形象〉、〈第五章 范曄對於鄭玄及其學術之書寫與重申〉、〈第六章 清人眼中的漢末經學史：「何鄭塑型」與「何鄭之爭」〉，並〈第七章 結論〉共六個章節，依序採圖解形式附錄於此。

〈第一章　序　論〉

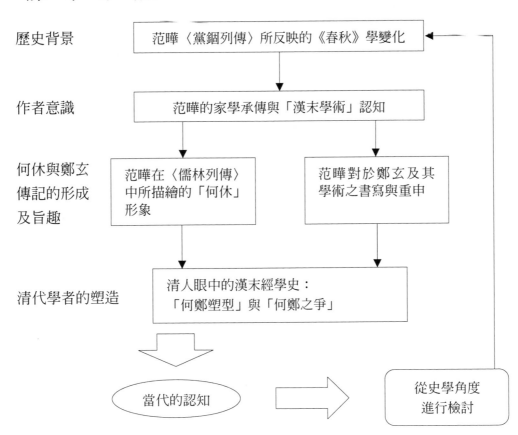

〈第三章　范曄〈黨錮列傳〉映照下的「後漢儒林」〉

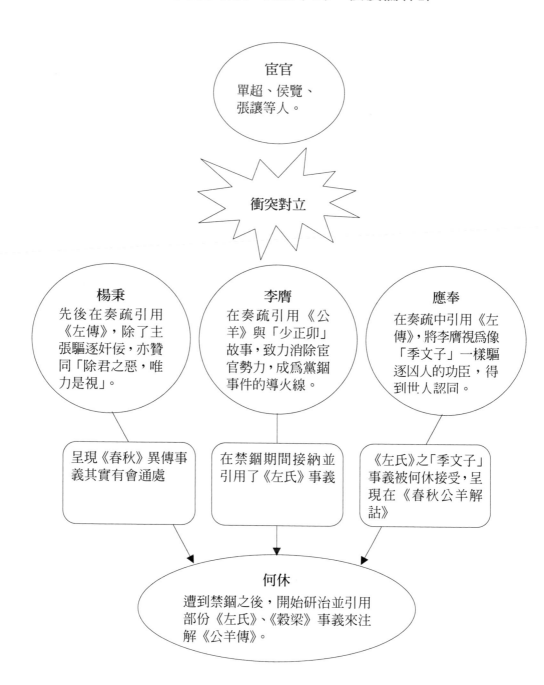

宦官
單超、侯覽、
張讓等人。

衝突對立

楊秉
先後在奏疏引用
《左傳》，除了主
張驅逐奸佞，亦贊
同「除君之惡，唯
力是視」。

李膺
在奏疏引用《公
羊》與「少正卯」
故事，致力消除宦
官勢力，成為黨錮
事件的導火線。

應奉
在奏疏中引用《左
傳》，將李膺視為像
「季文子」一樣驅
逐凶人的功臣，得
到世人認同。

呈現《春秋》異傳事
義其實有會通處

在禁錮期間接納並
引用了《左氏》事義

《左氏》之「季文子」
事義被何休接受，呈
現在《春秋公羊解
詁》

何休
遭到禁錮之後，開始研治並引用
部份《左氏》、《穀梁》事義來注
解《公羊傳》。

〈第四章 范曄〈儒林列傳〉中所描繪的「何休」形象〉

謝承

《後漢書》：
「何休字劭公，雅有心思，研精《六經》。」
「何休字劭公，以《春秋》駁《漢事》，妙得《公羊》本意，作《公羊墨守》、《左氏膏肓》、《穀梁廢疾》。」

司馬彪

《續漢書》：
「何休，任城樊人。朴訥而精研《六經》，世儒無及者。」

融合與剪裁

王嘉

《拾遺記》：
「何休……作《左氏膏肓》、《公羊廢疾》、《穀梁墨守》，謂之「三闕」。言理幽微，非知機藏往，不可通焉。」

范曄

〈何休傳〉：
「休善歷筭，與其師博士羊弼，追述李育意以難二傳，作《公羊墨守》、《左氏膏肓》、《穀梁廢疾》。」

范曄

〈鄭玄傳〉：
「時任城何休好《公羊》學，遂著《公羊墨守》、《左氏膏肓》、《穀梁廢疾》……。」

互有不同

可相補充

承自何處？

《公羊疏》

「何氏本著作《墨守》以距敵《長義》，以強義，爲《廢疾》以難《穀梁》，造《膏肓》以短《左氏》，盡在注《傳》之前……。」

〈第五章　范曄對於鄭玄及其學術之書寫與重申〉

關於鄭玄的各種死亡原因，范曄應如何判斷？

對於鄭玄的酒量，范曄將如何描述？

針對世間許多馬融妒恨鄭玄的傳聞，范曄應如何敘述馬、鄭之間的師徒關係？

范曄的立場與認知：

「王父豫章君每考先儒經訓，而長於玄，常以爲仲尼之門不能過也。及傳授生徒，並專以鄭氏家法云。」

「鄭玄括囊大典，網羅眾家，刪裁繁誣，刊改漏失，自是學者略知所歸。」

范曄改寫〈鄭玄傳〉，重申「鄭氏學」，並在後漢學術史中給予高度評價。

〈第六章　清人眼中的漢末經學史：「何鄭塑型」與「何鄭之爭」〉

王肅向鄭玄發起挑戰

王肅勢力的主張：

1. 重申孔子地位
2. 《左傳注》有部份與服虔同義
3. 善賈逵、馬融之學

鄭玄勢力的主張：

1. 修正孔子與經典之關係
2. 據說將未完成之《左傳注》送給服虔
3. 師事馬融，盡得其傳

何休的角色？
似曾在唐代釋奠禮中安排在雙方中間

何休與鄭玄自唐宋以降的地位失衡

〈第七章　結　論〉

歷史

政治糾葛與正統論述底下的
漢晉史傳

學術

經學思想與孔子地位問題中的
鄭王之爭

范曄的判斷

「中興之後，范升、陳元、李育、賈逵之徒
爭論古今學，後馬融答北地太守劉瓌及（鄭）
玄答何休，義據通深，由是古學遂明。」

范曄將鄭玄駁難何休「三闕」一事，
結合馬融對劉瓌的答覆，評論爲古文
經學得以闡明之契機，這未必是「何
鄭之爭」的適當理解。

附錄二：范曄《後漢書·何休傳》再釋

一、說明

　　方今欲研探後漢政局及經術變化，其文獻史料捨南朝史家范曄（398～445）所撰《後漢書》而莫從。然范氏博裁諸家後漢史，欲以顯其兼備文才史筆之長，「雖事不必多，且使見文得盡，又欲因事就卷內發論」，意主臧否而兼敘述，且因私人著述而動見好惡於裁量。

　　彼時諸家「後漢書」尚存，唐章懷太子李賢（654～684）率門客偏據諸家書以注之，始證其疏簡；至唐人劉知幾（661～721）撰《史通》申言古今正史，更析辨范書敘事「簡而且周，疏而不漏」。然范氏《後漢書》既文簡辭略，李賢注亦不少「踳駁漏略之處」，故清初以來深好漢學者更加補述、新注，點明前賢所忽略處。降至晚近學人蒐羅舊刊，廣爲校正並標點行世，誠嘉惠後來學子。凡此種種，於今漸趨大備，竊以爲就范書與諸後漢史料再詳加補正，新成後漢史述，必有期於將來。

　　筆者學識淺薄，唯敬仰先儒忠直、堅毅之品格，冀期申明其學問行事，以廣週知。遂不自量力，先後就何氏「三闕」與何鄭之爭略加申述。於今敢依諸前賢註解，以拙筆再釋范書〈何休傳〉，請質諸先進高明，不吝教正。其主要參照資料如下：

　　范曄《後漢書》取北京中華書局點校本；是本並李賢《後漢書注》、司馬彪（？～306）《續漢志》及劉昭（生卒不詳，南朝梁人）《續漢志注》。

　　王先謙（1842～1917）《後漢書集解》採臺北藝文印書館景清刊本；是本集清代眾家新解，其見於本文者有惠棟（1697～1758）、錢大昕（1728～1804）、

何若瑤（1797～1856）等前賢。

今以王氏《集解》為先導，筆者再釋於其後。

諸家「後漢書」佚文酌參轉引諸書如《太平御覽》等，句讀另參考今人周天游先生彙校之《八家後漢書輯注》，上海古籍出版社刊行。

除范書〈何休傳〉本文字體示以粗黑字體，眾家注及筆者所釋皆另起新行，空二格。上述諸書有新式標點本者，皆多加參引，唯少數句讀依筆者領會而略有調整，尚請讀者留意。

為免嫌於文繁筆贅，乃逕假前賢經典注疏、史傳綱目體裁形式重加詮釋。拙文草創未就，其餘引據諸書篇傳卷次一皆採簡明標示，恕不一一出腳註詳說，容待將來再加校正。

二、再釋

何休字邵公，

再釋：《國語‧周語》：「厲王虐，國人謗王。邵公告王曰：『民不堪命矣！』」漢人韋昭《國語注》云：「邵公，邵康公之孫穆公虎也，為王卿士。」又《史記‧周本紀》載：「（厲）王行暴虐侈傲，國人謗王，召公諫曰：『民不堪命矣。』」南朝宋人裴駰《史記集解》引韋氏《注》作「召康公」。初唐人陸德明為《毛詩》釋音云：「召，時照反，本又作『邵』」。清人段玉裁《說文解字注》釋邵字：「凡周召字作邵者，俗也。」則經史所載之「召公」，於後漢流俗或作「邵公」，皆指周天子封於「邵邑」之王臣、股肱輔弼之賢能者。故筆者以為何休之字當溯源自經史。

何氏以外，後漢人物亦另有取鑑「邵公」為字者。范書載袁紹之高祖袁安「字邵公，汝南汝陽人也」，而河南省博物館藏「袁安碑」、宋人樂史撰《太平寰宇記》引魏人周裴《汝南先賢傳》皆作「字召公」，是以段玉裁說二字為正俗之異，有據可從。今以為後人引借聖賢名號為字，蓋欲效聖賢行跡以嘉勵、鞭策。班彪云：「昔成王之為孺子，出則周公、邵公、太公史佚，入則大顛、閎夭、南宮括、散宜生，左右前後，禮無違者，故成王一日即位，天下曠然太平。」今見史稱汝南袁氏「四世三公」，尤以司徒袁安勤政為治，最為高名。至於何氏父子進賢陳諫、耿耿奉公，縱未及汝南袁氏世代顯赫，猶不失仿效聖賢勤勞之意。清人阮元主編之《十三經注疏校勘記》以「邵」多誤作「邵」字，認為何休之字當作「邵公」，無取於地名「邵邑」，今據前引諸

書，與傳世本不合，故不取之。北宋人李昉銜命編修《太平御覽》，其「春秋部」引《鄭玄別傳》云「何休字邵公」，則見傳本亦稱其字爲「邵公」，當是前代梓人失校反致惑後世好學者。

任城樊人也。

注：樊縣故城在今兗州瑕丘縣西南。

集解：先謙曰：今兗州府滋陽縣西南六十里。

再釋：即今山東省濟寧市任城區，位於魯西南平原。《左傳·僖廿一年》：「任宿須句顓臾，風姓也。」《漢書·地理志下》：「任城，故任國，太昊后，風姓。莽曰延就亭。」晉人司馬彪《續漢書志·郡國三》：「任城國，章帝元和元年，分東平爲任城……任城，本任國。」范曄《後漢書·光武帝紀上》載建武五年六月光武帝親征叛將龐萌、蘇茂等，先理兵於任城，復大破之。〈孝章帝紀〉載建初九年（即元和元年）夏四月己卯「分東平國，封（東平）憲王（劉）蒼子（劉）尚爲任城王」，是初封之跡。案劉尚在光武十王之列，「食任城、亢父、樊三縣」。是以任城原屬東平國，因應朝廷穩定地方之政治需要而擴大分封宗室子弟，同時肯定此地處於平原且鄰近魯國的經濟與文化方面重要性，從而抬高了政治地位，成爲後漢前期新設立的主要封國之一。據范書所載，自任城出身的著名人物有鄭均、魏應、何休等學人，後漢時代不少名宦世家子弟、該通經術之士亦有擔任任城地方屬官者。如前述汝南袁氏的司徒袁安，早年曾任東平國任城令（據「袁安碑」文載，明帝永平十年二月辛巳遷任），又有周磐（少游京師，學通《古文尙書》、《洪範》、《五行》、《左傳》等）爲和帝初之任城長，以及弘農楊氏「四世太尉」的第二代子弟楊秉、太尉橋玄之子橋羽、黨人劉祐、劉儒等人，皆嘗爲任城令或國相。今觀歷任封王未見汙名，國政相對穩定，容是輔相令史得人、民風淳化之故。

北齊天保年間改魯郡爲任城郡，即合併曲阜、任城等地共爲一郡治所轄，更見何氏貫里與仲尼故居之地緣關係。且史載樊縣故城東北有瑕丘縣，當即前漢教授《穀梁傳》之江公、江博士祖孫故邑。《禮記·檀弓上》云：「公叔文子升於瑕丘，蘧伯玉從，文子曰：『樂哉斯丘也！死則我欲葬焉。』伯玉曰：『吾子樂之，則瑗請前。』」復知其地臨近勝景。瑕丘故地在今山東省兗州市西北。

父豹，少府。

再釋：「何豹」於范曄《後漢書》凡三見，除何休本傳以外，一在〈崔駰列傳〉：「桓帝初，詔公卿郡國舉至孝獨行之士。（崔寔）……除為郎。……其後辟太尉袁湯、大將軍梁冀府，並不應。大司農羊傅、少府何豹上書薦（崔）寔才美能高，宜在朝廷。召拜議郎，遷大將軍（梁）冀司馬，與邊韶、延篤等著作東觀。出為五原太守。……是時胡虜連入雲中、朔方，殺略吏民，一歲至九奔命。……以病徵，拜議郎，復與諸儒博士共雜定五經。會梁冀誅，寔以故吏免官，禁錮數年。」今據范書諸傳：袁湯任太尉在建和三年十月至永興元年十月；胡人連寇雲中在永壽二年七月，侵擾邊郡於延熹元年十二月；梁冀受誅在延熹二年八月，則何豹始任少府卿約莫在建和至永壽之間。再推考之，桓帝於元嘉元年使中朝二千石以上議大將軍梁冀禮，特進胡廣、太常羊溥、司隸校尉祝恬、太中大夫邊韶等人頌稱「冀之勳德宜比周公，錫之山川、土田、附庸」，最後朝廷諸卿折衷於司空黃瓊所議，封賞以戶邑為制，比於前朝鄧禹、霍光故事。此「太常羊溥」於東晉袁宏《後漢紀》作「羊儒」，疑即「大司農羊傅」其人。案元嘉元年閏十一月，太常黃瓊為司空，始議大將軍梁冀禮，則「羊溥」即繼黃瓊為太常卿。又案种暠於延熹元年以邊功遷為大司農，黃瓊又於二年自大司農復任太尉，則「羊傅」擔任大司農約當在种暠、黃瓊二人之間或之前。供職時間既近且不相牴觸，「太常羊溥」與「大司農羊傅」當是一人，當是字訛以致混淆。綜上所見，桓帝永興至延熹元年是何豹最有可能任職少府卿之時段，若然，其視事時間已滿三年，將得依制蔭一子為郎。

其二見在〈鄧寇列傳〉。傳稱桓帝侍中寇榮為權寵所譖害，幾經迫罪出亡，遇赦卻又不得免除。寇榮乃上書自訴：「司隸校尉應奉、河南尹何豹、洛陽令袁騰並驅爭先，若赴仇敵，罰及死沒，髡剔墳墓，但未掘壙出尸，剖棺露骸耳。...臣遇罰以來，三赦再贖，無驗之罪，足以蠲除」云云。今依《通鑑考異》所析，《通鑑》置寇榮被誅事在延熹七年末，袁宏《後漢紀》置於延熹元年，范曄則云「延熹中被罪」，各有不同。范書述應奉自延熹五年冬十一月任司隸校尉，則寇榮所遇三赦當指延熹三年正月丙申、四年六月己酉及六年三月戊戌。又襄楷、竇武上書言及梁、孫、寇、鄧之誅，則寇榮受誅在延熹八年二月癸亥廢鄧后、誅鄧氏以前，是以《通鑑》置於延熹七年之末。此間供職河南尹者，延熹二年八月壬午立鄧后，從父鄧萬世拜受河南尹；又有馮緄於延熹六年七月以後先拜將作大匠再轉任河南尹；李膺於延熹四年、八年亦二度

供職。據此推測，何豹出任河南尹約當延熹五年至七年之間，且爲時不久，其間曲折或與外戚豪家消退、中官內侍勢力抬頭有關。

今據范書〈孝桓帝紀〉所載，桓帝因詔賞誅梁冀之功，屢屢封賞內官近侍、外廷令使。至延熹三年春，中常侍新豐侯單超卒，桓帝「賜東園秘器、棺中玉具」，「及葬，發五營騎士、將作大匠起塚塋」，甚見痛惜加恩之意。其後餘人轉橫，「皆競起第宅，以華侈相尚，其僕從皆乘牛車而從列騎；兄弟姻戚，宰州臨郡，辜較百姓，與盜無異，虐徧天下」。近侍假天子褒寵，愈壯貪心，雖由京師漸至地方，卻始於供職之地。自延熹四年春至六年、八年，宮殿署室觀闕園寢接連被災，御物秘器珍寶器具被害焚毀者不計其數，其間有無宮人盜取而故佈疑陣者誠難知曉，如《晉書‧張華傳》：「武庫火，（張）華懼因此變作，列兵固守，然後救之，故累代之寶及漢高斬蛇劍、王莽頭、孔子屐等盡焚焉。」爲免不肖之徒「趁火打劫」，救災之前尚需「列兵固守」方得進行，可見宮室公署遇災尤其未可等閒視之，連年火災更是匪夷所思。然而主官受累坐罪終是毋庸置疑，案《續漢書志‧百官三》：「少府卿，中二千石」，劉昭注云：「掌中服御諸物，衣服寶貨珍膳之屬。」其屬官歷經增損，僅太醫、太官、守宮、上林苑令、丞等直屬之。《漢書‧陳咸傳》：「少府多寶物，屬官咸皆鉤校，發其姦臧，沒入辜榷財物。」謂成帝時少府陳咸檢校其屬官諸令丞，揭發所犯貪贓收賄罪，沒收所斂聚之財貨寶物，適見少府及其屬官因管理宮內眾多御用寶物，往往難脫監守自盜之疑慮。今見宮署比年被災，守宮令、丞並皆失職，加以御用器物之鉅額損失，其主官少府卿自當坐罪。故筆者以爲少府卿何豹最遲於延熹六年去職，遂轉任河南尹，其歷官當不出桓帝之世。

休爲人質朴訥口，而雅有心思，精研六經，世儒無及者。

集解：惠棟曰：「《拾遺記》云：『休木訥多智，三墳、五典、陰陽、算術，河、洛、讖、緯，及遠年古諺、歷代圖籍，莫不成誦也。門徒有問者，則爲注記，而口不能說。』」

再釋：《拾遺記》作者王嘉，生於東晉而亡在苻秦。南朝梁人蕭綺嘗「輯集殘文，合爲十卷」，其記何休事蹟適與范傳足相發明。又《太平御覽‧訥》引《續漢書》云：「何休，任城樊人，樸訥而精研六經，世儒無及者。」當爲范曄所本。何氏識古多聞之證，可約略於時人議論蘇不韋爲親報仇一事觀之。案范氏《後漢書‧蘇不韋傳》載蘇氏手刃仇人李暠爲父親報仇之後，「士大夫多譏其發掘冢墓，歸罪枯骨，不合古義，唯任城何休方之伍員」。時人觀點即《公羊‧昭公廿

年》傳義「惡惡止其身」，其仇縱然「不共戴天」亦不當傷及無辜，然而何氏卻將蘇不韋比擬於楚人伍子胥為親復仇之高度。范傳續載太學生郭泰適聞何休所言，遂加以解釋蘇不韋單憑一己之力向強仇豪家復仇雪恥，雖未若伍子胥猶假吳國之兵大敗楚軍、鞭平王屍骨來復仇，但兩相對照，蘇氏事功或許更在伍氏之上，「議者由是貴之」，終令蘇不韋復仇之舉得到時人認可。後漢即使是被後人譽為「經學極盛時代」，身居權要者甚至連太學生都未必人人皆為飽學之士。何休在眾議之上，提出「蘇不韋與伍子胥」不僅足以同類相比的觀點，並且復仇事跡具有符合古義的性質，使時人公認「善於品題」的郭泰在何休提點的線索上能夠進一步申論，扭轉了此前譏斥蘇不韋復仇「不合古義」的輿論。由此可見，何休「木訥多智」且「雅有心思」，經籍典墳、遠年古諺「莫不成誦」，固非溢美無稽之言。另案范氏《後漢書‧郭泰傳》載，郭泰與穎川賈彪共為彼時太學諸生三萬餘人之冠首，與李膺、陳蕃、王暢三人更相褒重，彼此皆享盛譽，「於是中外承風，競以臧否相尚，自公卿以下，莫不畏其貶議，屣履到門」。據蔡邕撰〈郭有道碑〉文，郭泰享年四十二歲，卒於靈帝建寧二年春正月己亥，即元年黨事之後。以此推測，何休、郭泰聞知蘇不韋事約莫在桓帝延熹九年因翟超、黃浮引起初次黨事至靈帝即位之間，由於郭泰在士大夫、三萬餘太學生之間品題人物，無意間彰顯了何休的才學智識，促進時人尤其清流士大夫對何休的認識，或許更直接造就了日後陳蕃辟用何休的契機。

以列卿子詔拜郎中，非其好也，辭疾而去。

再釋：唐人顏師古注《漢書‧哀帝紀》引後漢應劭《漢儀注》：「吏二千石以上視事滿三年，得任同產若子一人為郎，不以德選。」宋元時人馬端臨《文獻通考‧選舉考七》引其父宋相馬廷鸞云：「漢二千石任職二年，得任其子若同產，蓋有八、九歲為郎備宿衛者。朝夕左右與聞公卿議論，執戟殿陛，中郎將以兵法部屬之，而淳厚有行者，光祿勳歲課第之。時出意上書疏，足以裨缺失，而天子亦因以習知其性，而識其才之能否，自郎選為縣令，自大夫選為守相，或持節四方，天子時課其功而召之入。蓋上之人留意其選，而法制使之然也。」概見兩漢郎官制度出於遠慮，其培養薰陶、反覆考課至於獨當一面，出守郡國，入升卿相，非朝夕可蹴。是故葆子為郎，顯見朝廷對於公卿積年勤勞之優遇。

前謁何豹約當桓帝永興至延熹元年間擔任少府卿，坐罪去職最遲於延熹六年，供職短至三年，長至十年，乃得積勞為功，葆子一人。當是左遷轉任

爲河南尹以前事。據此推估，何休受詔拜爲郎中，約在桓帝永壽至延熹中葉之間。何氏時年已三十許，正當桓帝執政中期，內侍五侯「競起第宅，以華侈相尙」，其「兄弟姻戚，宰州臨郡，辜較百姓」之際。案《續漢書志‧百官二》：「郎官皆主更直執戟，宿衛諸殿門，出充車騎。」郎中秩比三百石，分屬光祿勳所率車、戶、騎三署郎中將統領，手持長兵輪班守衛宮殿諸門。品秩雖爲三署郎最低者，但自漢明帝賜錢十萬以嚴郎中之選，章帝亦於建初元年夏五月辛酉，「初舉孝廉、郎中寬博有謀，任典城者，以補長、相。」不僅重視取得郎中出身者之素質，更欲賦予重任。下逮質帝本初元年「令郡國舉明經，年五十以上、七十以下詣太學。自大將軍至六百石，皆遣子受業，歲滿課試，以高第五人補郎中，次五人太子舍人。」又令三署郎「先能通經者，各令隨家法，其高第者上名牒，當以賜賞進。」更見朝廷欲提高郎官出身者之才學識，大加獎掖，以期收效。然而諸郎平時更直殿門、出充車騎，餘暇之間猶能自我砥礪、奮進向學者，不亦寡矣？案范書載順帝時尙書令左雄審覈察舉之謹愼精明，唯汝南陳蕃等三十餘人得拜郎中，「汔乎永嘉，察選清平，多得其人」。爾後陳蕃擔任光祿勳，依制當舉三署郎之「高功久次、才德尤異者爲茂才四行」，然「時權富子弟多以人事得舉，而貧約守志者以窮退見遺」，乃「與五官中郎將黃琬共典選舉，不偏權富」，略存嚴選之風。今案陳蕃任光祿勳適在桓帝延熹二年怒誅李雲之後，至延熹六年「爲勢家郎所譖訴，坐免歸」爲止，大略與何休受詔拜郎中之可能時段有所重合，或可略窺何氏當時身在三署郎中之氛圍。故筆者以爲范書稱「非其好」、「辭疾而去」云云，除了從何休抗拒郎中職守來解讀，亦不妨考慮當時權富子弟、勢家郎竟得譖訴主官、迫其去職的影響力，致令何氏有所排斥。

不仕州郡。

再釋：《禮記‧表記》述孔子曰：「事君，軍旅不辟難，朝廷不辭賤；處其位而不履其事則亂也。故君使其臣得志，則愼慮而從之；否，則孰慮而從之。終事而退，臣之厚也。《易》曰：『不事王侯，高尙其事。』」范曄據此義序《後漢書‧逸民列傳》又引《荀子‧脩身》：「志意脩則驕富貴，道義重則輕王公」，以爲後漢時代不願出仕者，當是志節高亢之隱士逸民。且觀《論語‧泰伯》亦述孔子曰：「篤信好學，守死善道。危邦不入，亂邦不居。天下有道則見，無道則隱。邦有道，貧且賤焉，恥也；邦無道，富且貴焉，恥也。」桓帝治世雖不可謂無道，寵信宦官之弊害卻日趨惡化，以致「辜較百姓，與

盜無異，虐徧天下」。當此之際，何休先辭郎中，復不聽州郡召辟，雖未可遽稱何氏有隱逸之心，無意仕官則屬實，或欲待識人明主方爲所用，故不事王侯以高尚其事君之志。

後漢刺史、守、相所屬僚佐，秩在百石以下，例用州郡在地人士。桓帝永壽二年，魯相韓敕新修孔廟禮器竣事，遂刊石表銘記其始末，此即後世所稱「禮器碑」。今案此碑陰文字詳載諸郡縣往來賜錢襄贊者，有「故兗州從事任城呂育季華三千」，即「兗州刺史下屬州從事，任城國人，呂姓」，疑其名爲「育」，「季華」則爲其字，爲此碑贊助了三千錢。任城國屬兗州刺史部，可知「呂育」即地方人士出仕其州僚屬之例。依《續漢書志・百官四》載，州從事（史）「皆州自辟除，故通爲百石」；《續漢書志・百官五》亦稱「諸州常以八月巡行所部郡國，錄囚徒，考殿最」云云，州刺史於其所部之政務皆需依賴諸州從事（史），品秩雖低而權責甚大，故其賜錢爲眾人之冠。今見宋人洪適《續隸》所載「韓敕孔廟後碑陰」文有「兗州從事任城樊何榮𥈄公三千」一十三字，此碑文末書「永壽三年七月廿八日孔從事所立」，即魯相韓敕等人立「禮器碑」翌年，應是任城何氏族人出仕兗州之證據。今案《尚書・太甲》：「實萬世無疆之休」、《詩・商頌》：「何天之休」，與《論語・子張》：「其生也榮」、《孟子・盡心上》：「安富尊榮」諸文，休、榮二字並兼華美、嘉善之義。再檢「𥈄」字，據《周禮・春官宗伯》云：「小史掌邦國之志，奠系世，辨昭穆。」陸德明《釋文》云：「昭，如字，或作𥈄，音韶。」則何榮之字「𥈄公」，不僅文通於「昭公」，文例與何休字「邵公」亦接近，則何榮與何豹、何休父子之間亦應具有相當程度如兄弟、從兄弟之親緣關係。

進退必以禮。

再釋：《禮記・文王世子》曰：「凡三王教世子必以禮樂。樂，所以修內也；禮，所以修外也。禮樂交錯於中，發形於外，是故其成也懌，恭敬而溫文。」故士子修其舉止動靜以宜於禮教，又兼有推己化人之義。又《史記・鄭世家》載延陵季子語鄭子產曰：「子爲政，必以禮」云云，《漢書・雋不疑傳》述雋不疑「治《春秋》，爲郡文學，進退必以禮，名聞州郡」，謂任官爲政者當嚴敕己身以禮儀，始得立教治人。范曄亦據以稱譽諸守禮之爲政者，除〈何休傳〉外另五見：〈毛義傳〉載廬江毛義「數辟公府，爲縣令，進退必以禮」；〈趙孝傳〉載沛國趙孝「州郡辟召，進退必以禮」；〈朱暉傳〉載南陽朱暉「性矜謹，進止必以禮，諸儒稱其高」；〈循吏列傳〉載陳留仇覽「雖在

燕居，必以禮自整」；〈儒林列傳下〉載犍為杜撫「沈靜樂道，舉動必以禮」云云，多見後漢士人恪遵禮教之跡。

太傅陳蕃辟之，與參政事。

再釋：延熹八年冬十月，因司隸校尉應奉上書同太尉陳蕃固爭，桓帝遂立貴人竇妙為后。永康元年冬十二月丁丑，帝崩；次日戊寅，群臣尊皇后為皇太后，太后臨朝委政於陳蕃。未幾，太后父竇武依侍御史河間劉儵建議，迎立解瀆亭侯劉宏為帝。靈帝建寧元年春正月壬午，以城門校尉竇武為大將軍；前太尉陳蕃為太傅，與竇武及司徒胡廣參錄尚書事，徵天下名賢列在朝廷。何休當就此時受陳蕃辟召。據《續漢書志‧百官一》釋後漢太傅云：「掌以善導，無常職。世祖（光武帝）以卓茂為太傅，薨，因省。其後每帝初即位，輒置太傅錄尚書事，薨，輒省。」唐人杜佑於《通典‧職官四》注文更申言後漢諸太傅：「舍於宮中，太官進食，五日一歸府。朝見特贊，與三公絕席。」既受先帝託囑，復為幼主仰賴，且宿舍飲食皆在宮內，上朝又獨見優待，可謂後漢士大夫受承榮寵之極致。然而太傅並無實際職掌而無執政權力，故需加錄尚書事來運作朝政，「百官總己以聽之，恩寵之異，莫與為比」。漢初承秦官，置少府屬吏於殿中，主發書，故謂尚書，「通掌圖書、秘記、章表之事與封奏」。其任至後漢愈見優重，書云「後漢眾務，悉歸尚書，三公但受成事而已」。《通典》述尚書職：「出納王命，敷奏萬機，蓋王政之所由宣，選舉之所由定，罪賞之所由正。斯乃文昌天府，眾務淵藪，內外所折衷，遠近所稟仰」，「大事八座連名，而有不合，得建異議」。八座分別指尚書令、僕與諸曹尚書，皆得對朝臣奏議與裁決提出意見，在出納王命的過程中參與了決策。據杜佑注《通典》引後漢蔡質所撰《漢官典職儀式選用》（簡稱漢儀），後漢尚書權力擴大、地位提高，亦反映在官箴儀節上：「凡三公、列卿、將、大夫、五營校尉行複道中，遇尚書令、僕射、左右丞，皆回車豫避，衛士不得迕臺官，臺官過，乃得去。」尤其尚書令「主贊奏事，總領紀綱，無所不統。與司隸校尉、御史中丞朝會皆專席而坐，京師號曰『三獨坐』。」足見彼時權重尊榮。由此可知，後漢太傅錄尚書事者，可謂在漢家制度上以帝師攝政來實現周公居攝與前漢霍光故事的理念，是穩定政局的權宜過渡措施。

承此，太傅陳蕃、大將軍竇武與司徒胡廣三人共參錄尚書事，以鼎足之姿扶持朝綱，其實反映桓帝時代的晚近政治變化。在此必須考慮的是，陳蕃、胡廣已高齡八十左右，政務冗煩，未必得以事盡躬親、鉅細靡遺，固當擬出

輕重緩急，委付僚屬辦理，凡事過目而已。范曄稱何休受太傅陳蕃辟用，「與參政事」，筆者以爲，除了可能是以太傅掾屬身份往來承理尚書臺業務，也有可能直接在尚書臺兼任品秩較低的尚書郎中，方得直接參與政務工作。於此同時，師事司徒胡廣的蔡邕亦可能因門生、弟子的身份，在司徒府內見習、奔走。這些經歷當有助於蔡邕與何休日後正式成爲公府掾的有利條件。

蕃敗，休坐廢錮，

再釋：史稱靈帝即位之初，陳蕃、竇武嘗共會朝堂謀誅內侍曹節、王甫，乃引議郎劉瑜爲侍中、侍中尹勳爲尚書令等共計，遂於建寧元年四月「收中常侍管霸、蘇康，皆坐死」。此舉爲桓帝時代晚期清流士人與宦官勢力相互鬥爭的延續，亦可推知胡廣非清流同志。同年六月癸巳，以「錄定策功」名義，大封竇氏一門四人、陳蕃與中常侍曹節等十餘人爲侯；唯特封陳蕃爲高陽鄉侯，固讓不受。可見此舉不僅非居攝重臣之意，且爲內侍假竇太后之意所爲，是故竇武等人聽任之。然而陳蕃堅持拒絕接受內侍懷柔示好之舉，遂令清流士人與內侍宦官之間的對立衝突更難和解，並升高一部份宦官的危機感與警覺性。同年八月，素好天文的侍中劉瑜得知「太白（星）犯房（宿）之上將（星官），入太微（天子居宮）」，趕緊將此象徵厄危的變化上書皇太后竇氏：「案《占書》，宮門當閉，將相不利，姦人在主傍；願急防之。」又「與武、蕃書，以星辰錯謬，不利大臣，宜速斷大計」，「於是（竇）武、（陳）蕃以朱寓爲司隸校尉、劉祐爲河南尹、虞祁爲雒陽令」，武奏免黃門令魏彪，以小黃門山冰代之，使（山）冰奏收長樂尚書鄭颯送北寺獄。」進一步掌握領導省中諸宦者的行政權力，同時拿下北寺獄的控制權。接著下令黃門令山冰與尚書令尹勳、侍御史祝瑨雜考鄭颯，終於取得曹節、王甫犯罪的供詞。尹勳、山冰隨即上奏收押曹節等人，使侍中劉瑜內奏。

九月辛亥（依《通鑑》，范書作丁亥），大將軍竇武出宮歸府外宿，「典中書者先以告長樂五官史朱瑀」。朱瑀盜發竇武奏疏，罵曰：「中官放縱者，自可誅耳，我曹何罪，而當盡見族滅！」因大呼曰：「陳蕃、竇武奏白太后廢帝，爲大逆！」乃夜召平素所親長樂屬官共普、張亮等十七人，歃血共盟，謀誅竇武等人。曹節使帝自拔劍踊躍，由乳母趙嬈等人擁衛左右，又取印信，閉禁諸殿門，形同挾持皇帝。再召集尚書臺官屬，以刀兵脅迫他們寫作詔版，拜王甫爲黃門令，使王甫持節至北寺獄補收尹勳、山冰，二人遂被害。太后隨即被劫持，並被奪走璽印。最後令中謁者守衛南宮，禁閉諸宮門與往來北

宮的複道，完成從南宮抵禦宮外政變的準備工作。接著，使鄭颯持節帶領侍御史謁者出宮逮捕竇武等人，竇武不受詔，與其兄子步兵校尉竇紹一同射殺來使，召集北軍五校士數千人屯駐洛陽都亭，宣告黃門與常侍已謀反。

身為帝師的陳蕃因未值休沐，當宿於宮中。聞事已起，幼帝遭陷，立即率領屬官及門生八十餘人赴難，並拔刃突入承明門。案前漢長安未央宮有承明殿，霍光與群臣上表太后議廢帝（昌邑王劉賀）時，太后即車駕幸此殿。待王朝畢太后，還輦將歸，太后令中黃門宦者閉門阻隔，使群臣不得入。後漢班固《西都賦》稱「承明金馬，著作之庭，大雅宏達，於茲為群」，可知承明殿是規模不小的宮殿。范書〈袁紹傳〉載袁紹自述：「（大將軍何）進既被害，師徒喪沮，臣獨將家兵百餘人，抽戈承明，竦劍翼室，虎叱群司，奮擊凶醜，曾不浹辰，罪人斯殄。」袁紹為替何進報仇、誅滅宦官並援救少帝，率領百餘家兵在南宮承明門大動兵戈，與陳蕃赴難之事相近。北魏楊炫之撰《洛陽伽藍記》有載，北魏孝文帝重修洛陽宮殿時，因帝常在城西之王南寺與沙門講經，以致群臣必須在城西新門迎接聖駕，孝文帝以曹植〈贈白馬王彪詩〉有「謁帝承明廬」句，遂名此門為承明門。以此推論，今雖未得確知後漢洛陽南宮承明門規模及其遺址所在，當有可能為群臣入謁朝帝必經之廣場高門。

據袁宏《後漢紀》：「（陳）蕃到承明門，使者不內，曰：『公未被詔召，何得勒兵入宮？』蕃曰：『趙鞅專兵向宮，以逐君側之惡，《春秋》義之。』有使者出開門，蕃到尚書門。」案陳蕃所據即《春秋‧定十三年》經書「秋，晉趙鞅入于晉陽，以叛；晉趙鞅歸于晉」，《公羊傳》解釋晉國大夫趙鞅為趕走國君晉侯身旁的惡人、奸佞，不惜背負被指為叛徒逆賊的罪惡來進行肅清。幸而此事獲得成功，整個事件得到孔子的默許，最後得以「歸返」來開釋此前「無君命」所形成的「叛逆」。陳蕃援引來表明自己行動正當性的這番義理，過去也曾經幫助太尉楊秉成功削弱宦官勢力，唯一的區別是楊秉另外援引了《左傳‧僖廿四年》傳文「除君之惡，唯力是視」，多了務實、理性與冷靜。范書稱陳蕃率眾至尚書門，攘臂呼曰：「大將軍忠以衛國，黃門反逆，何云竇氏不道邪！」王甫適至，聞其言而讓曰：「先帝新棄天下，山陵未成，竇武何功，兄弟父子並封三侯！又設樂飲讌，多取掖庭宮人，旬日之間，貲財巨萬，大臣若此，為是道邪？公為宰輔，苟相阿黨，復何求賊！」不禁令人警覺，所謂清流士人並非具有同樣的道德標準與行事原

則，以致落人口實，百口莫辯。於是王甫使劍士捉捕，陳蕃拔劍叱之，辭色愈厲。「乃益人圍之數十重」，遂執捕陳蕃收送北寺獄，即日殺害。終因城外竇武軍潰，遭清算坐罪者株連甚廣。陳蕃家屬坐罪流徙於比景，「宗族、門生、故吏皆斥免禁錮」，是以何休於靈帝建寧元年秋九月遭廢。案陳蕃率屬官、門生赴帝難時，何休若非與之拔刃衝進承明門，亦可能因承理政務受困於尚書臺。

乃作春秋公羊解詁，

注：《博物志》曰：「何休注《公羊》云『何氏學』，有不解者乃宣此義不出於己。」此言為允也。

集解：何若瑤曰：「今本作『何休學』，非。」

再釋：《公羊疏》釋卷首篇題「春秋公羊經傳解詁隱公第一」，即引李賢《後漢書注》所錄《博物志》以解「何休學」，以為「是其義也」。其下又云：「『學』者，言為此經之學，即注述之意。」案初唐魏徵等撰《隋書·經籍志一》載「《春秋公羊解詁》十一卷」，下注云「漢諫議大夫何休注」；又後晉劉昫等撰《唐書·經籍志上》則載「《春秋公羊解詁》十三卷何休注」，可見何氏所撰《春秋公羊解詁》著錄於六朝至隋唐圖書目錄之時，其文本即併釋《春秋》與《公羊傳》為一帙，故合題稱「春秋公羊」，且卷目亦與經、傳相符。說詳段熙仲《春秋公羊學講疏》。唯六朝、隋唐書志皆稱「何休注」而非直書「何休學」，筆者以為當是後人觀點不同、識見未及所致。何氏自署，則謙言受學而義不出於己；書家著錄，則見其依式詮釋而多有發揮。陸德明撰《經典釋文·序錄》云《公羊》、《穀梁》「二傳近代無講者」，《隋書·經籍志一》復云「至隋，《公羊》、《穀梁》浸微，今殆無師說」，彼時既無師講，亦未必有此問者。是以唐章懷太子李賢編修《後漢書注》據西晉張華《博物志》解釋〈何休傳〉，則魏晉時人已多不明其意而就問者矣。

覃思不闚門，十有七年。

集解：錢大昕曰：「案陳蕃事敗在建寧元年九月，是歲歲在戊申，而休卒於光和五年壬戌，首尾僅十有五年。而晚年又應公府之辟，歷官議郎、諫議大夫，則著書杜門大約不過十年耳。光和二年，以上祿長和海言，令黨人禁錮小功以下皆除之。《傳》所謂『黨禁解』者，當在此時。至中平元年大赦天下黨人，則休已先卒矣。」惠棟曰：「徐彥云『精學十五年』。」

　　再釋：依錢氏所考，前文述陳蕃之敗在靈帝建寧元年戊申秋九月，和海上書則在光和二年已未夏四月左右，何休受禁錮實不足十二年。惠氏引述未及詳確，案《公羊疏》原文作「何邵公精學十五年，專以《公羊》爲己業」句釋〈序〉於後，前疏卻已引范傳「休坐廢錮，乃作《春秋公羊解詁》，覃思不闚門，十有七年」爲說，疑似疏家依違兩可之間，自相矛盾，未足爲憑。筆者以爲當就錢考推詳爲宜。

又注訓孝經、論語、風角七分，

　　集解：惠棟曰：「即六日七分。」

　　再釋：除范傳之外，今存別家〈何休傳〉佚文、《拾遺記》皆未記載何休《春秋》學外之著作，《公羊疏》僅專記何氏註解《春秋》講義，唯《通典·禮十六》「諸侯大夫士冠」條下錄有「後漢何休《冠儀約制》」一條。然而據南朝梁人沈約《宋書·禮一》載：「何禎《冠儀約制》及王堪私撰《冠儀約制》，亦皆家人之可遵用者也。」何禎生卒不詳，據唐人房玄齡監修《晉書·何充傳》知爲晉人何充之曾祖，廬江人；近人吳士鑑、劉承幹合撰《晉書斠注》轉引《文士傳》補述何禎歷官曹魏幽州刺史，仕晉爲尚書、光祿大夫。案何休、何禎二人貫里不同，仕官隔代異時，而書志皆未詳載其著作，竟又題名相同，恐怕並非二書同名。筆者以爲范曄既爲東晉、南朝劉宋時人，歷官甚多，固當知彼時冠儀，其《後漢書·何休傳》復未言何休撰《冠儀約制》；又初唐修《隋書·經籍志》亦未載錄，疑六朝至隋已少通行，致使杜佑《通典》引文有誤植作者之嫌，遂令後世學者如清人陳澧《東塾獨書記·儀禮》、清人丁晏輯《何休冠儀約制》與馬國翰輯《冠儀約制一卷》二種輯本、今人黃樸民《何休評傳》皆依文而未改，容有詳考究明之餘地。案《通典·禮十六》引「後漢何休《冠儀約制》」後即爲「晉王堪《冠禮儀》」，二書相次與《宋書·禮一》所述相合。《冠儀約制》當爲何禎簡約《儀禮·士冠禮》文義而作。

　　承此，何氏注訓《孝經》、《論語》、風角、七分，迄今同樣尙未見書志著錄。清人劉逢祿好《春秋公羊傳》，爲申何氏學，嘗據唐人虞世南《北堂書鈔》見何氏《論語注》，遂取何休《春秋公羊解詁》牽引《論語》釋義諸條自成《論語述何》，其子劉恭冕另從何氏「三闕」數條輯成《何休注訓論語述》。此外，尙有清人俞樾輯《何邵公論語義一卷》、王仁俊輯《論語何注一卷》二種輯本。然何氏原帙既未見流傳，而諸家各就義理、文字追溯稽考，終不能無過失。尤其自

《北堂書鈔》輯出佚文，爭議甚大。案《經典釋文·序錄》云：「（何）晏集孔安國、包咸、周氏、馬融、鄭玄、陳羣、王肅、周生烈之說，并下己意，爲《（論語）集解》」云云，陸德明未言何晏《論語集解》採納何氏注訓《論語》，而清人唐晏撰《兩漢三國學案·論語》卻已認爲「何晏《（論語）集解》引（何）休《論語注》」，以致今人黃樸民《何休評傳》承襲唐說而不察。王仁俊爲求謹愼，序此佚文即引清人侯君謨曰：「隋、唐志已不著錄，《北堂書鈔》引。虞氏未必見其書，所引之語與何晏《（論語）集解》引孔（安國）《（論語）注》同。未知『休』字爲『晏』字傳寫之譌，抑虞（世南）從他書轉引也。」筆者以爲，原書既已失傳逾千年，佚文寡少以致難能窺其大體，前賢欲就吉光片羽之跡，圖麟鳳龜龍之形，不免有穿鑿附會之嫌，強立闕文，或恐貽誤後學。

風角者，依五音占風以定吉凶之術。《呂氏春秋·有始覽》、《淮南子·墜形訓》、《左傳·隱五年》皆載八方之風各依方位立名，故謂八風；又《易緯通卦驗》以八種節氣之風爲八風。范曄《後漢書》多載子承父業或好學自修以明習風角占候之士，而獨漏北海鄭玄。據南朝梁人劉孝標注《世說新語·德行》引《鄭君別傳》：「（鄭玄）少好學書數，十三誦五經，好天文、占候、風角、隱術」，「年十七，在家見大風起，詣縣曰：『某時當有火災，宜祭爟禳，廣設禁備。』時大（風）果起而不果害，智者異之。」固知風角乃深察諸風變化，就其徵兆以避凶趨吉之術。七分者，即惠氏所言「六日七分」，與風角皆屬占驗之流。范氏序《後漢書·方術列傳》云：「占也者，先王所以定禍福、決嫌疑，幽贊於神明，遂知來物者也」，「皆所以探抽冥賾、參驗人區」，「時亦有以效於事也」。《後漢書·郎顗傳》載：「（郎）宗，字仲綏，學《京氏易》，善風角、星筭、六日七分，能望氣占候吉凶，常賣卜自奉。安帝徵之，對策爲諸儒表，後拜吳令。時卒有暴風，（郎）宗占知京師當有大火，記識時日，遣人參候，果如其言。」如前引鄭玄以大風占候，此亦據風角術占驗之例。范書〈郎顗傳〉續載「（郎）顗少傳父業，兼明經典，隱居海畔，延致學徒常數百人。晝研精義，夜占象度，勤心銳思，朝夕無倦。」郎宗、郎顗父子皆兼明風角、六日七分，案郎顗於順帝陽嘉二年春正月以公車徵，上陳七事以規諫時政，其第三曰：「今年少陽之歲，法當乘起，恐後年已往，將遂驚動，涉歷天門，災成戊巳。今春當旱，夏必有水，臣以六日七分候之可知」云云，蓋占家深見陰陽消長於一歲終始，故得「探抽冥賾」以「參驗人區」。案《易緯·乾鑿度》：「天地有春秋冬夏之節，故生四時。四時各有陰陽剛柔之分，故生八卦。八卦成列，天地之道立，雷風水火山

澤之象定矣」，「八卦之氣終，則四正四維之分明。生長收藏之道備，陰陽之體定。神明之德通，而萬物各以其類成矣。」又云：「孔子曰：『歲三百六十日而天氣周，八卦用事各四十五日，方備歲焉。』」此即以八卦分值一歲三百六十日，陰陽周流消長如四時循環復返，萬物是依。然歷數推考愈密，又見《易緯‧是類謀》云：「冬至日在坎，春分日在震，夏至日在離，秋分日在兌。四正之卦，卦有六爻，爻主一氣，卦主六日七分，八十分日之七。歲有十二月，三百六十五日四分日之一，六十而一周。」案《易緯‧稽覽圖》有「六日八十分日之七」文，鄭玄注云：「六，以候也，八十分為一日；之七者，一卦六日七分也。」其算法，即六十四卦除卻前述坎、震、離、兌四正之卦，餘六十卦依陰爻、陽爻之升降、變化象徵一歲寒暑盛衰起伏，六十卦共值一歲三百六十五又四分之一日，則每卦各分值六又八十分日之七，故謂六日七分。案《易緯‧乾鑿度》：「天地之氣，必有終始。六位之設，皆由上下，故易始於一」，「凡此六者，陰陽所以進退，君臣所以升降，萬人所以為象則也。故陰陽有盛衰，人道有得失。聖人因其象，隨其變，為之設卦。方盛則託吉，將衰則寄凶。」鄭玄注曰：「聖人之見物情有得失之故，寄註陰陽之盛衰，以斷其吉凶也。」故依六日七分以占候者，因《易卦》深契於天地陰陽消息，方得依值日諸卦之六爻升降以象萬物之情，復據其盛衰盈匱斷定吉凶。《易緯‧通卦驗》云：「凡《易》八卦之氣，驗應各如其法度，則陰陽和，六律調，風雨時，五穀成熟，人民取昌，此聖帝明王所以致太平法。」承上所論，察陰陽之氣是否如值日諸卦六爻所示，並依時月日周流復始而升降，因其時以勸農桑、勵人倫、施教化，是為古昔聖人賢君治世之不二法門。

皆經緯典謨，不與守文同說。

再釋：《周禮‧天官冢宰》：「以經邦國，以治官府，以紀萬民。」《國語‧周語下》：「經之以天，緯之以地。」《左傳‧昭廿八年》：「經天緯地謂之文。」又廿九年傳：「晉國將守唐叔之所受法度，以經緯其民。」南朝梁人劉勰《文心雕龍‧情采》有「經正而後緯成」句，故經緯者，原指治理絲線以縱橫整齊，遂引申為營治、整飭、擘劃之意。典謨者，《尚書》有〈堯典〉、〈舜典〉、〈大禹謨〉、〈皋陶謨〉等篇，《(偽)孔傳》以為〈堯典〉「言堯可為百代常行之道」，〈大禹謨〉述「皋陶為帝舜謀」，故聖主立言垂教、賢臣獻策進謀，各依行事以名篇，故稱「典謨」以喻先代以來聖賢遺訓。

守文者，據范曄序《後漢書‧黨錮列傳》：「自武帝以後，崇尚儒學，懷

經協術，所在霧會，至有石渠分爭之論，黨同伐異之說，守文之徒，盛於時矣。」謂前漢武帝尊崇儒術尹始，治學者即出現專守師法、拒斥外家的守文持論之流。宣帝甘露三年，聚群儒於石渠閣講論經義，席間眾議紛陳，黨同說而伐異解，聖人奧旨愈辯而不明。范氏於〈鄭玄傳〉論曰：「守文之徒，滯固所稟，異端紛紜，互相詭激，遂令經有數家，家有數說，章句多者或乃百餘萬言，學徒勞而少功，後生疑而莫正。」是謂後學解說滋蕃、章句益多，習者愈眾且大師輩出，然經術卻反而轉衰。其有批評者如王充，范曄《後漢書‧王充傳》謂「（王充）以為俗儒守文，多失其真」，故著《論衡》以「釋物類同異，正時俗嫌疑」。其視守文之輩為俗儒，近於市儈小人之流。今案何休序《春秋公羊解詁》云先師「觀聽不決，多隨二創」遂致「守文持論，敗績失據之過」，而「治古學、貴文章者謂之俗儒」。《公羊疏》釋之曰：「守文者，守《公羊》之文；持論者，執持《公羊》之文以論《左氏》」云云，概知何氏所悲者，即《公羊》先師專守其文而「滯固所稟」，增益師說反令「非常異義可怪之論」愈加異端紛紜，更失其真。是以何氏所為注訓皆援據聖賢古義，而不同於守文俗儒之說。

又以春秋駁漢事六百餘條，妙得公羊本意。

集解：惠棟曰：「《經籍志》云休《春秋漢議》十三卷。」

再釋：《太平御覽》引謝承《後漢書》敘何休「以《春秋》駁『漢事』」云云，應為范氏所本。據李賢等注《後漢書‧應奉傳》引袁山松《後漢書》載應奉刪《太史公》、《漢書》及《漢記》來撰述《漢事》，計「三百六十餘年，自漢興至其時，凡十七卷」，今檢六朝以來傳世圖書志皆未著錄「應奉《漢事》十七卷」。「漢事」一詞之意旨，概指「漢世故事」之謂，范書〈荀爽傳〉載：「（荀爽）著《禮》、《易傳》、《詩傳》、《尚書正經》、《春秋條例》，又集漢事成敗可為鑒戒者，謂之《漢語》。」又〈蔡邕列傳下〉述蔡邕因故下獄，太尉馬日磾向司徒王允為蔡邕說情：「伯喈（蔡邕字）曠世逸才，多識漢事，當續成後史，為一代大典。」范曄並附語於傳末：「其撰集漢事，未見錄以繼後史。」皆謂漢世故事之意。而荀爽、蔡邕撰集漢世故事之時間皆在何休駁論此『漢事』之後，唯應奉就諸舊史予以刪削，故能草成名篇。時人方得觀覽、駁難。案范曄《後漢書‧儒林列傳下》述服虔「又以《左傳》駁何休之所駁『漢事』六十餘條」，則何休、服虔各自據《公羊》、《左傳》義駁論『漢事』，此『漢事』不惟「漢事故事」而已，更是依據特定觀點，就其義理進行敘事與詮釋

的歷史文本。應奉自桓帝延熹五年冬十一月就任司隸校尉之後，曾於黨事初起時引據《左傳》上疏，試圖調解清流士人與內侍宦官之間的緊張對立，故其所撰《漢事》十七卷極有可能採取《左傳》義理。爾後，何休遂就《春秋》微言駁難應奉《漢事》，重現《公羊》之義。

惠棟據《隋書‧經籍志一》載「《春秋漢議》十三卷何休撰」，解釋范傳所述「又以《春秋》駁『漢事』六百餘條，妙得《公羊》本意」，其卷數約當應奉書三分之二，一卷約錄五十條上下。今觀《隋書‧經籍志一》並錄「梁有《春秋漢議駁》二卷服虔撰，亡」，數目應不足百條，適與范傳言服虔「以《左傳》駁何休之所駁『漢事』六十餘條」相近；又另見「《漢議駁》二卷」附於「《駁何氏漢議》二卷鄭玄撰」之下。筆者以為，何休即取應奉所撰《漢事》以駁《左氏》而申《公羊》，然六朝書志已未載「應奉《漢事》十七卷」，恐原書亡佚於兩晉之間。何休「以《春秋》駁《漢事》」，故題名稱《春秋漢議》，其實「以《公羊》駁《左氏》」，遂招致服虔、鄭玄先後為文反駁，當視為《左氏》、治古學者的激烈反對，但何氏《春秋漢議》引發的爭論並不僅止於此。《隋書‧經籍志一》另載「《駁何氏漢議敘》一卷」、「糜信《理何氏漢議》二卷」二種。《駁何氏漢議敘》撰者不詳，依文義可能是為「鄭玄《駁何氏漢議》」說明寫作立場與背景來由。今案鄭氏年高壽昌，彼時學者復無出其右者，故此敘當出於後世學人之手。《理何氏漢議》為曹魏樂平太守糜信所撰，檢《隋書‧經籍志一》並載「《春秋說要》十卷魏樂平太守糜信撰」、「《春秋穀梁傳》十二卷魏樂平太守糜信注」二種。案六朝梁人蕭子顯《南齊書‧陸澄傳》載南齊武帝永明年間於國學重新獨尊「糜氏《穀梁》」，而取消此前自東晉武帝太元年間以來在國學並行的范寧《穀梁注》。糜信既為《穀梁》專家，故彼時應當深據《穀梁》以「理」何休《春秋漢議》所據之《公羊》義。如此，糜信之舉可謂繼服虔、鄭玄駁斥何休之後的延伸，而招致《穀梁》對《公羊》的反擊自非何氏此時所能預期。誠然此事可能發生在何休身後，但必定反映出後續政治形勢的變化，即主張「尊王攘夷」、「為漢制法」的《公羊》義與《春秋》學不得不被地方軍閥勢力抬頭的局勢所淹沒，與譏刺方伯、為君父恩深的《穀梁》、《左氏》二傳遂成鼎足，下開平分三傳、殊較優劣之學術風氣。

休善歷筭，與其師博士羊弼，追述李育意以難二傳，作公羊墨守、
注：言《公羊》之義不可攻，如墨翟之守城也。
再釋：今人宋文民撰《後漢書考釋》於〈張曹鄭列傳第二十五〉下云：「案

傳文，墨守、膏肓、廢疾非謂墨翟守城也。《儒林傳》集解引《拾遺記》謂之三闕，言理幽微，非知機藏，往不可通焉。是三書命名，皆有幽微義。《荀子·解蔽》：『墨以爲明』，注云『墨謂蔽塞也。』郝懿行云：『墨者，幽闇之意。』《左傳·昭公二十九年》『蔡墨』，《呂覽·召類》作『史默』，是墨、默古通作。傳言發墨守，謂發明墨守之幽微也。」宋氏之意，似《公羊墨守》當作「幽闇翊衛《公羊》」。案鄭玄注《禮記·喪服小記》云：「世子有廢疾不可立而庶子立，其祭天立廟之事亦如世子之立也。」唐人賈公彥疏《儀禮·喪服》：「嫡子有廢疾不堪主宗廟」，《穀梁廢疾》即謂《穀梁》未得夫子撥亂反正之志，不足當《春秋》嫡傳；又李賢注〈鄭玄傳〉曰：「《說文》：『肓，隔也。』心下爲膏，喻《左氏》之疾不可爲也。」固知「廢疾、膏肓」皆病理術語，何氏所以言《穀梁》、《左氏》二傳痼病深重，無可救藥，而鄭氏復依「釋、箴」等巫醫之方以爲解消、刺病。故「墨守」同屬「三闕」，即未當李賢注所謂「墨翟守城」，「墨」字亦未必當宋氏釋「蔽塞、幽微」義。謹案《說文》云：「闕者，門觀也。」北魏酈道元注《水經·穀水》引後漢穎容云：「闕者，上有所失，下得書之於闕，所以求論譽於人。」此即謂忠臣「詣闕上書」以規主上過失。故筆者以爲何氏於靈帝建寧元年冬九月清流士人及其親屬、故吏、門生大舉遭罹禁錮之後，各就《春秋》傳義撰成「三闕」一事，不僅與時厄有深刻關聯，亦有意藉《春秋》傳義規過主上，並求論斷於世人。

左氏膏肓、穀梁廢疾。

集解：惠棟曰：「《經籍志》云《春秋公羊墨守》十四卷、《左氏膏肓》十卷、《穀梁廢疾》三卷。徐彥云：『休作《墨守》等書，皆在注《傳》之前。』《拾遺記》云：『謂之三闕。言理幽微，非知機藏往，不可通焉。及鄭康成鋒起而攻之，求學者不遠千里，贏糧而至，如細流之赴巨海。京師謂康成爲經神，何休爲學海。』」

再釋：漢魏時人徐幹撰《中論》，其中〈曆數〉篇云：「夫曆數者，先王以憲殺生之期，而詔作事之節也。使萬國之民不失其業者也。」故曆數爲王者之政，將以「寒暑順序，四時不忒」，「於是陰陽調和，災厲不作，休徵時至，嘉生蕃育，民人樂康，鬼神降福。」《漢書·藝文志》即云：「故聖王必正曆數，以定三統服色之制，又以探知五星日月之會。凶阨之患，吉隆之喜，其術皆出也。」又同書〈律曆志上〉述劉歆作「三統曆及譜」以釋《春秋》，云「周道既衰，幽王既喪，天子不能班朔，魯曆不正」，自

「（魯）文公閏月不告朔，至此百有餘年，莫能正曆數。故子貢欲去其餼羊，孔子愛其禮，而著其法於《春秋》。」故謂「夫曆《春秋》者，天時也，列人事而目以天時。」是以孔子於《春秋》假日月消息以申王法。依范傳前後文義，何休似欲藉曆算繼承白馬令李育之意志，接著去詰難《穀梁》、《左氏》二傳，遂撰成《公羊墨守》、《左氏膏肓》與《穀梁廢疾》。據范書〈鄭玄傳〉：「及黨事起，（鄭玄）乃與同郡孫嵩等四十餘人俱被禁錮，遂隱修經業，杜門不出。時任城何休好公羊學，遂著《公羊墨守》、《左氏膏肓》與《穀梁廢疾》；玄乃發《墨守》、鍼《左氏膏肓》、起《穀梁廢疾》。」故知撰作在何休精學《春秋公羊》之時，當與《春秋公羊傳條例》等書並時而作。案《公羊疏》釋何休序稱「往者略依胡毋生條例，多得《公羊》也。雖取以通傳意，猶謙未敢言己盡得胡毋之旨。故言『略依』而已。何氏本著作《墨守》以距敵《長義》，以強義，為《廢疾》以難《穀梁》，造《膏肓》以短《左氏》，蓋在注傳之前。猶鄭君先作《六藝論》訖，然後注書。」而今何注《公羊》尚存時月日例，猶見先王因曆數正天地四時之序、民人殺生之期，故謂孔子假書日月為褒貶賞罰之跡，進賢退不肖。范傳續云：「（何）休見而歎曰：『康成（鄭玄字）入吾室，操吾矛，以伐我乎？』」蓋喟歎鄭氏未能深明孔子撰作《春秋》之志，意在撥亂反正，假時月日例為褒貶，令亂臣賊子得懼焉。《拾遺記》且云：「及鄭康成蜂起而攻之，求學者不遠千里，贏糧而至，如細流之赴巨海。京師謂康成為『經神』，何休為『學海』。」意以彼時士人盛譽何、鄭二人於解釋經傳、才學智識可謂不分軒輊，而非時俗譏誚短長之論。王嘉並擬同書所別載賈逵、任末、曹曾三人，與何休「並為聖神」追比「才包三古，藝該九聖」的劉向，「通生民到今，蓋斯而已」，「至如五君之徒，孔門之外未有也。」將何休提高至前漢大儒劉向等齊的位階，更與後世所論別有見地。

黨禁解，

再釋：據范曄《後漢書·孝靈帝紀》，自建寧元年冬九月陳蕃、竇武事敗、黨人遭禁錮之後，日月星變、災禍飢荒、邊境外患頻傳，雖愈寬政休息而不能得。建寧四年春正月甲子，「帝加元服，赦天下，唯黨人不赦」，即謂生於桓帝永壽二年、年滿十五歲的靈帝劉宏自此親政，詔令裁斷皆本於帝心。次年五月己巳，赦天下，改元熹平；熹平二年春二月壬午，赦天下；三年春二月己巳，赦天下；四年春五月丁卯，赦天下；五年夏四月（一說五月）癸亥，

赦天下；六年春正月辛亥，赦天下；次年春三月辛丑，赦天下，改元光和。上凡七年七赦天下刑徒，皆未及清流士人及其家屬，可知故吏、門生仍在禁錮中。此際仍爲內侍在旁，大臣公卿阿附希上，其間縱有忠直之士冒死奏疏，建言寬宥，終難免殺身之禍。如《後漢紀・孝靈皇帝紀中》載熹平五年閏五月永昌太守曹鸞上書大訟冤情：「夫黨人者，或耆年淵德，或衣冠英賢，皆宜股肱王室，左右大猷者也；而久被禁錮，辱在泥塗。謀反大逆尚蒙赦宥，黨人何罪，獨不開恕乎？所以災異屢見，水旱薦臻，皆由於斯。宜加沛然，以副天心。」曹鸞將「黨人經年受過，逾於其罪」與「連年災異水旱並時而至」二者結成因果關係，藉由上天降下眾多咎怪異變來合理化恩赦黨人的請求，可謂替長久以來的政治僵局解套。但疏文末隱約指責皇帝不明白上天意旨，卻導致完全相反的災難性後果。范書〈黨故列傳〉載曹鸞「言甚方切。帝省奏大怒，即詔司隸、益州檻車收鸞，送槐里獄掠殺之。於是又詔州郡更考黨人門生故吏父子兄弟，其在位者，免官禁錮，爰及五屬。」據說曹鸞已年高九十左右，依《漢書・刑法志》景帝、宣帝諸詔，當恩赦年八十以上老者，但事情並未如此演變，反而更擴大禁錮黨人的懲罰。自斬衰至總麻五服之間，凡黨人父子至上下四世祖內從兄弟子侄之近遠親屬一皆禁錮終身，不得任官，被排除在各級政務之外。自建寧元年以來再次嚴懲黨人，此番嚴厲措施對於以宗族爲士大夫群體核心的後漢政治逐漸產生不良影響，令更多憂心時政、同情黨人的忠直之士如楊賜、蔡邕、盧植等上言規勸。

范氏《後漢書・蔡邕列傳下》云：「時頻有雷霆疾風，傷樹拔木，地震、隕雹、蝗蟲之害。又鮮卑犯境，役賦及民。」靈帝於是在熹平六年七月，「制書引咎，詔群臣各陳政要所當施行。」又言靈帝「好學，自造《皇羲篇》五十章，因引諸生能爲文賦者。本頗以經學相招，後諸爲尺牘及工書鳥篆者，皆加引召，遂至數十人。侍中祭酒樂松、賈護，多引無行趣勢之徒，並待制鴻都門下，憙陳方俗閭里小事，帝甚悅之，待以不次之位。」遂在光和元年春二月設置鴻都門學，「畫孔子及七十二弟子像。其諸生皆敕州郡三公舉用辟召，或出爲刺史、太守，入爲尚書、侍中，乃有封侯賜爵者，士君子皆恥與爲列焉。」靈帝敬仰伏羲，或與《漢書・律曆志下》據《易》說「言炮犧繼天而王，爲百王先」有關，且〈古今人表〉亦列「太昊帝宓羲氏」爲上上聖人，亦可見靈帝志向純潔。然而靈帝新設鴻都門學廣開文士仕進之路，固然改善各宗族把持朝政與地方社會的流弊，但缺乏學養與行政經驗的政壇素人

並不保證能確實改善政治風氣，亦難見容於既有的官僚生態，反致彼此相輕，更醞釀新一輪的對立與敵視，這即是光和二年夏四月丁酉日解除黨禁前的政治概況一角。

《後漢書‧蔡邕列傳下》續載：「時妖異數見，人相驚擾。」靈帝遂於光和元年秋七月詔召光祿大夫楊賜、諫議大夫馬日磾、議郎蔡邕、張華與太史令單颺詣金商門（西門，主秋氣故名之），引入崇德殿（在北宮），使中常侍曹節、王甫就問「災異及消改變故所宜施行」。曾經因為辟任黨人而遭免職左遷的光祿大夫楊賜對云：「唯陛下斥遠佞巧之臣，速徵鶴鳴之士」，「斷絕尺一，抑止槃遊，留心庶政，無敢怠違」；蔡邕亦云：「臣伏思諸異，皆亡國之怪」，「聖朝既自約屬，左右近臣亦宜從化。人自抑損，以塞咎戒，則天道虧滿，鬼神福謙矣。」楊、蔡二人所言，皆與靈帝愛好文藝，又同近側侍臣、鴻都學士過於密切有關，且蔡邕退一步將災異與寬赦黨人一事脫鉤，認為只要皇帝自我約束，應之於天，就能消解災異。唯靈帝少年，血性方剛，難以為此，而二人密對又外洩，反遭仇家聯合報復，先後去職。同年冬十月「丙子晦，日有蝕之」，《續漢書志‧五行六》載此蝕「在箕四度。箕為後宮口舌」，適靈帝宋皇后無子，「后無寵而居正位，後宮幸姬眾，共譖毀。」王甫懼帝母后怒，「因譖（宋）后挾左道祝詛」，遂令宋后遭廢幽死，其父兄弟並被誅殺。與鄭玄、蔡邕分別有同窗、同朝之誼的尚書盧植於此間上封事，重申「漢以火德，化當寬明，近色信讒，忌之甚者」，並陳事八條以規勸靈帝，其二曰原禁：「凡諸黨錮多非其罪，可加赦恕，申宥回枉」；其三曰禦屬：「宋后家屬並以無辜委骸橫尸，不得斂葬，疫病之來，皆由於此，宜敕收拾，以安遊魂」；其第五曰修禮：「應徵有道之人，若鄭玄之徒，陳明〈洪範〉，攘服災咎」云云，不僅提出實際可行的具體作法，也呼應著楊賜等正直士大夫對朝廷充盈佞巧無行之徒的危機感。然而據《後漢書‧方術列傳下》載，「博通五經，尤善圖緯之學」，「與議郎蔡邕友善」的侍中韓說亦上言是月「晦日必食，乞百官嚴裝」，帝從其言，果如韓說所推，終不省盧植所奏。在朝士大夫接連上書、藉天人感應之說規諫失敗，始逐漸了解到欲改善政治風氣、解除黨人禁錮的關鍵並不在握有權力的皇帝身上，而是對皇帝具有深度影響力的內侍近臣。此時，以中常侍曹節、黃門令王甫為首的內侍宦官及與其阿附深結的太尉段熲等大臣公卿，適與時任司隸校尉的陽球有所矛盾。《後漢書‧楊彪傳》載「黃門令王甫使門生於郡界辜榷官財物七千餘萬，（京兆尹楊）彪發其姦，言之司隸。」

辜榷又作辜摧，李賢注〈孝靈帝紀〉引《漢書音義》云：「辜，障也；摧，專也。謂障餘人賣買而自取其利。」在楊賜之子、時任京兆尹的楊彪舉報下，司隸校尉陽球掌握了王甫的犯罪事證。

　　光和二年夏四月「甲戌朔，日有食之」，太尉段熲因日食自劾未朝、黃門令王甫休沐於里舍。陽球利用此次進宮謝恩的機會，直接將王甫指使屬下門生包攬官家財物來獲得巨額暴利的情形親自稟報皇帝。過了七天，「辛巳，悉收（王）甫、（段）熲等送雒陽獄，及甫子永樂少府（王）萌、沛相（王）吉」，「箠扑交至，父子悉死於杖下；（段）熲亦自殺，乃僵磔（王）甫尸於夏城門」，並「盡沒入其財產，妻子皆徙比景」。王甫違反官員不得假借人頭經商的規定，慘遭凌遲處刑而死，靈帝自此始知內侍宦官及其阿附外臣背地底下之罪惡。唯陽球欲再進一步掃除曹節等人未果，反遭調職，失去監察百官、收押調查與處刑的權力。於是曹節決定兼領尚書令，取得親自檢閱奏疏、擬發詔令之執政權，一方面切斷外臣公卿對皇帝進諫的管道，另方面嚴格監視並限制皇帝的所有政治行動，同時尋找反擊陽球、封鎖外臣反撲的機會。未幾，靈帝親閱上祿長和海的建言：「禮，從祖兄弟別居異財，恩義已輕，服屬疏末。而今黨人錮及五族，既乖典訓之文，有謬經常之法。」案《續漢書志‧郡國五》，上祿縣屬涼州刺史部武都郡所轄，〈注〉言郡治在京師雒陽西向一千九百六十里，故其奏疏可能是此前藉計吏入京考課時呈上，恰好在此時被靈帝批閱。和海從五服倫理與家族生活的現實狀況來立論，指出目前禮俗自曾祖以下子孫已分開居住，財產也非共有，但朝廷處罰黨人的範圍卻將這些親屬關係疏遠、從未共同生活，甚至絕少往來應酬的族人一同禁錮，終身不得任用。這不僅與經典相違，也悖逆民情，遠超出「惡惡止其身」的懲罰限度，是幾近倒行逆施的無道之行。據〈孝章帝紀〉載元和元年冬十二月壬子詔除妖言禁錮：「《書》云：『父不慈，子不祗，兄不友，弟不恭，不相及也。』往者妖言大獄，所及廣遠，一人犯罪，禁至三屬，莫得垂纓仕宦王朝。如有賢才而沒齒無用，朕甚憐之，非所謂與之更始也。諸以前妖惡禁錮者，一皆蠲除之，以明棄咎之路，但不得在宿衛而已。」又〈劉愷傳〉、〈陳忠傳〉言安帝時太尉劉愷與尚書陳忠建議解除臧吏三世禁錮：「（劉）愷獨以為「《春秋》之義，『善善及子孫，惡惡止其身』，所以進人於善也。尚書（陳忠）曰：『上刑挾輕，下刑挾重。如今使臧吏禁錮子孫，以輕從重，懼及善人，非先王詳刑之意也。』議得安帝詔可，修正了罪及三屬的懲罰。由此可見，影響民心的毀

謗妖言罪與破壞官箴的貪贓受賕罪，在章帝與安帝任內先後更改禁錮罪犯及於三屬子孫的嚴屬刑度，回歸到合乎情理與務實晉用的寬宥作風。在曹節兼領尚書令、嚴密監控政務的情況下，和海以一介區區上祿長身分竟建議寬宥黨人的奏書如何上達天聽並使皇帝取消懲罰，頗堪玩味。但史傳續稱靈帝「覽而悟之」，遂於當月「丁酉，赦天下」，「於是黨錮自從祖以下皆得解釋」，仍然是同情清流黨人者的一次勝利。只不過此番大赦，除了蔡邕及其家屬得以「宥還本郡」、何休與鄭玄等黨人故吏也被解除禁錮，連同不久前剛被懲處徙邊流放的宦官家屬也必然一起被赦免，敵對雙方各自在此次大赦中有所斬穫。故筆者以為，自建寧元年以來對黨人的嚴格懲處之所以能被解除，其實與靈帝日漸成長懂事、宦官罪惡漸被揭露、其勢力遭受打擊不無關係。

又辟司徒。

再釋：黨禁既於光和二年夏四月丁酉日得到解除，公卿欲掃除內侍宦官之謀復起，然事洩不密，又再度被曹節反制。范書〈孝靈帝紀〉載同年「冬十月甲申，司徒劉郃（故侍中劉儵之弟，與竇武同謀俱死）、永樂少府陳球（鄭玄、盧植之師）、衛尉陽球、步兵校尉劉納」因謀誅宦者，皆下獄死。此事牽連三公、諸內外卿，影響層面極廣，為了穩定朝政，曹節必須予以安撫。遂於同年冬十二月「以光祿勳楊賜為司徒」，讓一度因直對忤上而被罷黜的楊賜替補劉郃遺缺。楊賜曾在靈帝熹平五年冬十一月初次擔任司徒，但在次年冬十二月即因徵辟黨人而去職。此次再任，當是考慮到楊賜對於皇帝有師傅之恩與忠義之心，並且雖對內侍宦官抱持敵意卻始終未曾兵戎相見的溫和立場，乃得曹節首肯。因此，楊賜因改任司徒而需要增加僚屬，具有相近立場與目標的黨人及其故吏門生必然仍在其徵選範圍內，且其目的即在藉公府掾屬徵集人才與同志，以利日後經由薦舉轉職，入朝任官。筆者以為，何休自光和二年夏四月解除禁錮，當在同年冬十二月左右始受司徒楊賜徵辟為司徒掾。今案近世以來傳本《春秋公羊傳注疏》、《春秋公羊傳注》有署名作「漢司空掾任城樊何休序」甚至「漢諫議大夫司空掾任城何休學」者，與史傳不同，恐皆後人所為，尤其後者敘官銜與漢制不合，宜加訂正。

群公表休道術深明，宜侍帷幄，倖臣不悅之，乃拜議郎。

再釋：何休守禮好學，多聞識古，自坐黨事遭到禁錮後，更專治《春秋》而「好《公羊》學」，先立三闕以較論三傳短長之義，京師世儒譽為學海；後

爲《解詁》重申孔子撥亂反正之志，潛心覃思歷十餘年。俟黨禁解除，司徒楊賜尋辟任何休爲司徒府掾，謂何氏深明道術，將以薦在帝側左右。傳云帷幄者，《說文》云：「在旁曰帷」，義通「圍」字；《小爾雅‧廣服》云：「幄，幕也」。《左傳‧昭十三年》有「子產以幄幕九章行」句，杜預注云：「幄幕，軍中之帳。」《史記‧高祖本紀》載高帝劉邦語云：「夫運籌帷帳之中，決勝於千里之外，吾不如子房。」故帷幄概指四周皆以布幔遮擋之帳幕，軍旅行進以備密議謀略，復自將帥旅帳泛指人主樞機所在之處。今參酌漢官制度，筆者以爲楊賜等諸公當表奏何氏爲侍中。據《通典‧職官三》，侍中源自《尚書‧立政》所稱之「常伯、常任」，爲王之左右賢侍。秦官以侍中爲丞相史，「使五人往來殿內東廂奏事，故謂之侍中」。入漢改爲加官，得入禁中，無員額。至後漢，更以「掌贊導眾事，顧問應對」；靈帝熹平六年增設侍中寺；獻帝即位，改定爲六人，「出入禁中，近侍帷幄，省尚書事」，「後選侍中，皆舊儒高德，學識淵懿，仰瞻俯視，切問近對，喻旨公卿，上殿稱制，秉笏陪見。」自秦至後漢，侍中從使職轉爲更接近經書中的理想形象，尤其後漢晚期侍中職能的擴張與組織變化，更與政局演變有緊密關聯。從引文可知後漢晚期侍中即爲「近侍帷幄」之臣，其人品格言行皆具有影響皇帝視聽的份量，遂成爲黨禁解除之後的人事鬥爭焦點。

靈帝於熹平六年設侍中寺於南宮內，此際「侍中祭酒樂松、賈護，多引無行趣勢之徒，並待制鴻都門下，憙陳方俗閭里小事，帝甚悅之，待以不次之位。」遂在次年（改元光和）春二月設置鴻都門學，「其諸生皆敕州郡三公舉用辟召，或出爲刺史、太守，入爲尚書、侍中」云云，其始末已略見前述。值得注意者，爲侍中寺與鴻都門學皆是靈帝親政以來新設立的機關，其成員多數缺乏從政經驗與相應的學養。然而靈帝卻要求三公府僚、地方州郡辟用鴻都門學生，其中少數人竟更直接任命爲應當「掌贊導眾事，顧問應對」的侍中，爲主其事者侍中祭酒樂松、賈護希求帝意、投其所好而做的安排，此二人足當范傳所稱之「倖臣」。〈孝靈帝紀〉載同年夏四月「侍中寺雌雞化爲雄」；《續漢書志‧五行一》亦云：「南宮侍中寺雌雞欲化雄，一身毛皆似雄，但頭冠尚未變。」靈帝詔問議郎蔡邕，蔡氏欲藉侍中寺之怪物異變予以規諫，對以「是將有其事而不遂成之象也」，勸皇帝改變施政以免禍害叢生，但諸公卿大夫循天人感應之說來影響皇帝的策略始終難有效果。他們至此開始了解到，若欲導正皇帝視聽及其思想，就必須在皇帝身邊安排富有智識的適當人

物。於此危機意識下，司徒楊賜等公卿表揚何休「道術深明，宜侍帷幄」，推薦守禮多聞的何氏擔任「掌贊導眾事，顧問應對」的侍中，然而此番藉良幣以逐劣幣的手法似乎過於直白，奈何「倖臣不悅」，只得退求其次。今觀《通典・職官三》載桓帝末侍中皇蟬隨侍參乘，竟未能備顧問應對，車駕還宮即左遷爲議郎。疑何氏訥口，以致爲倖臣所沮。

案范書〈孝靈帝紀〉載光和三年夏六月詔：「公卿舉能通《尚書》、《毛詩》、《左氏》、《穀梁春秋》各一人，悉除議郎。」此番詔舉適在何休擔任司徒掾後，且何氏深曉《左氏》、《穀梁》二傳義，當於此時以通古學除受議郎。案此次詔舉特以深通古學者爲限，應視爲楊賜等公卿向靈帝及其寵臣妥協的結果，目的是不拘形式促使靈帝接納忠良飽學之士，以增加朝臣向內侍宦官、近侍倖臣抗衡的力量。進一步論，此次詔舉由公卿所推薦議郎四人，除何休外，尚得一人可考其姓名，即日後被尊爲魏太祖、武帝的曹操。據魏晉時人陳壽撰《三國志・魏書・武帝紀》載：「（曹操）年三十，舉孝廉，爲郎，除洛陽北部尉。遷頓丘令。徵拜議郎。」南朝宋人裴松之引《魏書》注云：「太祖從妹夫濦彊侯宋奇被誅，從坐免官。後以能明古學，復徵拜議郎。」文末即指靈帝光和三年夏六月詔舉通古學者爲議郎一事。案今人盧弼撰《三國志集解》引清人梁章鉅《三國志旁證》云：「案宋奇之封不見於《後漢書》，熊方《輔表》亦失載，考《後漢書・后紀》靈帝宋皇后父（宋）酆封不其鄉侯；光和元年，后廢，酆父子並被誅，則濦彊侯必宋皇后兄弟行也。」時當黨禁解除以前事，宋后及其家族、姻親皆受內侍讒害，尚書盧植嘗爲此禍與解除黨禁上書，已見前述。而今何休與曹操及餘二人不詳名氏者并得司徒楊賜等公卿舉薦，除授議郎，同朝爲官，爲范書所略而未載。議郎職解說詳下。

屢陳忠言，再遷諫議大夫。

再釋：《通典・職官三》：「秦置諫議大夫，掌論議，無常員，多至數十人，屬郎中令」，「二漢並屬光祿勳」。《續漢書志・百官二》敘「光祿大夫」下云：「凡大夫、議郎皆掌顧問應對，無常事，唯詔令所使。」又云：「諫議大夫，六百石」、「議郎，六百石」。《東觀漢記・百官表》則云：「尚書、諫議大夫、侍御史、博士皆六百石，議郎、中謁者秩皆比六百石。」諫議大夫、議郎職掌似無不同，品秩亦相當，然而據劉昭注引胡廣云：「光祿大夫本爲中大夫，武帝元狩五年置諫大夫爲光祿大夫。世祖中興，以爲諫議大夫，又有太中、中散大夫，此四等於古皆爲天子之下大夫，視列國之上卿。」可知諫議大夫

雖然品秩稍遜於諸大夫，仍在公卿之列，地位仍爲郎官所不可及。杜佑注引
《後漢書・韋彪傳》載韋彪上疏云：「諫議（大夫）之職，應用公直之士，通
才謇正，有補益於朝者。」意以諫議大夫之選拔應注重品行是否公允正直，
其人應當學識廣博、嚴肅端正，使有益於主君。今觀范書多載靈帝此時諸荒
誕行事，先於光和三年不顧司徒楊賜諫阻，聽從侍中任芝、樂松言「作罼圭、
靈昆苑」以供遊樂；四年，「作列肆於後宮，使諸采女販賣，更相盜竊爭鬥。
帝著商賈服，飲宴爲樂。」此外，「又於西園弄狗，著進賢冠，帶綬。」案《續
漢書志・輿服下》：「進賢冠，古緇布冠也，文儒者之服也。」此冠形制本尊
儒敬賢之意，自公侯、卿大夫至私學弟子皆得服此冠。而今竟令走犬著儒冠、
繫帶綬，見靈帝雖好文藝卻不能明禮誼，左右近侍實唯供朝夕娛樂之弄臣。〈孝
靈帝紀〉續載：「又駕四驢，帝躬自操轡，驅馳周旋，京師轉相放效。」致令
京師驢價與馬匹齊平，將近二百萬錢。〈宦者列傳〉亦載：「時帝多蓄私臧，
收天下之珍，每郡國貢獻，先輸中署，名爲『導行費』，中常侍呂強上疏諫
而帝不省。凡此種種，與近侍隨從所任非人頗有關聯，以致正直憂民之士唯
有一再再三上疏表諫，「屢陳忠言」以期皇帝自省修過。另外，《後漢書・史
弼傳》載史弼其人「爲政特挫抑彊豪，其小民有罪，多所容貸」，得罪當道權
貴。史弼因受其讒謗下吏，數經郡人、故吏奔走，方得減死一等，論輸左校，
「刑竟歸田里，稱病閉門不出。數爲公卿所薦，議郎何休又訟（史）弼有幹
國之器，宜登台相。徵拜議郎」云云，即何氏任議郎時爲朝廷掄才，或可略
證傳稱「屢陳忠言」之跡。

　　年五十四，光和五年卒。

　　集解：惠棟曰：「休卒，蔡邕爲撰碑銘，見《文選》五十六卷。」

　　再釋：〈孝靈帝紀〉載光和五年春二月，大疫。靈帝治世遇大疫五次，分
別爲建寧四年春三月、熹平二年春正月、光和二年春、五年春二月、中平二
年春正月。疫病不僅大規模發生，更密集發生在相近的季節，傳染狀況接近
今日所知的流行性感冒病毒疫情。此外，史書亦留下當時氣候異常之紀錄，
如〈孝靈帝紀〉載建寧四年夏「五月，河東地裂，雨雹，山水暴出」、光和六
年「冬，東海、東萊、琅邪井中冰厚尺餘」、中平二年「夏四月庚戌，大風，
雨雹」、六年自六月降雨至九月等等，皆較前後桓、獻二帝爲多且異常，尤以
光和二至六年間最爲惡劣。不僅疫病數次大流行，整體天氣變化亦相當劇烈
與不穩定，此爲何休身故前後之衛生與氣候狀況。

　　至於惠氏所據，與今見略有出入。案《文選》卷五十八〈碑文上〉錄有王仲寶（六朝齊人王儉之字）作〈褚淵碑〉，唐人李善注「敦穆於閨庭」句引蔡邕〈何休碑〉曰：「孝友盡於閨庭」，此佚文為今人僅見，復知唐高宗、武后時尚存此碑。案范書〈蔡邕傳〉，蔡邕及其家屬於光和二年夏四月丁酉遇赦「宥還本郡」，卻因道途又得罪中常侍王甫之弟、五原太守王智，「乃亡命江海，遠跡吳會。往來依太山羊氏，積十二年，在吳。」時以內侍宦官亂政，遂不復仕進，依附姻親泰山羊續宗族（羊續之父即為太常羊儒，范書作羊溥），終靈帝之世未嘗復官返京。後逮中平六年，靈帝崩，司空董卓慕蔡邕才斗名高，遂強徵之，「切敕州郡舉（蔡）邕詣（司空）府」，蔡邕始至京師。然蔡邕撰〈何休碑〉之時月日，尚未能確定。案何休曾師事「博士羊弼」，其父少府何豹亦與「大司農羊傅（另見太常羊溥）」同朝為官、共薦良材，則其人是否屬於泰山羊氏？又與何氏父子有無密切往來？尚未可考。蔡邕與何休雖然先後擔任議郎，卻未嘗同朝列班，亦尚未見二人私交，但何氏遺族請託蔡邕撰寫碑銘，其間應有雙方共相熟之人物居中牽線為是，其人即非泰山羊氏，亦有可能為太尉楊賜。姑留待好學者補充、深究。

　　今案宋人王存等撰《元豐九域志》卷一載宋神宗元豐年間見存之古蹟，其於濟州下錄有「何休墓」，未言碑銘，或於彼時已湮毀不存。今墓址在山東省濟寧市李營鎮何崗村（原稱何家崗，本何氏人家所居之高崗）東端，列為濟寧市任城區區級文物保護單位。